정토오경일론

무량수여래회 편역

일 러 두 기

1. 대만 타이베이台北 화장華藏정종학회에서 출간된 『정토오경독본淨土五經讀本』(2012년)을 저본으로 하였다.

2. 『무량수경』은 하련거 거사가 무량수경 5종 역본을 회집한 『불설대승무량수장엄청정평등각경佛說大乘無量壽莊嚴淸淨平等覺經』(무량수경 회집본, 또는 선본)(비움과소통 출간)을 번역하여 실었다.

3. 『관무량수경』은 천태무진天台無盡 법사가 저술한 『관무량수불경도송觀無量壽佛經圖頌』에 따라 경문을 품品으로 나누고 그림을 실어 관경의 말씀을 관상할 수 있도록 하였다.

4. 『보현행원품』은 정공 법사의 『보현대사 행원의 메세지』와 이시푼촉 캄포 스님의 『보현행원품 강기』를 참조하여 번역하였다.

5. 『무량수경우바제사원생게』는 정공 법사의 『왕생론강기往生論講記』와 이시푼촉 캄포 스님의 『왕생론주분단해의 往生論註分段解義』를 참조하여 번역하였다.

목 차

정종심요淨宗心要

황념조黃念祖 거사 주강主講[1]

1. 세존께서는 오직 아미타부처님 본원의 바다를 설하셨다

전 세계에 정토종 신자는 매우 많지만, 정토종의 수승한 점을 진정으로 이해할 수 있는 사람은 매우 드뭅니다. 중국과 일본에서는 공히 존경하는 선도대사께서 남기신 「석가모니 부처님께서 세상에 오신 까닭은 오직 아미타부처님 본원의 바다를 말씀하시기 위함이다(釋迦所以興出世 唯說彌陀 本願海)」는 두 마디 말씀을 소중히 여기고 있습니다. 세존께서 왜 세상에 오시어 설법하시고 중생을 제도하였으며 갖가지 교화를 펼치셨는가? 그 유일한 원인은 아미타여래의 본원을 설하시는 것이었다는 말씀입니다. 이 두 마디는 어떤 특수한 명사 술어도 없이 부처님께서 세상에 오신 까닭이 오직 아미타부처님 본원의 바다를 말씀하고자 함임을 누구나 알아들을 수 있습니다.

그러나 확실히 이를 진실로 이해할 수 있는 사람은 대단히 드뭅니다. 여러분 생각해 보십시오. 부처님께서 그렇게 많은 법을 설하셨는데, 왜 아미타부처님 본원의 바다를 말씀하셨다고 말하는가? 이 부분은 잘 이해되지 않습니다. 불경의 말씀은 너무나 깊기 때문입니다. 우리들은 한평생 이 두 마디 말을 진정으로 명백히 이해할 수 있다면 결코 헛되지 않을 것입니다! 이 말은 선도대사와 같은 수준이라야 얻는 경지라고 말할 수 있습니다. 그래서 연지대사께서는 "사람들은 선도대사를 아미타

---

1) 황념조 거사의 어록집인 『심성록心聲錄』에 실린 글로 1989년 북경 광제사廣濟寺 염불칠념 佛七 도량에서 강연한 녹음을 기초로 하여 1991년 북경연사北京蓮舍에서 정리한 것이다.

부처님의 화신이라 한다. 설사 아미타부처님이 아닐지라도 관음·대세지·문수·보현보살과 동등한 인물이다."라고 자신 있게 말씀하실 수 있었습니다.

이렇게 수승한 법문을 들을 수 있어, 저는 부처님의 은혜에 깊이 감사하고 있습니다. 그리고 응당 은혜에 보답하고 싶습니다. 그래서 이곳 염불도량에 와서 아미타부처님 본원의 큰 바다에 경의를 표시하기 위해 「정종심요」를 공양하고자 합니다.

불법은 심법心法을 전하는 것입니다. 그 심법의 강요를 심요心要라고 부릅니다. 정토삼부경에서 『아미타경』을 소경小經이라 하고, 『무량수경』을 대경大經이라 합니다. 어떤 사람은 다만 한 경전으로 여겨서 『아미타경』을 소본小本이라 하고, 『무량수경』을 대본이라고 하였습니다. 그래서 우리들은 이 두 경전으로부터 정토의 종요를 연구하고 있습니다. 『무량수경』은 정종 제일의 경전이고, 『아미타경』은 가장 널리 유통되고 날마다 염송되는 경전입니다.

(2) 아미타경 종요宗要

『아미타경』의 강종綱宗은 무엇입니까? 우익蕅益대사께서 가장 잘 말씀하셨습니다. 근대 정종의 대덕이신 인광印光대사께서는 우익대사께서 쓰신 『미타요해彌陀要解』에 대해서, "『요해』는 아미타경의 모든 주해 중에서 가장 훌륭한 것으로 석가모니부처님께서 직접 오셔서 주해하셔도 이를 뛰어넘을 수 없을 것이다." 말씀하셨습니다.

소본(아미타경)의 종요는 **신원지명**信願持名, 즉 믿음과 발원으로 명호를 집지하는 것입니다. 소본을 연구할 때 우리는 우익대사를 따라갈 것입니다. 우익대사께서는 소본의 강종은 「신원지명信願持名」이라고 말씀하셨습니다. 믿음 · 발원 · 지명행(信願行)을 삼자량三資糧이라고 합니다. 집을 나서서 여행하려면 돈을 준비해야 하는데, 이것이 노잣돈(資)입니다. 식권을 휴대해야 하는데, 이것이 식량(糧)입니다. 휴대가 간편한 건조식품은 훨씬 더 확실한 식량입니다. 믿음 · 발원 · 지명행, 이 셋은 생사의 바다를 건너는데 있어 없어서는 안 되는 자량입니다.

오늘 여러분께서는 모두 진실한 불자가 되셨습니다. 그런데 여전히 말만하고 믿지 않는다면 되겠습니까? 이번 염불도량에 참가하셨으면 당연히 극락세계가 있고, 아미타부처님이 있음을 알 것입니다. 이것이 곧 믿음입니다. 그렇지만 이보다 더 수승한 믿음이 있습니다. 우익대사께서 그의 『요해』에서 이러한 믿음에 대해 여섯 가지를 드셨는데, 오늘은 간단히 설명해보겠습니다.

믿음에는 **여섯 가지 믿음(六信)**[2]이 있습니다. 지금 말씀드려보겠습니다. 우선 극락세계가 있다고 믿고, 아미타부처님께서 계시다는 것을 믿습니다. 이렇게 믿는 것이 사事, 즉 사상事相입니다. 사상 차원에서 믿을 수 있으면(信事) 유리한 고지를 차지할 수 있습니다. 불학佛學을 전문적으로 연구하는 적지 않은 사람들은 바로 이 측면을 믿지 않습니다. 아미타부처님께서 계시고 당연히 그가 부처님임을 믿는 것이 바로 타인을 믿는 것(信他)입니다. 여섯 가지 믿음 중에서 사상을 믿고 아미타부처님(타인)을 믿는 것은 신심에서 가장 많은 부분으로 3분의 1에 해당합니다.

그리고 여섯 가지 믿음 중에서 사상(事)과 상대적인 것은 이체(理)입니다. 우리는 사상을 믿고 또한 이체를 믿어야 합니다. 예를 들면 금으로 반지를 만들면 이것은 둥근 형태이고, 고리를 만들면 또 하나의 형태이며, 목걸이를 만들면 또 다른 형태입니다. 그러나 당신은 이것을 반지라고 인식합니다. 귀걸이와 목걸이도 마찬가지로 모두 금이라고 인식하지

---

2) "믿음[信]이란 자신(自身)의 본원심성(本元心性) · 부처님의 말씀[法門] · 원인(原因) · 과보(果報) · 사(事) · 이(理)를 의심없이 철저하게 믿는다는 것을 말한다."『미타요해彌陀要解』

않고, 사상이라고 인식합니다. 금은 바로 이들 귀고리와 반지의 본체입니다. 본체는 금으로, 차별적인 것이 아니라 평등한 것입니다. 그래서 이체理體, 즉 본체는 변하지 않아 생함도 멸함도 없습니다. 그것은 일체 형상을 출현시킬 수 있습니다. 금은 어떠한 형상의 물건으로도 나타날 수 있습니다. 반드시 장방형이어야 합니까? 일정하지 않습니다. 주조하는 상황에 근거하여 일체 상으로 나타날 수 있습니다. 금은 반지를 만든 것으로 나타나는 것이 아니라 그것은 본래 있는 것입니다. 그것은 녹이지 못하고, 사라지지도 않으며, 전부 그대로 있습니다.

이체와 사상, 우리는 사상을 믿을 수 있고 또 이체를 믿을 수 있습니다. 이체는 바로 법신불입니다. 법신불은 미래제가 다하도록 허공에 가득하고, 과거도 현재도 미래도 없습니다. 우리는 이체와 사상을 같이 믿어야 합니다. 만약 흠결이 있으면 깊은 믿음이 아닙니다. 자기와 타인도 마찬가지 입니다. 아미타부처님(타인)을 믿을 뿐만 아니라 자기의 본원심성(자성본연)을 믿어야 합니다. 이것이 밀종密宗의 근본도리입니다. 수많은 사람들이 모두 밀종을 배우고 싶어 하지만, 이것이 밀종의 요령要領임을 알지 못합니다. 단지 관정灌頂을 받기만 하고, 수법修法[3]은 수승한 법익法益에 이르지 못합니다.

밀종의 수승한 곳은 자기의 본원심성, 바로 본존本尊에 있습니다. 선종에서는 무엇을 부처(佛)라고 말합니까? "맑고 깊은 못을 마주하는 것이 부처이다(淸潭對面就是佛)"라고 말합니다. 당신이 맑고 깊은 못의 물을 보고, 맑고 깊은 못을 마주하면 당신 자신이 바로 물 가운데 드러나는데, 이것이 바로 자기의 본원심성입니다. 『관경觀經』에 이르시길, "이 마음 그대로 부처이고, 이 마음 그대로 부처가 된다(是心是佛 是心作佛)"[4] 하였습

---

3) '가지加持 기도법'이라고도 한다. 밀교에서 행하는 식재(息災)·증익(增益)·경애(敬愛)·조복(調伏) 등 4종의 기도법을 말한다.

4) "경계는 마음으로 말미암아 나타나는 까닭에 성불하고자 하면 반드시 마음을 말미암아 성불의 인연을 닦아야 부처님의 의정과보가 드러날 수 있는데, 이를 시심작불是心作佛이

니다. 당신이 염불하고 있을 때 바로 이 마음으로 부처가 되는 것입니다. 당신이 부처가 되는 이 마음, 그것이 본래 그대로 부처입니다. 이것은 선종과 밀종이 완전히 한 뜻(一味)입니다. 그래서 우리는 아미타부처님을 믿고, 자기의 본원심성을 믿어야 합니다.

끝으로 원인에 대한 믿음(信因)과 과보에 대한 믿음(信果)이 있습니다. 수많은 불교도들은 인과에 대한 믿음을 잊어버렸습니다. 정말 인과를 믿는다면 감히 어떻게 악한 일을 저지르겠습니까? 악한 일을 저지르면 그 사람은 변했습니다. 이것이 일반적으로 말하는 인과입니다. 믿음으로는 아직 모자랍니다. 여섯 가지 믿음에서 인과는 한 걸음 더 깊이 나가야 합니다. 단지 선하면 선한 과보가 있고 악하면 악한 과보가 있다고 믿는 것에 그치는 것이 아닙니다. 이것은 당연히 믿어야 하지만 깊은 믿음이 아닙니다. 깊게 믿는 것은 당신은 범부이고 믿음·발원·지명持名으로 한평생 염불하거나 임종시 내지 십념을 염하면 아비발치阿鞞跋致(불퇴전)를 이루게 될 것이라 믿는 것입니다. 당신은 본래 범부이고 믿음이 있고 발원이 있어 오로지 아미타불을 염하면 이 한 마디 한 마디 염念에는 어떠한 별도의 기교와 미묘함도 없지만, 당신이 현생에서 얻는 과보는 결정코 성불입니다. 증득하여 물러나지 않으면 결정코 성불하지 않겠습니까? 이것은 믿음·발원·지명의 인因으로 무상보리의 과果를 얻는 것입니다. 수많은 사람들은 이를 믿지 못하는 것 같습니다. 일반인은 언제나 이것도 조금 닦고, 저것도 조금 닦고 싶어 합니다. 이것도 구하고 저것도 구하고 싶어서, 이 수승한 인과를 믿을 수 없습니다.

그래서 우리는 여섯 가지 믿음을 가져야 합니다. 여섯 가지 믿음을

라 한다. 마음이 부처가 되지 않으면 마음은 부처를 나타낼 수 없는 까닭이다. 부처는 바로 마음이고 타인은 바로 자신이다. 성취하는 대상인 부처를 거두어 성취하는 주체인 마음으로 돌아가는데, 이를 시심시불是心是佛이라고 한다."『만선동귀집 강의』석성범 스님

가질 수 있다면 이미 매우 깊은 지혜를 가지고 있습니다. 만약 부족하다면 조금씩 증가시켜 가면 됩니다. 현재 사상을 믿고 아미타부처님을 믿는 것으로부터 시작해서 끊임없이 깊이 들어가야 하고, 끊임없이 발전시켜 나가야 합니다. 병이 나면 내가 염불을 잘 할 수 있을지 믿을 수 없습니다. 의사를 찾아 당신의 병을 치료한다면 당신은 의사의 능력이 부처님 명호의 위신력보다 크다고 생각할 것입니다. 당신은 이런 신심에 마땅히 물음표를 쳐야 합니다! 그래서 모두 다 깊이 들어가고 깊이 믿어야 합니다. 이처럼 믿음에는 여섯 가지 측면이 있습니다. 이 여섯 가지 측면을 모두 깊이 믿어야 합니다. 이것이 바로 심요心要입니다.

염불을 많이 하든 작게 하든, 염불할 때 망상이 있든 망상이 없든 그것은 왕생의 관건이 아닙니다. 관건은 당신에게 얼마나 깊은 믿음과 간절한 발원이 있는가에 있습니다. 그래서 우익대사께서는 "왕생 여부는 믿음과 발원의 유무에 달려있다"고 말씀하셨습니다. 발원은 「극락세계가 좋아서 가고 싶어 하고, 사바세계가 싫어서 떠나고 싶어 하는 것(欣慕極樂 厭離娑婆)」입니다. 이 일은 매우 쉬워 보이지만, 실제로는 전혀 쉽지 않습니다. 특히 「사바세계가 싫어서 떠나고 싶어 하는 것」은 대단히 어렵습니다. 얼마간 수행한 사람도 여전히 명성을 다투고 이익을 다툽니다. 이러한 명리는 모두 사바세계의 것이 아닙니까? 미련이 남아 있는 것이 아닙니까? 언제나 조금씩 고쳐가면서 생활하고 싶어 합니다. 고치지 않고 생활한다고 해서 사바세계의 것이 아닙니까? 연인, 부부사이의 감정은 다만 자신에 대한 상대방의 사랑이 진실하지 못할까 두려워할 뿐입니다. 당신에 대한 나의 사랑은 진실하다, 나에 대한 당신의 사랑은 진실하다, 승강이 하며 가슴 아파합니다! 이러한 감정은 극락세계에는 없습니다. 극락세계는 여성이 없고 모두 다 남자입니다. 이러한 감정이 바로 사바세계에 얽매이게 하고, 본래 부처인 당신을 오늘 이런 형태로 타락시키게 합니다. 그래서 진정으로 사바세계를 싫어하는 마음이 필요하고 일체 모든 것에 대해 미련을 갖지 말아야 합니다.

그렇다고 모두 다 출가해야 한다고 말하는 것이 아닙니다. 수많은 출가인의 경우 몸은 출가하였지만, 마음은 여전히 집에 있습니다. 그도 또한 불교에서 지위와 명문을 다투고 있습니다. 또한 새로운 관계를 맺어 그와 서로 친한 사람도 있고. 또 서로 소원한 사람도 있으며, 모르는 사이에 파벌을 형성하여서 자신의 일파와 단결하여 다른 사람을 공격하기도 합니다. 출가하였지만 마음이 집에 있으면 사바세계에 미련이 남아있는 것입니다. 거사들의 경우 가장 좋은 것은 몸이 집에 있으면서 마음으로 출가하는 것입니다. 먼저 담박한 생활로부터 시작하여 점점 진실한 염리厭離로 발전시켜 나가 털끝만큼도 미련이 없어야 합니다.

요컨대 여섯 가지 신심을 확고히 하고, 극락세계가 좋아서 그곳에 태어나길 발원하며, 착실하게 명호를 굳게 지니면(信心堅定 欣願極樂 老實持名) 삼자량이 원만해집니다. 이것이 소본 『아미타경』의 종요입니다.

(3) 무량수경 종요

대경(무량수경)의 종요는 발보리심發菩提心 · 일향전념—向專念 · 아미타불阿彌陀佛입니다. 발보리심은 정토종에서만 중시하는 것은 아닙니다. 어떠한 대승법문이든 당신이 참선을 하든, 교학을 하든, 특히 밀종을 하던 관계가 없습니다. 밀종이 수승한 것은 빠르게 성취하고 크게 성취하기 때문입니다. 그 유일한 원인은 바로 보리심을 특별히 중시하기 때문입니다. 경을 보거나(간경看經) 가르침을 듣는 것(간교看教) 등 갖가지 수행법은 모두 다 보리심과 떼어 놓을 수 없습니다. 보리심이란 어떤 마음입니까? 여섯 가지 믿음이 견고하여 모두 다 깊은 믿음이어야 하고, 사바세계에 대해 털끝만큼도 미련이 없어야 하며, 오직 일체중생과 함께 극락세계에 도달하기 위해 정성 다해 닦을 것을 일심으로 발원하는 것입니다. 그래서 소경(아미타경)의 믿음과 발원이 바로 보리심입니다.

보리심은 대지혜大智慧·대자비大慈悲·대원력 세 가지가 일체인 이러한 마음입니다. 일반적인 지혜가 아니고 대지혜이고, 반야입니다. 대자비와 대원, 이러한 마음이라야 보리심이라 합니다. 이것을 밀종에서는 행원行願 보리심(수행자의 행원에 의해 생기는 보리심), 승의勝義 보리심이라고 합니다. 현교顯敎도 이것을 순사보리심順事菩提心이라 하고, 또 순리보리심順理菩提心이라고 합니다. 또는 세속보리심, 승의제勝義諦 보리심이라 부릅니다. 요컨대 이 두 가지 마음을 구족하여야 진정으로 보리심을 일으키는 것입니다.

당나라 시대 신라의 승려인 원효元曉스님께서는 『무량수경종요無量壽經宗要』에서 말씀하시길, "무상보리심은 첫째 사에 따라 발심함(隨事發心)이고, 둘째는 이에 수순해서 발심함(順理發心)이다." 말씀하셨습니다. 「사에 따라 발심함」은 바로 우리들이 늘 발원하는 사홍서원四弘誓願입니다. "끝없는 번뇌를 끊어오리다(煩惱無邊誓願斷)", 이는 단덕(斷德)으로 끝없는 번뇌를 일제히 잘라버립니다. "무량한 법문을 배우오리다(法門無盡誓願學)", 이는 지덕(智德)으로 부처님의 무량한 법문을 닦을 수 있고, 이렇게 많은 법이 대지혜이기에 지덕입니다. 번뇌를 끊으려면 지혜가 있어야 합니다. "한없는 중생을 건지오리다(衆生無邊誓願度)", 이것은 은덕(恩德)으로 우리는 중생에 대해 은혜를 입고 있습니다. 그렇게 이 세 가지 서원이 합쳐서 일어나면 성불이므로, "위없는 불도를 이루오리다(佛道無上誓願證)"라고 발원합니다. 그래서 진정으로 사홍서원을 발하면 보리심을 발하는 것입니다. 이를 사에 따른 발심 또는 세속보리심이라 하고, 밀종에서는 행원보리심이라 합니다. 이런 마음을 발한 공덕은 불가사의합니다.

한 걸음 더 나아가 「이理에 수순하여 발심」합니다. 이理에 수순하여 발심함은 언어를 사용해서 말할 수 없습니다. 억지로 말하자면 실제 이 마음은 바로 자기 본래의 진심, 각오(覺悟; 깨달음)의 마음입니다. 보리가 바로 깨달음입니다. 깨달음이란 무엇입니까? 자기 자신을 깨달으면 바로 부처이고, 자기 본래 그대로가 부처입니다. 이 대각大覺은 언어가

문득 끊긴 자리(言語道斷)입니다. 언어의 길이 끊어져 말할 수 없지만, 억지로 말하자면 일체법은 모두 환 같고 꿈과 같습니다. 이것은 인아人我의 집착을 깨뜨리는 것일 뿐만 아니라 법집法執도 깨뜨립니다. 부처님께서는 『금강경金剛經』에서 이르시길, "일체 유위법은 꿈과 같고, 환 같으며, 거품 같고, 그림자 같으니라(一切有爲法 如夢幻泡影)." 하셨습니다. 수많은 사람들은 경을 매일 염송하지만, 경의 내용에 대해서는 눈먼 사람 같고 귀먼 사람 같습니다. 중국에서 수많은 사람들은 매일 기공을 연마합니다. 기공을 연마하는 것을 진실한 일로 여깁니다. 이는 『금강경』과 격차가 너무 큽니다! 일체 유위법, 유위有爲라는 것은 무언가를 하고 싶어 하고, 무엇을 얻고 싶어 하며, 무엇을 단련시키는 것입니다. 이 몸뚱이를 변화시켜 무너지지 않은 몸을 성취하고, 9년간 면벽공부로 단丹을 이루어서 신선이 되고자 합니다. 이런 것들은 모두 다 꿈과 같고, 환 같습니다! 그래서 일체사상(일체에 상대되는) 법은 위에서 말한 것처럼 법은 환과 꿈일 뿐만 아니라 아라한의 출세간법과 같습니다. 아라한은 법집을 깨뜨리지 못하여 끊을 수 있는 번뇌가 있고, 증득할 수 있는 아라한이 있으니, 이것이 법집을 이룹니다. 정각正覺은 응당 유有도 아니고 무無도 아니며, 무無와 리理에도 걸림이 없음을 알아야 합니다.

"부처님께서 제법이 공함을 설하심은 제유를 제거하기 위한 까닭이다(佛說諸法空 爲除諸有故)." 하셨습니다. 부처님께서 제법이 공하다고 말씀하신 것은 당신이 유에 집착하기 때문입니다. 이러한 유를 깨뜨려야 합니다! 만약 공에 집착한다면 그것은 더욱 나쁩니다. 또한 "만약 다시 공에 집착하면 제불께서도 제도할 수 없다." 하셨습니다! 불교의 수승하고 뛰어난 점은 바로 여기에 있습니다. 순리보리심에서 이理는 실제이체實際理體로 간략히 말해 본체라 합니다. 그것은 유도 아니고 공도 아니며, 공과 유가 둘이 아니어야 중도에 맞습니다. 유에 집착하고 공에 집착하는 것은 모두 다 본체를 떠나는 것이고, 모두 다 둘에 떨어지는 것입니다. 공은 유에 대해 말한 것으로 둘입니다. 둘이면 "불이법문不二法門"이 아닙니다. 『유마경(維摩詰經)』은 바로 불이법문을 설한 경입니다. 수많은 수행인은 이 둘 사이에서 맴돕니다. 이렇게 분리되면 본체로부터 매우 멀어집니다.

먼저 말도 여의고 사려도 끊어져야(離言絶慮)하며, 언설을 내려놓아야 합니다. 그래서 언설에 시비가 없이 달을 가리키는 손가락이고, 길을 가리키는 표지판입니다. 예를 들면 북경의 이화원頤和園에 이르면 표지판에 이화원이라 적혀 있습니다. 표지판이 가리키는 방향으로 따라가면 쉽게 공원을 찾을 수 있습니다. 그러나 수많은 사람들은 표지판이 있는 곳을 이화원이라고 여기는데, 그것은 큰 잘못입니다. 또 예를 들면 방안에 등불이 있습니다. 제가 손가락으로 가리켜 이것이 등불이라고 말합니다. 저는 손가락을 가리켰는데, 당신은 이 손가락이 등불이라 여깁니다. 현재 사람들의 착각은 여기에 있습니다. 특히 학자들이 그렇습니다. 이것은 등불입니다. 제가 말한 것은 잘못이 없습니다! 이것은 등불인데 그는 제 손가락이 가리키는 것을 따라가면 등불이 보임을 알지 못하고, 그는 저의 이 손가락이 등불이라 여깁니다. 말을 여의십시오, 말이 필요한 것도 아니고, 경이 필요한 것도 아니지만, 당신이 집착하면 바로 손가락이나 도로표지판에 사로잡히게 됩니다. 그래서 언어의 길이 끊어지고, 마음 가는 곳이 없어져야 합니다.

마음의 행처에는 길이 없습니다. 그래서 선종의 개오開悟와 밀종의 대원만 대수인大圓滿大手印은 모두 다 "산이 막히고 물이 다하여 더 이상 길이 없는 줄 알았더니, 버들 우거지고 꽃이 밝게 핀 마을 하나 또 있다." 이러한 경지입니다. 불이 꺼지고 재가 식은 후에 차가운 재 안에 돌연히 뜨거운 콩 한 알이 나타납니다. 이러한 해오(悟解)로부터 광대한 마음이 일어납니다. 이러한 부분에서 출발하여 이렇게 발심합니다.

번뇌가 선법과 대립하고 있음을 보지 않고, 단지 번뇌를 끊고 선법을 닦아야 중도입니다. 어떤 사람이 번뇌와 선법은 평등하다는 말씀을 듣고서 '나는 선을 닦을 필요도 없고 번뇌를 끊을 필요도 없다. 번뇌와 선법이 평등하다고 말하는데, 정말 평등할 수 있을까?'라고 의심합니다. 오리구이(烤鴨)와 곰팡이 빵(黴面包)을 먹는 것이 같겠습니까? 만약 같을 수가 없다 하더라도 여전히 선법을 닦고 번뇌를 끊어야 합니다. 비록 선법을 닦고 번뇌를 끊지 못했을지라도 번뇌와 선법은 평등합니다. 중생을 제도하는 경우 제도하는 이(能度)와 제도받는 이(所度)란 마음이 없이 한량없고 가없는 중생을 제도해야 합니다. 『금강경』에서는 "이와 같이 무량 무수의 한없는 중생을 제도하였지만, 실은 한 중생도 제도를 얻은 자가 없느니라(如是滅度無量無數無邊衆生 實無衆生得滅度者)."말씀하시는데, 바로 이런 뜻입니다. 내가 종일토록 중생을 제도하길 원하지만, 종일토록 누가 제도하는 이이고, 누가 제도 받는 이라는 생각이 없습니다.

그래서 보시할 때 삼륜체공三輪體空을 말합니다. 내가 일만 금을 친구에게 송금하려고 하는데, 안으로 일만금을 보낼 수 있는 나(施者)를 보지 않고, 밖으로 일만금을 받는 그(受者)를 보지 않으며, 중간에 일만금(施物)을 보지 않는 것을 삼륜체공이라 합니다. 우리들은 보시공양하며 일체의 복을 닦을 때 모두 다 마땅히 삼륜체공을 체득하여야 합니다. 그렇다면 당신의 공덕은 일만 배·일만억 배 크고, 무한대일 수 있습니다. 왜냐하면 당신이 집착하면 유위법이 되기 때문입니다. 유위법은 공덕이 유한하고, 무위법은 무한합니다. 이理에 수순한 발심은 물러남이 없고, 이와 같은 발심의 공덕은 끝이 없습니다! 여러 부처님께서는 겁이 다하도록 연설하시지만, 그 공덕을 말씀하셔도 능히 다 말씀하시지 못한다고 하셨습니다.

부처님께서는 『유마경』에서 이르시길, "아뇩다라삼먁삼보리심(보리심은 이것의 약칭임)을 발할 수 있음이 출가이니라(能發阿耨多羅三藐三菩提心是出家)."하셨습니다. 출가를 하고 싶은 사람이 수없이 많으나, 늘 곤란한 장애를 겪게 됩니다. 예를 들면 부모님께서 승낙하지 않으면 안 됩니다. 그러나 보리심을 발하면 출가이므로 재가인도 출가인과 같은 공덕이 있습니다. 『유마경』에서는 또한 "아뇩다라삼먁삼보리심을 발하면 일체 공덕을 구족하느니라(發阿耨多羅三藐三菩提心一切具足)." 말씀하십니다. 일체 공덕을 이미 구족하였으니, 다시 아무것도 모자라지 않습니다. 그래서 우리는 수행할 때 이렇게 근본을 틀어쥐어야 합니다! 그러면 일체 공덕을 구족합니다.

또한 『비바사론毗婆沙論』5)에서는 "이 법문은 제불의 아버지이다." 하셨습니다. 이 법문은 곧 발보리심으로 이것은 일체 부처님의 아버지입니다. "제불의 어머니"는 보이지 않습니다. 제불은 완전히 발보리심에서 나오는 것입니다. 또한 "제불의 눈이다." 하셨습니다. 제불께서는 두루 제도해야 하고, 일체를 비추어 볼 수 있어야 합니다. 무엇이 눈입니까? 보리심이 눈입니다.

그리고 "무생법인의 어머니이다." 하셨습니다. 우리들은 모두 다 극락세계에서 연꽃이 피어서 아미타부처님을 뵙고 무생법인에 들 것입니다. 무생법인의 어머니는 무엇입니까? 발보리심입니다. 연꽃이 필 때 왜 무생법인을 증득합니까? 왜냐하면 당신이 일찍 진정으로 보리심을 발한 적이 있었기 때문입니다.

또한 "대자대비의 어머니이다." 하셨습니다. 언제나 닦고 읽히면 공덕이 한량없고 끝이 없습니다! 발보리심의 수승함을 찬탄합시다! 그것은 부처님의 부모입니다. 연꽃이 피어 부처님을 뵙고 무생에 들어가니, 이것은 무생의 어머니입니다. 다시 『대반야경大般若經』6)에서 이르시길, "화살로 물건을 향해 쏘는 것과 같다(如以箭射物)" 하셨습니다. 화살을 잡고 과녁을 쏘면 쏘아 맞출 수도 못 맞출 수도 있습니다. 그러나 땅을 향해 쏘면 누구라도 맞춥니다. 이것은 보리심을 발하면 마치 화살을 잡고 땅을

---

5) "이 법문은 제불의 아버지이고, 제불의 어머니이며, 제불의 눈이고 무생법인의 어머니이며, 대자대비의 어머니이다. 항상 닦고 익히면 공덕이 한량없고 가없다." 『비바사론』
6) "화살로 물건을 향해 쏘면 혹 맞출 수도 혹 못 맞출 수도 있지만 화살을 땅을 향해 쏘면 맞추지 않음이 없는 것과 같다(如以箭射物 或中或不中 以箭射地 無不中者)." 『대반야경』

쏘듯이 절대로 맞춘다는 뜻입니다. 이것이 발보리심의 공덕입니다.

다음으로 밀종의 보리심 공덕을 말해보면 더욱 더 깊어집니다. 우리들은 왕왕 근본을 버리고 말단을 구합니다. 가장 근본적인 것은 당신이 그것을 버리는 것입니다. 밀종의 경전인 『보리심의菩提心義』7)에서 이르시길, "보리의 마음은 성불의 근본이다(菩提之心 成佛之本)" 하셨습니다. 이런 보리의 마음이 성불의 뿌리입니다! 근본원천입니다! 일대사인연, 부처님 께서 세상에 출현하신 일대사인연입니다. "일대사인연은 이것보다 나은 것은 없다(大事因緣莫過于此)." 하셨습니다. 일대사인연은 다시 발보리심을 넘어서는 것은 없습니다.

다음으로 "만약 지혜를 구한다면" 이 문구를 설명하겠습니다. 만약 어떤 사람이 부처님의 지혜를 구하려 한다면 부처님이 바로 지혜입니다. 팔식(八識; 아뢰야식)을 굴려서 네 가지 지혜8)를 이루면 바로 지혜입니다. 열반삼덕涅槃三德은 법신·반야·해탈입니다. 해탈을 하면 다시 본래 지니고 있는 법신으로 돌아가고, 모두 다 반야의 미묘한 지혜에 전적으로 의지합니다. 부처님의 지혜를 구하려면 "보리심을 통달"해야 합니다. 보리심을 통달하면 "즉신성불卽身成佛"할 수 있습니다. 부모님이 낳아준 이 몸, 바로 이 몸으로 대각大覺의 과위를 증득합니다. 선종은 즉심성불卽心成佛이고, 밀종은 즉신성불卽身成佛입니다. 즉신성불의 관건은 철저히 보리심을 통달함에 있습니다.

그러나 현재 유감스럽게도 현교든 밀종이든 관계없이 무엇이 보리심인지

---

7) "보리의 마음은 성불의 뿌리다. 일대사인연은 이것보다 나은 것은 없다. 만약 부처님의 지혜를 구하려면 보리심을 통달하라. 부모님이 낳아준 이 몸으로 빨리 대각의 과위에 오른다." 『보리심의』

8) "부처님의 지혜가 부사의지(성소작지)·불가칭지(묘관찰지)·대승광지(평등성지)·무등무륜최상승지(대원경지)임을 깨닫지 못하여" 『무량수경』 「제40품 변지, 의심의 성에 갇히다」. 상세한 설명은 『무량수경 심요』(비움과소통), 정공법사 강설 참조.

진정으로 명백히 깨달은 사람은 많지 않습니다. 잎을 따고 가지를 찾는 사람은 많지만, 근본을 중시하는 사람은 적습니다. 『보리심론菩提心論』9)에 이르시길, "이 보리심으로 일체 부처님의 공덕법을 품을 수 있다." 하셨습니다. 이 보리심은 일체 제불의 공덕법을 포괄하고 함장含藏합니다. "만약 수증修證이 나타나면" 그래서 이것은 개오開悟와 같아서 대원만해大圓滿解·대원만견大圓滿見이 열린 후 대원만에 계입契入합니다. 이것은 선정과 같습니다!

5조 홍인대사께서는 6조 혜능대사에게 "자심自心을 이해하지 못하고 본성을 모르면 법을 배워도 이익이 없다." 말씀하셨습니다. 자기의 마음을 이해하지 못하고 자기의 본원심성을 모르면 법을 배워도 아무런 이익도 없습니다. 또한 "자심을 알고 자기의 본원심성을 알면 장부丈夫·천인사天人師이다." 하셨습니다. 당신이 바로 부처라면, 의발衣鉢을 그에게 주었을 것입니다. 출가하여 수계를 받은 사람에게 의발을 얻은 사람이 없다는 것은 천고千古에 제일로 기이한 일입니다. 그래서 당시 묘(廟; 사찰) 안의 사람들은 어찌 천한 일을 하는 사람에게 묘 안으로 부처의 의발을 가지고 가도록 하였는지 납득할 수 없었습니다. 그래서 뒤쫓아 갔습니다. 이것은 명리를 위해 뒤쫓아 간 것이 아닙니다. 여러분들은 이것이 너무나 납득이 되지 않음을 알아야 합니다.

위의 문구를 보면 "일체 도사를 위하고" 다른 사람을 깨닫게 하고, 자신이 깨닫는 즉 "일체 도사는 근본으로 돌아갑니다(歸本)." 발원한 마음은 바깥을 향해 달려 나가는 것이 아니고, 마음의 근원을 돌이켜 궁구하고 마음을 돌려서 근본에 도달하는 것입니다. 근본(本)이란 본원本源, 본각本覺입니다. 구슬이 빛을 발하여(발심) 구슬의 몸체를 다시 비추는 것(귀본)입

---

9) "이 보리심은 일체 제불의 공덕법을 품을 수 있는 까닭에 만약 수증修證이 나타나면 일체도사를 위하고, 만약 근본으로 곧 밀엄국토로 돌아가면 자리에 일어나지 않고 일체불사를 성취할 수 있다." 『보리심론』

니다. 하련거 거사께서는 『정수첩요淨修捷要』에서 "시각이 본각을 여의지 않아야 구경각에 이르는 깨달음의 길로 곧장 달려갑니다." 하셨습니다. 시각이 본각과 합하면 깨달음과 떨어지지 않습니다.

게다가, "본本"은 바로 밀엄국토密嚴國土입니다. 밀엄국토는 바로 극락국토입니다. 밀종에는 "먼저 마음을 극락으로 보낸다(先送心歸極樂)"는 말이 있습니다. 이 말은 비록 자기 몸은 사바에 있지만 심신은 극락에 살 수 있고, 자기의 심신은 저 국토와 분리되지 않음을 가리킵니다. 이것은 처음 해석한 것이고, 한걸음 더 나아가면 마음과 국토가 불이하다는 말입니다. 만약 자신의 마음(自心)과 극락의 상적광토가 상응하면 자신의 몸(自身)이 당하當下에 즉시 법신대사法身大士입니다. 그래서 당하에 "자리에서 일어나지도 않고, 일체불사를 이룰 수 있다." 하셨습니다. 자리에서 일어날 필요도 없이 일체불사가 모두 원만히 이미 완성되었습니다(圓滿成辦). 이것이 바로 원돈교圓頓教의 교지教旨입니다. 만약 이를 이해할 수 있다면 지극히 수승한 공덕이 있습니다. 설사 이해할 수 없을지라도 일단 이근耳根을 통과하면 모두 다 영겁에 소멸하지 않은 법익이 있습니다. 왜냐하면 모두 다 금강의 지혜이고 부처님의 진정한 심수心髓이기 때문입니다.

성불하려면 부처의 인因을 심어야 합니다. 부처란 각오覺悟입니다. 각覺이란 무엇입니까? 평등법平等法입니다. 자신의 마음과 부처님의 마음은 평등합니다. 석가모니 부처님께서 성불하실 때 설하신 제일구第一句는 "신기하고 신기하여라. 모든 중생들은 여래의 지혜 덕상을 모두 갖추고 있다. 오직 망상집착으로 증득할 수 없을 뿐이라(奇哉奇哉 一切衆生 皆具如來智慧德相 唯以妄想執著不能證得)." 바로 이 한마디 말씀10)이었습니다. 일체중생,

---

10) "신기하고 신기하여라. 어찌하여 이 모든 중생들이 여래의 지혜를 모두 갖추고 있는가? 그런데 어리석고 미혹하여 알지 못하고 보지 못하는구나. 그러므로 내가 마땅히 성스러운 진리로써 가르쳐서 그들로 하여금 망상과 집착들을 영원히 떠나게 하고 스스로 자신

파리나 개미들도 한가지로 모두 다 여래의 지혜 덕상을 지니고 있습니다. 단지 망상과 집착이 있기 때문에 그것을 나타낼 수 없고, 범부가 되었습니다. 누구를 탓하겠습니까? 자신을 탓할 따름입니다.

발심의 수승공덕은 앞에서 설명하였습니다. 만약 발심하지 않으면 어떠한가? 묻는다면 두 가지 측면에서 말할 수 있습니다. 『열반경涅槃經』에서, 부처님께서는 열반에 드실 때 "비록 별상別相을 믿을지라도"(차별의 능신能信에 대해) "일체, 무차별상을 믿지 않느니라."(자성은 일체이고, 본래 무차별의 상임을 결코 믿지 않음) 이라고 말씀하셨습니다. 이를 "믿음을 구족하지 않음(信不具)"11)이라고 합니다. 현재 여러분들은 믿음을 구족하고 있는지 구족하고 있지 않은지, 여러분들은 스스로 『열반경』의 말씀에 근거하여 살펴보고 살펴보아야 합니다. 믿느냐 믿지 않느냐, 이것이 일체 무차별의 본체입니다! 만약 믿음을 구족하고 있지 않다면 경에서는 이르시길, "믿음을 구족하고 있지 않은 까닭에 모든 경계도 또한 구족하지 못한다." 하셨습니다. 이 말씀은 대단히 중요합니다. 왜냐하면 믿음을 구족하고 있지 않기 때문에 비록 진지하게 계를 지녀서 살생도 음주도 무엇 무엇도 하지 않을 지라도 당신은 여전히 오계五戒를 구족하지 못하고 있습니다.

"비록 많이 들었어도 구족하지 못하고 있느니라." 비록 법문을 많이 들었을지라도 가장 중요한 것에 대해 이해하지 못하고 있습니다. 고덕께서는 또 "보리심이 없으면 삼귀三歸·오계五戒 또한 성취하지 못한다." 하셨습니다. 이는 근기가 상相에 이르렀음을 말합니다. 삼귀·오계를 모두 다 성취하지 못하였다면 부끄럽고 두려워하여야 합니다. 그래서 정말로 무엇이 순리보리심인지 정말로 분명히 알아야 합니다. 왜 삼귀·오계가 성취되지 않았다고 합니까? 불법의 근본 뜻을 명백히 이해하지 못하였기 때문입니다.

속에서 여래의 넓고 큰 지혜가 부처님과 전혀 다른 점이 없음을 볼 수 있게 하리라." 『화엄경』「여래출현품如來出現品」
11) 천제인(闡提人), 진리를 믿지 않거나 인과를 믿지 않고 악을 행하는 자를 말함.

『화엄경』에는 또 한마디 말씀이 있으니, 여러분들은 이 말씀을 듣고 확실히 기억해두어야 합니다. 경에 이르시길, "보리심을 잃고서 선법을 닦으면 마업이 되느니라(忘失菩提心 修諸善法是爲魔業)." 하셨습니다. 보리심을 발한 적이 있으나 잊어버렸다면 선한 일을 하여도 마구니(魔)의 사업이 되어버립니다. 그래서 마침내 부처님 공부(學佛)를 하고 있으나, 여전히 마구니 공부를 하고 있습니다. 수많은 사람들은 이런 부분을 여전히 또렷이 이해하지 못하고 있습니다. 수많은 사람들은 자신이 부처님 공부를 하고 있다고 여기나, 이미 마구니 대열 속으로 출근하고 있습니다. 불전에서 발심문을 염송하고 불전을 나서면 모조리 잊어버려서, 번뇌가 예전대로 일어나고 화기가 여전히 왕성하여 법을 배워도 아무런 이익이 없습니다. 근본을 분명히 하지 못하고 단지 작은 선을 행하니, 마구니가 나갈 수 없습니다. 그래서 여러분들은 모두에게 이 근본을 분명히 하라고 거듭 권하시길 희망합니다. 만약 그렇지 않으면 귀의함이 없어 불교도가 아닙니다.

위에서 설명한 순리보리심은 깊어집니다. 현재 정종의 초보 수행자는 어떻게 해야 합니까? 담란曇鸞대사께서는 『논주論注』12)에서 인용하여 말씀하시길, "무상보리심은 곧 부처가 되길 바라는 마음이다." 하셨습니다. 성문연각을 구해서도 안 되고, 천상(천국)에 태어나고 싶어 해서도 안 되며, 천수를 누리다가 죽어서 다음 생에 부귀를 누리고 싶어 하는 것도 안 됩니다. 부처가 되길 바라는 마음을 일으켜야 합니다.

---

12) "이 무상보리심은 곧 부처가 되길 바라는 마음이다. 부처가 되길 바라는 마음은 곧 중생을 제도하고자 하는 마음이다. 중생을 제도하고자 하는 마음은 곧 중생을 거두어 부처님 계신 국토에 태어나게 하고자 하는 마음이다. 그러므로 저 안락국토에 태어나길 바라는 사람은 반드시 무상보리심을 일으켜야 한다. 만약 무상보리심을 일으키지 않고 다만 저 국토에 왕생하면 끊임없이 즐거움을 받는다는 것만 듣고 그 즐거움을 누리기 위해 그곳에 태어나길 바란다면 역시 왕생할 수 없다." 『왕생론주往生論注』, 담란대사

"부처가 되길 바라는 마음은 곧 중생을 제도하고자 하는 마음이다." 하셨습니다. 나 자신만 성불하는 것이 아닙니다. 불교의 위대함은 나만 위하는 것이 아닙니다. 왜 부처가 되고자 합니까? 중생을 제도하고자 부처가 됩니다. 어떻게 중생을 제도합니까? 즉 "**중생을 거두어 부처님 계신 국토에 태어나게 하고자 하는 마음**"입니다. 중생을 거두어 부처님이 계신 국토에 이르게 하고자 하는 마음입니다. 『대승기신론』에서 이르시길, "중생은 가지에 매달려 있는 약한 새와 같다." 하셨습니다. 작은 새는 간신히 날수 있으므로 나뭇가지에서 떼어놓으면 안 됩니다. 성취하지 못한 사람은 부처님으로부터 떼어놓으면 안 됩니다. 어떻게 중생을 제도합니까? 중생으로 하여금 부처님께서 계신 곳으로 이르도록 합니다.

"그러므로 저 안락국토에 태어나길 바라는 사람은 반드시 무상보리심을 일으켜야 한다." "만약 무상보리심을 일으키지 않고 다만 저 국토에 왕생하면 끊임없이 즐거움을 받는다는 것만 듣고 그 즐거움을 누리기 위해 그곳에 태어나길 바란다면 역시 왕생할 수 없다." 일체중생을 널리 제도하고 타인을 이롭게 하기 위해서가 아니라 오로지 자신이 행복할 수 있으면 되고, 법을 공부하는 것도 단지 모든 길상을 구하고 번뇌가 없기를 바라며, 단지 금생에 한 평생 좋을 뿐만 아니라 내가 죽어서 다음 세상에서도 좋아야 한다는 등 전부 개인을 위한 것은 대승의 마음이 아닙니다. 극락세계에 왕생하는 것은 모두 다 대승입니다. 그 가운데 성문연각이라 부르는 것은 미혹을 끊은 정도를 가리킵니다. 만약 발심을 논한다면 모두 다 대승의 마음을 일으키는 것입니다. 『왕생론往生論』에서 이르시길, "이승二乘의 종성으로 왕생하지 않는다." 하셨습니다. 이승二乘의 종성種性인 성문연각은 왕생할 수 없습니다. 그래서 정토대법淨土大法이 천하고 얕다고 여기지 마십시오.

대경(무량수경)의 종요는 「발보리심 · 일향전념 · 아미타불」입니다. 우익대사께서는 말씀하시길, "한마디 아미타불 부처님 명호는 석가모니 부처님께서 증득한 아뇩다라삼먁삼보리법이다." 하셨습니다. 아미타여래께서 인지因地 상에 계실 때 갖가지 대원을 발하셨고 몇 겁의 수행으로 부처님을 이루셨으니, 이것은 한량없는 갖가지 공덕의 과실입니다. 이 한마디 아미타부처님 명호는 무량겁 이래 공덕을 성취한 것입니다. 그래서 명호는 공덕의 과실이고, 명호에는 자연히 무량한 일체공덕이 들어 있습니다. 현재 부처님의 이러한 과지果地, 각오覺悟의 과실은 우리들 박지범부를 위해 지으셨습니다. 생사고해生死苦海 한 가운데 중생은 인지 (발심 수학하는 단계)에서 수행하고 있는 초심 수행자입니다.

아미타불, 이 부처님 명호는 만덕萬德을 갖추고 있습니다. 내가 아미타불을 염하면, 나의 마음은 바로 이 한마디 아미타불입니다. 이 한마디에는 아미타부처님의 만덕이 들어있어 나의 마음을 성취합니다. 그래서 나의 마음은 아미타여래의 만덕을 불러와서 불가사의를 직접 깨칠 수 있습니다. 정종(淨宗; 정토법문)의 묘용妙用은 우익대사께서 『요해』에서 말씀하신 "사의 집지로부터 이의 집지에 도달하고, 범부의 마음 그대로 부처님의 마음을 이룬다(從事持達理持 即凡心成佛心)'는 두 마디 말씀을 따를 수 있다는 데 있습니다. 사의 집지(事持)는 사람마다 모두 행할 수 있습니다. 여기서부터 시작하여 점차 업장이 맑아지고 공부가 순정한 경지에 이르며(垢淨功純),13) 은연중 도의 미묘함에 합치되며(暗合道妙), 이의 집지(理持)에 도달합니다. 이것은 범부의 마음이 이미 자기도 모르는 사이에 범부를 뛰어넘어 성인을 이루고 부처님의 마음을 성취함을 말합니다.

우리들은 시작하자마자 곧 이렇게 한마디 염불을 하면 됩니다. 그래서 수많은 촌부들께서 착실히 수행하여 왕생하셨습니다. 복건福建 성에 사시는 80여 세의 할머니께서는 거의 10년간 채식하며 염불하셨습니다.

---

13) "공순업정功純業淨이란…염불행이 전일해진 후 오래도록 공부가 순숙해져서 「공부가 순정한 경지에 이른다(功純)」. 염불이 이미 육근을 거두어서 자연이 새로운 업이 만들어지지 않고 또 염불일성이 80억겁의 생사중죄를 소멸할 수 있는 까닭에 자연이 「업이 맑아진다(業淨)」", 『심성록心省錄』, 황념조 거사

임종 시에 줄곧 8일 동안 식사를 하지 않고서 단정하게 앉아 염불하셨습니다. 사후에도 여전히 단정히 앉아 있었고, 의자에 채워둔 고정 걸쇠도 모두 흔들리지 않았으며, 여전히 매우 장엄하였다고 합니다. 80여 살의 나이였음에도 그녀는 사의 집지로부터 자기도 모르는 사이에 은연중 도의 미묘함에 합치되면서 이의 집지로 나아갔습니다.

당신이 염할 때 세간사에 모두 다 미련을 갖지 않고, 바깥의 온갖 인연(萬緣)을 놓아버려야 합니다. 마음에는 오로지 한마디 아미타불을 염하면 바로 일념단제(一念單提 ; 일념으로 아미타불 명호를 드는 것)입니다. 사의 집지로 이렇게 일체를 놓아버릴 수 있으면 머무는 바가 없습니다.『금강경』의 종요는 "마땅히 머무는 바 없이 그 마음을 내어라(應無所住而生其心)"입니다. 이 머무는 바 없는 마음은 본래 등지보살登地菩薩14)이라야 이룰 수 있는 사事이지만, 범부가 착실히 염불하면 자기도 모르는 사이에 은연중 도의 미묘함에 합치하여 온갖 인연에 머무르지 않고 쉬지 않고 마음을 내니, 지상보살과 같습니다. 그래서 염불공덕은 불가사의합니다(주문을 수지하는 것도 이와 같습니다). 사의 집지로부터 이의 집지에 이르기에 이러한 사의 집지를 행하는 범부의 마음은 당하에 부처님의 마음을 성취합니다. 곧 범부의 마음 그대로 부처님의 마음을 이루고, 마음 그대로 부처를 이루며(卽心成佛), 바로 깨칩니다(直接了當). 그래서 염불공덕은 불가사의합니다.

우리는『관불삼매경觀佛三昧經』에서 수승한 비유를 찾을 수 있습니다. 한 가난뱅이가 왕자의 금병을 훔쳤는데, 그것은 보배였습니다. 다들

---

14) 보살의 위位는 십신위十信位 · 십주위十住位 · 십행위十行位 · 십회향위十迴向位 · 십지위十地位 · 동료등각同了等覺 · 묘각妙覺으로 모두 합쳐서 52위이다. 등각보살은 부처와 비교하면 이미 차이가 많지 않아 서로 같은 각오覺悟로 보살에서 가장 높은 계위이다. 묘각妙覺은 바로 부처이고, 등지는 십지위에 오른 것으로 어떤 위에 오르든 모두 다 등지보살이라 한다.

그를 추적하자 그는 나무에 올라갔습니다. 뒤쫓던 자가 나무를 넘어뜨리자 가난뱅이는 아래로 떨어졌습니다. 그런데 이때 그는 금병 보배를 그만 삼켜버렸습니다. 그는 마침내 떨어져 죽었습니다. 나중에 신체는 이미 썩었지만, 금병은 여전히 방광하고 있었는데, 그들 악인은 이미 놀라 달아났습니다. 이것은 부처님께서 말씀하신 비유입니다. 부처님께서는 또 아난에게 이르시길, "염불에 머무는 자의 심인心印은 무너지지 않나니, 또한 이와 같으니라." 하셨습니다. 염불에 머무는 사람의 심인은 무너지지 않습니다. 이 가난뱅이는 보배를 먹은 후 이미 떨어져 죽었고, 사지도 이미 썩었지만, 이 보배금병은 마음속에 방광하고 있었고, 악인들도 이미 놀라 달아났습니다.

  그래서 염불을 하는 자는 마땅히 마음속에 착실히 한마디 부처님 명호가 있으면 심인이 무너지지 않음을 알아야 합니다. 심인心印이란 부처님께서 마음으로써 마음을 전하고 마음으로써 마음에 도장을 찍는 것을 말합니다. 마음으로써 도장을 삼아 만법을 인증합니다. 전법傳法, 전함이란 무엇입니까? 전함이란 마음입니다. 어떻게 인증할까요? 마음을 붙잡아서 인증합니다. 인印이란 인감印鑑입니다. 당신의 인감이 맞으면 다른 사람과 은행이 당신에게 돈을 지급합니다. 인감이 틀리면 본인의 돈이라도 은행에서 출금하지 못합니다. "염불에 머무는 자는 심인이 무너지지 않는다." 이는 『관불삼매경』의 경문입니다. 무너지지 않음이란 항상 비춤이고, 방광입니다. 선禪·밀密·정토는 서로 상통하는 곳이 많습니다.

4. 허운 노화상 설법의 정업심요淨業心要

1931년 복건성 공덕림功德林 거사 염불칠(念佛七 ; 7일간의 염불집중수행) 법회에서 중국 근대의 3대 고승(체한·인광·허운) 중 한 분이신 허운 노화상

(화상은 나를 거두어 불문에 들인 첫 번째 은사이시다)께서는 마침 일이 있어 그곳에 계셨는데, 염불칠이 있다는 말을 듣고 가셨다고 합니다. 공덕림 거사들이 마침 염불을 하고 있었는데, 노화상께서 오신다는 말을 듣고 수많은 사람들이 마중 나가서 예배하였습니다. 생각지도 않게 노화상께서 그들을 크게 꾸짖고 나무라며 말씀하셨습니다. "그대들은 다 거사이고, 염불칠에 참가하여 수년간 부처님 공부를 잘 해왔다. 오늘 불칠도량인데, 그대들은 어찌하여 불법의 당번幢幡을 거꾸로 꽂았는가! 거꾸로 꽂았는가! 왜 뛰어나와 나에게 절을 하는가." 말씀을 마치자 모두들 곧 제자리로 돌아가서 똑바로 앉아 법문을 들었습니다.

화상께서는 이어서 말씀하시길, "염불타칠念佛打七은 한마음(一心)을 중히 여긴다." 하셨습니다. 이 말씀의 의미는 이렇습니다. 몸이 도량에 있으면 한마음 한뜻으로 닦아야 합니다. 만약 한마음 한뜻이 아니면 이쪽으로 보고 저쪽으로 들어서 하루 종일 잡담을 할 것입니다. 이렇게 염불칠에 참가하면 지금 이 순간도 성취하지 못할 뿐만 아니라 미륵보살께서 다시 오실 때까지 염해도 여전히 업장이 몸을 얽어맬 것입니다. 마땅히 머리부터 발끝까지 면밀하게 한마디 바로 뒤를 따라 한마디, 한 글자 한 글자 한마디 한마디 산란하지 않아야 합니다. 바로 이 한마디 부처님 명호를 산란하지 말고 염하십시오. 잠시 떡을 먹고 싶어 하고, 잠시 텔레비전을 보고 싶어 하고, 잠시 집안 화로 위에 올려놓은 물주전자를 생각하는 바로 이 마음이 산란散亂입니다. 도량에서 이런 것들을 모두 내려놓고 「나무아미타불, 나무아미타불」 하십시오. 부처님께서 오셔도 이렇게 염하고, 노화상님께서 오셔도 말할 것도 없으며, 부처님께서 앞에 나타나셔도 이렇게 염하고, 마구니가 와도 이렇게 염해야 합니다. 바람이 불어도 스며들지 못하고, 비가 와도 적시지 못하며, 바깥의 무엇에도 방해받지 않을 정도로 염해야 성취하는 날이 있습니다. 부처란 무엇입니까? 부처란 각오覺悟입니다. 부처란 깨달음입니다. 마구니란 무엇입니까? 마구니는 마장과 번뇌(魔惱)입니다. 마구니란 번뇌이고, 뇌란惱亂이며, 당신을 번뇌케 하는 것입니다. 부처님은 당신이 깨달았다고 하였습니다. 부처님은 깨달으신 분입니다. 그래서 당신이 깨달았을 때가 바로 부처님을 친견하는 때입니다. 깨달은 마음(覺心)이 또렷하게 비치는 것이 부처님을 친견하는 것입니다. 번뇌가 일어나면 괴롭히거나 괴롭힘을 당합니다. 이러한 때 마구니가 나타납니다.

허운 노화상께서는 또 법문하셨습니다. "지금 막 불칠도량에 들어가자 수많은 사람들이 움직이지 않고 앉아 있다. 누가 와도 상관없이 부처님을 염하면 이러한 사람은 모두 견불할 것이다.""몇 명이 와서 나에게 절하고 마중하였는데, 그대들은 왜 마중 나왔는가? 세월을 헛되이 보내었고, 공연히 시간을 낭비하였다."(그래서 우리들은 모두 다 시간을 최대한 아껴야 합니다. 시간은 바로 생명입니다) "그렇다면 어찌 나 때문에 그대들의 큰일을 뇌란시키는 것이 아니겠는가? 그대들이 염불할 때 내가 와서 그대들의 마음이 불안하여, 나와서 나를 마중하니 이는 내가 그대들을 방해한 것이고, 그대들이 나를 마구니 곁으로 떠미는 것에 불과하다."

이것은 정말 지극히 수승한 법문입니다. 부처님 공부를 하는 수많은 사람들이 이미 전도되어 있습니다. 이래야 삼보를 존경하는 것이고, 이래야 여법하게 수지하는 것이며, 이래야 스스로를 속이고 남을 속이는 것을 면할 수 있습니다.

또 노화상의 몇 마디는 신통한 측면의 일에 대해 이야기 했습니다. "일반인은 불법을 이해하지 못하므로 세상의 명리를 잊지 못하고, 신통을 바라고 변화를 바란다. 이러한 망상을 품으면 사도邪徒가 아니라 곧 마구니이다." 하셨습니다. 일반인이 불법을 이해하지 못하는 것은 왜일까요? 명리의 마음을 근본적으로 잊지 못하고, 생각생각 마다 어떻게 불교계에서 명성·지위와 권리·이익을 쟁탈하느냐를 계산하기 때문입니다. 불법을 공부한 후 신통을 얻고 싶고 능히 변모하고 싶어 합니다. 이와 같은 망상이 존재하는 것은 사도邪徒가 아니라 마구니의 권속입니다.

따라서 "사도가 아니라 곧 마구니이다." 말씀하셨습니다.

모름지기 마음 바깥에는 법이 없고, 일체법은 자신의 마음속에 있음을 알아야 합니다. 우리는 앞에서 자신의 믿음을 말하였습니다. 자기 자신의 마음은 본래 여래지혜의 덕상임을 믿어야 하고, 마음 바깥에 법을 구해서는 안 됩니다. 지금 막 우리들은 아미타불을 염하였습니다. 그것은 마음바깥에서 구하는 것이 아닙니다. 당신은 자기의 본원심성을 믿어야 합니다. 이미 당신이 자심自心에 있다면 당신의 마음은 부처님의 마음과 같이 일체 처에 두루 가득합니다. 아미타부처님께서 당신의 마음속에 있을 뿐만 아니라 일체 부처님께서 당신의 마음속에 계십니다.

허운 노화상께서는 또 말씀하셨습니다. "신통이 마음에 일어나길 어찌 바라겠는가? 이러한 마음 씀(用心)이 있으면 어찌 머묾이 없는(無住) 진리를 증득할 수 있겠는가? 『금강경』에서 이르시길, 마땅히 머무는 바 없이 그 마음을 내어라! 하셨다. 당신이 먼저 어떠한 신통을 구하는 마음이 있다면 머무는 바가 있으니, 어떻게 머묾이 없는 진리와 도리에 서로 계합할 수 있겠는가? 이러한 유의 사람들을 부처님께서는 불쌍하고 안타까운 자라고 부르셨다!"

허운 노화상께서 말씀하신 법문이 지닌 묘의妙意는 무궁합니다. 그 가운데 수승한 점은 자리를 떠서 당신을 맞이하여 정례한 사람들에게 "불법의 당번幢幡을 거꾸로 꽂았다!" 꾸짖어 책망하셨다는 것입니다. **본래 자리에 서서 움직이지 않는 사람이 "염불"하여 "견불"합니다.** 이는 그 당시 석존께서 하늘에 올라 어머님을 위해 설법한 후 인간으로 돌아와서 환영 나온 비구니에게 꾸짖어 책망하셨지만, 마중 나오지 않은 수보리가 동일한 전철을 밟은 것과 같습니다. 이 비구니는 신통력이 있어 전륜성왕으로 화현化現하고서 열을 지어 부처님을 마중하는 대오 앞에 상수가 된 첫 번째 분이었습니다. 과연 그녀는 일차로 부처님을 친견하였습니다. 부처님께서 일견 왜 대승(大僧 ; 비구) 앞에 서서 그녀를 바로 책망하였을까?

그녀는 "부처님을 일찍 뵙고 싶었다."고 말했습니다. 부처님께서는 말씀하시길, "네가 먼저 나를 보지 않았다. 오히려 수보리가 첫 번째 나를 보았다." 하셨습니다. 이날 수보리는 숲 사이에서 정좌하고 있었는데, 한 생각이 일어났습니다. "오늘 세존께서 돌아오실 때 마중을 나갈 것인가? 계속해서 여래는 어디서부터 온 것도 없고 어디로 가는 것도 없으니, 어떻게 마중을 가겠는가?" 라는 생각에 미쳐서 계속 정좌하였습니다. 선문禪門은 마음을 전하는 법이라고 볼 수 있습니다. 세존의 마음은 현대의 고승인 허운 노화상에게 까지 전해졌습니다. 마음과 마음이 서로 도장을 찍으니, 한맛으로 차이가 없습니다. 이 공안의 계시(啓示; 일깨워 가르침)에 따르면, 무엇을 견불見佛이라고 하고, 어떻게 하면 견불할 수 있겠습니까? 이미 더 이상 질문이 필요하지 않습니다.

동시에 정종에 대해서도 지극히 소중한 법문을 힘껏 선포하셨습니다. "염불은 한마음을 중히 여긴다." 부처님께서 오시든 마구니가 오든 일절 상관하지 말고, 단지 전후가 이어지도록 착실히 전일하게 염할 뿐입니다. 마중 나오는 자에게 큰 소리로 꾸짖었습니다. "불법의 당번幢幡을 거꾸로 꽂지 말라!"(전도되어 불법을 비방하지 말라!) 계속해서 지념持念하여 움직이지 않는 사람이 "염불하여 부처님을 친견하게 된다." 찬탄하셨습니다. "염불하는 순간이 부처님을 친견하는 순간이다."라는 정종의 경구는 허운 노화상의 말씀임을 알 수 있습니다. 바로 선종 제일 대덕의 정종에 대한 소중한 인증認證입니다.

혹 어떤 이는 말합니다. "당신이 잘못 이해한 것이오. 허운 노화상은 중점은 「부동不動」에 있지, 염불에 있지 않소." 저는 말하겠습니다. "염불의 중점은 「부동不動」에 있소. 정념을 이어감(淨念相繼)이 바로 「여여부동如如不動」입니다."

끝으로 "염불하는 순간이 곧 부처님을 친견하는 순간이고, 부처님을 친견하는 순간이 곧 성불하는 순간이다!"라는 정종의 미묘한 문구를 보충하여 인용하는 것을 본문의 맺음말로 갈음하겠습니다.

세 가지 정업淨業

왕생극락 하는

윤회를 벗어나

저 극락세계에 태어나고자 하는 이는
마땅히 삼복三福을 닦아야 하느니라.
첫째는 부모님께 효도 봉양하고,
스승과 어른을 받들어 모시며,
자비로운 마음으로 살생을 하지 말고,
열 가지 선업을 닦아야 하며,
둘째는 삼보를 받아들이고 늘 기억하여,
온갖 계행을 구족하고 위의를 범하지 않아야 하며,
셋째는 보리심을 발하고서 인과(염불성불)를 깊이 믿고
대승경전을 독송하도록 수행자를 권진勸進하여야 하느니라.
이와 같은 세 가지 일을 정업淨業이라 이름하느니라.
- 관무량수경

불설아미타경
佛說阿彌陀經

노향찬 爐香讚

향로에 향을 사루니
법계에 향기가 가득
부처님 회상에 두루 퍼져서
가는 곳마다 상서구름 맺히나이다
저희 정성 간절하오니
부처님 강림하옵소서

나무향운개 보살마하살
나무향운개 보살마하살
나무향운개 보살마하살

연지찬 蓮池讚

연지해회 아미타부처님
관세음보살 · 대세지보살
연화대 앉아계시며
저희들 접인해 황금계단
오르게 하시나이다.

원하옵건대, 큰 서원 널리 여시어
저희들 티끌세상 여의게 하옵소서
나무연지해회 보살마하살
나무연지해회 보살마하살
나무연지해회 보살마하살

나무본사석가모니불

(세 번)

개경게 開經偈

위없이 깊고 깊은 미묘한 법문
백천만 겁에도 만나기 어려워라
제가 지금 듣고 보아 수지하오니
여래의 진실한 뜻 알아지이다

불설아미타경

요진姚秦 삼장법사 구마라즙鳩摩羅什 역

제1품 법회에 오신 성중

이와 같이 나는 들었다. 한때 부처님께서 사위국 기수급고독원에 머무르사, 큰 비구 대중 1,250명과 함께 계셨으니, 그들은 모두 대중들에게 널리 알려진 대아라한으로 곧 장로 사리불, 마하목건련 · 마하가섭 · 마하가전연 · 마하구치라 · 리바다 · 주리반타가 · 난타 · 아난타 · 라후라 · 교범바제 · 빈두로파라타 · 가루타이 · 마하겁빈나 · 박구라 · 아누루타 등의 여러 대제자들이었다. 그리고 문수사리 법왕자 · 아일다보살 · 건타하제보살 · 상정진보살 등의 여러 대보살들과 석제환인 등 무량한 제천들도 함께 하셨다.

제2품 극락세계 아미타불을 말씀하시다

그때 부처님께서 장로 사리불에게 이르시길, "여기에서 서쪽으로 십만 억 불국토를 지나가면 「극락」이라 이름하는 세계가 있고, 그 세계에는 명호가 「아미타」인 부처님께서 계시나니, 지금 그곳에서 안온히 주지하시면서 법을 설하시고 계시느니라."

제3품 극락을 보여서 믿음을 일으키시다

사리불아, 저 국토를 어떤 인연으로 「극락」이라 하는가?
저 국토의 중생들은 어떠한 괴로움도 없고 오직 온갖 즐거움
만 누리나니, 이러한 인연으로 「극락」이라 하느니라.

또한 극락국토에는 일곱 겹의 보배 난순과 일곱 겹의 보배
그물과 일곱 겹의 보배 나무가 있나니, 모두 네 가지 보배로
장엄되어 있고 그 주위를 둘러싸고 있느니라. 이러한 인연으
로 저 국토를 「극락」이라 하느니라.

또한 사리불아, 극락국토에는 곳곳마다 칠보연못이 있어
그 속에는 팔공덕수가 가득하며, 그 연못의 바닥에는 순금모
래가 깔려 있고, 연못 사방으로 계단길이 놓여 있으며, 금·
은·유리·파려가 합하여 이루어져 있느니라. 그 길 위에는
누각이 있나니, 그 또한 금·은·유리·파려·자거·붉은
진주·마노로 장식되어 있느니라.

그 연못에는 갖가지 연꽃이 있나니, 그 크기가 수레바퀴만
하고, 푸른 빛깔에는 푸른 광채가 빛나며, 노란 빛깔에는
노란 광채가 빛나며, 붉은 빛깔에는 붉은 광채가 빛나며,
흰 빛깔에는 흰 광채가 빛나서 섬세하고 미묘하며 향기롭고
정결하니라.

사리불아, 극락국토는 이와 같은 공덕 장엄으로 이루어져 있느니라.

또한 사리불아, 저 불국토에는 천상의 음악이 늘 연주되고, 황금으로 대지가 되어 있으며, 밤낮으로 여섯 때에 천상의 만다라화가 비오듯이 내리느니라. 저 국토의 중생들은 늘 새벽마다 각자 바구니에 온갖 미묘한 꽃을 가득 담아 타방세계 십만 억 부처님께 공양하고, 곧 식사 때에 본래 국토로 돌아와서 함께 식사하고 경행하느니라.

사리불아, 극락국토는 이와 같은 공덕 장엄으로 이루어져 있느니라.

다시 또 사리불아, 저 국토에는 늘 갖가지 기묘한 여러 빛깔의 새들이 있나니, 백학·공작·앵무새·사리새·가릉빈가·공명조 등과 같은 온갖 새들이 밤낮으로 여섯 때에 평안하고 단아한 소리를 내어서 그 소리가 오근·오력·칠보리분·팔정도 등 이와 같은 법을 연설하나니, 그 국토의 중생들은 그 소리를 듣고서 부처님을 생각하고 불법을 생각하며 승가를 생각하느니라.

사리불아, 이 새들이 실제로 죄의 과보로 생겼다고 말하지 말라. 왜 그러한가? 저 불국토에는 삼악도가 없기 때문이니라. 사리불아! 그 불국토에는 삼악도라는 이름조차 없거늘 하물며 실제로 그런 것이 있겠느냐? 이러한 갖가지 새들은 모두 아미타부처님께서 범음을 널리 펴고자 위신력으로 변화하여 이루어진 것이니라.

사리불아, 저 불국토에는 미묘한 바람이 불어와 모든 보배나무와 보배그물이 흔들리며 미묘한 소리가 나니, 이는 비유컨대 백천 가지 천상의 음악이 동시에 연주되는 것과 같으니라. 이 소리를 듣는 이는 모두 다 부처님을 생각하고, 불법을 생각하고, 승가를 생각하는 마음이 저절로 생기느니라.

사리불아, 저 불국토는 이와 같은 공덕장엄으로 이루어져 있느니라.

제4품 아미타불을 보여서 믿음을 일으키시다

사리불아, 그대 생각에는 어떠한가? 저 부처님은 어떤 인연으로 명호를 「아미타」라 하는가? 사리불아, 저 부처님께서는 무량한 광명을 시방세계 불국토에 두루 비추시어 장애가 없느니라. 이러한 인연으로 명호가 「아미타」이니라. 또한 사리불아, 저 부처님과 그 국토 사람들의 수명이 무량무변 아승지겁이니, 이러한 인연으로 「아미타」라 이름하느니라. 사리불아, 아미타불께서 성불하신지 지금 십겁이 지났느니라.

또한 사리불아, 저 부처님께는 무량무변의 성문 제자들이 있나니, 모두 아라한으로 그 수는 헤아려 알 수 있는 것이 아니고, 모든 보살대중도 또한 이와 같으니라.

사리불아, 저 불국토는 이와 같은 공덕장엄으로 이루어져 있느니라.

제5품 극락에 태어나길 발원하라

또한 사리불아, 극락국토에 태어나는 중생들은 모두 불퇴전지 보살이며, 그 가운데 일생보처 보살들도 매우 많아서 그 수는 헤아려 알 수 없으며, 단지 무량무변 아승지라 비유할 뿐이니라. 사리불아, 저 불국토의 극락장엄을 들은 중생들은 마땅히 저 국토에 태어나길 발원해야 하느니라. 왜 그러한가? 그들은 저 국토에서 이와 같은 수많은 상선인들과 한곳에 모여 살 수 있기 때문이니라.

제6품 집지명호의 행을 세워라

사리불아, 적은 선근·복덕·인연으로는 저 불국토에 태어날 수 없느니라. 사리불아, 선남자 선여인이 아미타 부처님에 대한 설법을 듣고, 그 명호를 집지하여, 하루나 이틀이나 사흘이나 나흘이나 닷새나 엿새나 이레 동안 일심에 이르러 산란하지 않는다면, 그 사람이 목숨을 마치려 할 때에 아미타부처님께서 수많은 성중들과 함께 그 앞에 나타나느니라. 그래서 그 사람은 임종할 때에 마음이 전도되지 아니하고 아미타부처님의 극락국토에 즉시 왕생할 수 있느니라.

사리불아, 나는 이러한 진실한 이익을 보았기에 이러한 말을 하는 것이니, 이 말을 들은 중생들은 마땅히 저 국토에 태어나길 발원해야 하느니라.

제7품 육방제불께서 믿을 것을 권하시다

사리불아, 내가 지금 아미타불의 불가사의한 공덕 이익을 찬탄하는 것처럼 동방에도 아촉비불·수미상불·대수미불·수미광불, 묘음불 등과 같이 항하의 모래알 수만큼이나 많은 제불께서 계시며 각각 자신의 국토에서 광장설상을 내미시어 삼천대천세계를 두루 덮고 참되고 실다운 말씀으로 이르시길, "너희 중생들은 《칭찬불가사의공덕 일체제불 소호념경》을 믿을지니라." 하시니라.

사리불아, 남방세계에도 일월등불·명문광불·대염견불·수미등불·무량정진불 등과 같이 항하의 모래알 수만큼이나 많은 제불께서 계시며, 각각 자신의 국토에서 광장설상을 내미시어 삼천대천세계를 두루 덮고 참되고 실다운 말씀으로 이르시길, "너희 중생들은 《칭찬불가사의공덕 일체제불소호념경》을 믿을지니라." 하시니라.

사리불아, 서방세계에도 무량수불·무량상불·무량당불·대광불·대명불·보상불·정광불 등과 같이 항하의 모래알 수만큼이나 많은 제불께서 계시며, 각각 자신의 국토에서 광장설상을 내미시어 삼천대천세계를 두루 덮고 참되고 실다운 말씀으로 이르시길, "너희 중생들은 《칭찬불가사의공덕 일체제불소호념경》을 믿을지니라." 하시니라.

사리불아, 북방세계에도 염견불·최승음불·난저불·일생불·망명불 등과 같이 항하의 모래알 수만큼이나 많은 제불께서 계시며, 각각 자신의 국토에서 광장설상을 내미시어 삼천대천세계를 두루 덮고 참되고 실다운 말씀으로 이르시길, "너희 중생들은 《칭찬불가사의공덕 일체제불소호념경》을 믿을지니라." 하시니라.

사리불아, 하방세계에도 사자불·명문불·명광불·달마불·법당불·지법불 등과 같이 항하의 모래알 수만큼이나 많은 제불께서 계시며, 각각 자신의 국토에서 광장설상을 내미시어 삼천대천세계를 두루 덮고 참되고 실다운 말씀으로 이르시길, "너희 중생들은 《칭찬불가사의공덕 일체제불소호념경》을 믿을지니라." 하시니라.

사리불아, 상방세계에도 범음불·수왕불·향상불·향광불·대염견불·잡색보화엄신불·사라수왕불·보화덕불·

견일체의불·여수미산불 등과 같이 항하의 모래알 수만큼이나 많은 제불께서 계시며, 각각 자신의 국토에서 광장설상을 내미시어 삼천대천세계를 두루 덮고 참되고 실다운 말씀으로 이르시길, "너희 중생들은 《칭찬불가사의공덕 일체제불소호념경》을 믿을지니라." 하시니라.

사리불아, 그대 생각에는 어떠한가? 어떤 인연으로 《일체제불소호념경》이라 부르는가? 사리불아, 선남자 선여인이 이 경을 수지하고 제불의 명호를 듣는다면, 이 모든 선남자 선여인은 모두 일체제불의 호념을 받아 아뇩다라삼먁삼보리에서 물러나지 않을 것이니라. 그러므로 사리불아, 너희들은 나의 말과 제불의 말씀을 믿고 받아 지닐지니라.

제8품 부처님께서 발원할 것을 권하다

사리불아, 아미타불 국토에 태어나겠다고 이미 발원하였거나 지금 발원하거나 당래에 발원하는 이들은 모두 아뇩다라삼먁삼보리에 물러나지 아니하여서 저 국토에 벌써 태어났거나 지금 태어나거나 당래에 태어날 것이니라. 그러므로 사리불아, 모든 선남자 선여인이 믿음을 내었다면 응당 저 국토에 태어나길 발원할지니라.

제9품 부처님께서 행할 것을 권하시다

사리불아, 내가 지금 제불의 불가사의한 공덕을 칭찬한 것처럼 저 제불께서도 또한 나의 불가사의한 공덕을 찬탄하시며 말씀하시길, "석가모니부처님께서는 참으로 어렵고 희유한 일을 능히 하셨도다. 시대가 흐리고 견해가 흐리고 번뇌가 흐리고 중생이 흐리고 수명이 흐린 이 사바세계 오탁악세에서 아뇩다라삼먁삼보리를 얻으시고, 수많은 중생을 위하여 이 일체 세간이 믿기 어려운 법을 설하셨도다." 하시느니라.

사리불아, 내가 이 오탁악세에서 이 어려운 일을 행하여 아뇩다라삼먁삼보리를 얻었고 일체 세간을 위하여 이 믿기 어려운 법을 설하였으니, 이는 진실로 어려운 일임을 알지니라.

제10품 성중들이 환희하며 봉행하다

부처님께서 이 경을 말씀하시자, 사리불 등의 모든 비구들과 일체세간의 천·인·아수라 등이 부처님께서 하신 말씀을 듣고 모두 크게 환희하며 신수봉행하였으며, 부처님께 절을 하고는 물러갔느니라.

불설아미타경 종終

발일체업장근본득생정토신주

나무아미다바야 · 다타가다야 · 다지야타 ·

아미리도바비 · 아미리다 · 실담바비 ·

아미리다 · 비가란제 · 아미리다 · 비가란다 ·

가미니 · 가가나 · 지다가례 · 사바하

(세 번 칭념)

미타찬 彌陀讚

아미타부처님, 48대원을 세우신 법왕이시여!

중생을 위해 베푸시는 자비희사의 마음은 헤아리기 어렵나니, 미간에서 항상 백호광을 발하시어 중생들을 극락세계로 인도하십니다.

팔공덕수 연못 안에는 구품 연꽃들이 피어있고, 연못 주위에는 칠보의 미묘한 나무가 사이사이 줄지어 늘어서서 장식하고 있습니다.

아미타여래의 거룩한 명호를 선양하오니 저희들을 접인하시어 서방에 왕생하게 하옵고, 아미타부처님 거룩한 명호를 칭양하오니 다 함께 서방에 왕생하게 하옵소서.

찬불게

아미타불 청정법신 금빛으로 찬란하고
거룩하신 상호광명 짝할이가 전혀없네

아름다운 백호광명 수미산을 둘러있고
검고푸른 저눈빛은 사해바다 비추시며
광명속에 화신불이 한량없이 많으시고
보살도를 이룬사람 또한 그지없나이다

중생제도 이루고자 사십팔원 세우시고
구품으로 중생들을 피안으로 이끄시네
나무서방 극락세계 대자대비 아미타불
나무아미타불

(염불 수에 따라 백 번 ~ 천 번 하고 다시 4자염불로 바꾼다)

아 미 타 불

(백 · 천 번)

나무관세음보살
나무대세지보살
나무청정대해중보살

(세 번)

대자보살 발원게 大慈菩薩 發願偈

극락세계 아미타부처님께서는
시방삼세 제불 중에 제일이어라
구품으로 일체중생 건져주시니
그 복덕과 위신력이 무궁합니다

저희들이 이제 크게 귀의하오니
삼업으로 지은 죄업 참회하옵고
무릇 모든 복덕과 선근이 있으면
지극한 마음으로 회향하옵니다

원하옵건대 염불인에게 다같이
감응하여 때에 따라 현현하옵고
임종시에 서방극락세계 경계가
눈앞에 분명하게 나타나지이다

저희들 보고 들은 것 모두 정진하여
모두 함께 서방극락국토에 왕생하고
아미타부처님 친견해 생사 벗어나서
부처님처럼 일체중생 제도하겠나이다

끝없는 번뇌를 끊으오리다
무량한 법문을 배우오리다

한없는 중생을 건지오리다
위없는 불도를 이루오리다

허공끝이 있사온들
저희서원 다하리까
유정들도 무정들도
일체종지 이루어지다

시방삼세일체불 일체보살마하살 마하반야바라밀

삼귀의 三歸依

부처님께 귀의하와 바라노니 모든중생
큰이치 이해하고 위없는맘 내어지이다

법보에게 귀의하와 바라노니 모든중생
삼장속에 깊이들어 큰지혜 얻어지이다

승가에게 귀의하와 바라노니 모든중생
많은대중 통솔해 온갖장애 없어지이다
거룩하신 모든 성중에게 예경하나이다

회향게 廻向偈

원하옵건대 이 공덕으로

불국정토 장엄하여서

위로 사중의 은혜 갚고

아래로 삼악도의 괴로움 건너게 하옵소서

만약 견문이 있는 이는

모두 보리심을 발하여

이번 보신이 다할 때

함께 극락국토에 태어나지이다

이처럼 지위가 높은 (관음·대세지·문수·보현보살 등) 등각보살들도
반드시 모두가 정토에 태어나길 구해야 하는 것은 극락정토에 태어나면
항상 부처님을 여의지 않고 친견하고, 법문을 여의지 않고 들을 수 있으며,
청정한 대중들을 여의지 않고 가까이 지내며 공양을 올릴 수 있으니, 이와
같이 불법승 삼보를 갖춰야만 신속히 무상보리를 원만성취할 수 있기 때문이다.
此等深位菩薩。必皆求生淨土。以不離見佛。不離聞法。不離親近供養衆僧。
乃能速疾圓滿菩提故。
-우익대사 '아미타경요해'

불설대승무량수장엄청정평등각경
佛說大乘無量壽莊嚴清淨平等覺經

노향찬 爐香讚

향로에 향을 사루니
법계에 향기가 가득
부처님 회상에 두루 퍼져서
가는 곳마다 상서구름 맺히나이다
저희 정성 간절하오니
부처님 강림하옵소서

나무향운개 보살마하살
나무향운개 보살마하살
나무향운개 보살마하살

연지찬 蓮池讚

연지해회 아미타부처님
관세음보살 · 대세지보살
연화대 앉아계시며
저희들 접인해 황금계단
오르게 하시나이다.
원하옵건대, 큰 서원 널리 여시어

저희들 티끌세상 여의게 하옵소서
나무연지해회 보살마하살
나무연지해회 보살마하살
나무연지해회 보살마하살

나무본사석가모니불

(세번)

개경게 開經偈

위없이 깊고 깊은 미묘한 법문
백천만 겁에도 만나기 어려워라
제가 지금 듣고 보아 수지하오니
여래의 진실한 뜻 알아지이다

불설대승무량수장엄청정평등각경

무량청정평등각경
  후한 지루가참 역

불설제불아미타삼야삼불살루불단과도인도경
  일명 『무량수경』 · 일명 『아미타경』 오지겸 역

무량수경
  조위 강승개 역

무량수여래회
  당 보리류지 역

불설대승무량수장엄경
  조송 법현 역

○ 한대에서부터 송대에 이르기까지 같은 경의 다른 역본을 살펴보
면 무릇 12역본이나 되었지만, 근대에 유통되는 것은 오직
이 5역본뿐이다.

보살계 제자 운성 하련거(법명 자제慈濟)가
각각의 역본을 (공경을 다해 장차章次를 나누어) 회집하다.

제1품 법회에 모인 성중

이와 같이 나는 들었다. 한때 부처님께서 왕사성 기사굴산에 머무르사, 큰 비구 대중 1만 2천 인과 함께 계셨으니, 이들은 모두 대성인들로 신통에 이미 통달하였다. 그 이름은 존자 교진여·존자 사리불·존자 대목건련·존자 가섭·존자 아난 등이었고, 이들이 상수가 되었다.

또한 보현보살·문수사리보살·미륵보살 및 현겁 중의 일체 보살들도 모두 법회에 와서 모여 계셨다.

제2품 보현대사의 덕을 좇아 수학하다

또한 현호보살 등 16정사들도 함께 계셨으니, 이를테면 선사유보살·혜변재보살·관무주보살·신통화보살·광영보살·보당보살·지상보살·적근보살·신혜보살·원혜보살·향상보살·보영보살·중주보살·제행보살·해탈보살 등이었고, 이들이 상수가 되었다.

그 보살들께서는 모두 같이 보현대사의 덕을 좇아 수학하시고, 무량한 행원을 구족하여 일체 공덕법 가운데 안온히 머물러 계신다. 또한 시방세계에 두루 다니면서 선교방편을 실행하여 부처님의 법장에 들어가 구경열반의 피안에 도달하고, 무량한 세계에서 등정각을 성취하기를 발원하신다.

또한 도솔천을 버리고 왕궁으로 내려와, 왕위를 포기하고 출가하여 고행하며 성불의 도를 배우시니, 이와 같이 시현하심은 세간에 수순하고자 하는 까닭이다. 선정과 지혜의 힘으로 마구니와 원수를 항복시키고, 미묘한 법문을 얻어 최상의 정각을 성취하신다.

이때 천인들이 귀의하고 우러러보며, 법륜을 굴려 주시길 청하자, 항상 법음으로 일체 세간(구법계중생)을 깨우쳐주신다.

대보살들께서는 번뇌의 성을 쳐부수시고, 여러 탐욕의 구덩이를 허물어서 마음의 더러운 때를 씻어주시고, 청정·순백한 자성을 드러내 밝혀주신다.

또한 중생을 훈육시키시나니, 미묘한 이치를 펼쳐 보이시고, 공덕을 쌓고 복전을 가리켜 보이시며, (여래의 미묘한) 일체 법약으로써 삼계 중생의 생사 고를 돌보고 치료하여 주신다.

또한 대보살들께서는 (무량한 보살을) 관정의 계위에 오르게 하여 보리수기를 받게 하시고, 다른 보살들을 가르치기 위해 아사려의 모습으로 나타나서 불법을 끊임없이 학습하여 가없는 제행에 상응하도록 하시며 보살로서 가없는 선근을 성숙시켜 주시니, 무량제불께서 다 함께 호념하신다.

또한 시방 제불찰토 어느 곳에서나 모습을 나타내실 수

있나니, 비유컨대 뛰어난 마술사가 온갖 다른 모습으로 변화하여 나타날 수 있지만, 그 나타난 모습 가운데 실로 얻을 것이 없는 것처럼 이 법회에 모인 여러 보살들도 또한 이와 같다.

대보살들께서는 일체만법의 법성과 여러 중생의 근성을 통달하여 일체 제불께 공양을 올리고 모든 중생에게 설법하여 이끌어 주시며, 번갯불처럼 그 몸을 화현하시어 마견의 그물을 찢어버리고 여러 번뇌의 속박을 풀어주신다.

또한 성문·벽지불의 경지를 멀리 뛰어넘고, 공·무상·무원의 해탈법문을 증득해 들어가 선교방편을 세워서 삼승을 드러내 보여주신다. 중근기·하근기 중생에게는 멸도에 드시는 모습을 나타내 보여주신다.

대보살들께서는 생함도 멸함도 없는 여러 삼마지를 얻으시고, 또 일체 다라니 문을 얻으시며, 수시로 화엄삼매에 깨달아 들어가 무량한 총지와 수백 수천 삼매를 구족하신다. 자성본연의 깊은 선정에 머물러서 무량 제불을 빠짐없이 다 친견하시고, 일념의 짧은 순간에 일체 불국토를 두루 다니신다.

또한 부처님의 변재를 얻어서 보현행에 머물러 계시고, 중생의 언어를 잘 분별할 수 있으며, 진실의 궁극을 열어 보이시고, 세간의 일체 제법을 뛰어넘으신다.

대보살들께서는 그 마음이 늘 진실로 세간을 제도하는 도(사홍서원)에 안온히 머물러 계시고, 일체 만물에 대하여 뜻하는 대로 자재하시다. 또한 일체 중생 부류를 위해 청하지 않아도 좋은 벗이 되어 주시고, 여래의 깊고 깊은 법장을 수지하게 하시며, 부처님의 종성을 보호하여 항상 끊어지지 않도록 하신다.

대보살들께서는 대비심을 일으켜서 유정을 불쌍히 여기시고, 중생에게 모범을 보이시고 자비한 변재로 경전을 강설하여 법안을 전수하여 주시며, 삼악도의 길을 막고 삼선도의 문을 열어주신다. 또한 모든 중생을 자신처럼 여겨서 제도하시고, 중생의 짐을 지고 모두 열반의 피안에 이르게 하시며, (중생 한 사람 한 사람) 빠짐없이 다 제불의 무량공덕과 거룩하고 밝은 지혜를 얻도록 하시니, (그 지혜와 공덕은 무량무변하여) 불가사의하다.

이와 같은 등 여러 대보살들께서 무량무변하셨다. 한때 (세존께서 무량수경을 설하시니) 모두 와서 법회에 모여 계셨다. 또한 비구니 5백 명과 청신사 7천 명·청신녀 5백 명, 그리고 욕계천·색계천·제천의 범중들도 다 같이 큰 법회에 모여 있었다.

제3품 큰 가르침 베푸신 인연

이때 세존께서 위덕 광명을 혁혁하게 놓으시니, 마치 황금 덩어리가 녹아서 아름답게 빛나는 듯이, 또 맑은 거울에 영상이 안팎으로 비치는 듯이 큰 광명이 수천수백 가지로 변화하며 나타났다.

아난 존자는 곧 스스로 생각하기를, '오늘 세존께서는 온몸에 기쁨이 넘쳐나고 육근이 청정하며, 얼굴에 위엄이 빛나서 그 가운데 보배 찰토의 장엄을 나타내시니, 과거 이래로 일찍이 본 적이 없도다.'

이에 기쁜 마음으로 세존을 우러러 보니, 희유한 마음이 일어나서 바로 자리에서 일어나 오른쪽 어깨를 드러내고, 무릎 꿇고서 합장하며 부처님께 아뢰기를, "세존이시여! 오늘 세존께서는 대적정에 드시어 기묘하고 특별한 법에 머물러 계시나니, 제불께서 머무시는 대도사의 행, 가장 수승한 도법에 머물러 계시옵니다. 과거·미래·현재의 부처님과 부처님께서 서로 억념한다고 하셨는데, 세존께서는 오늘 과거·미래의 제불을 억념하고 계시옵니까? 아니면 현재 타방에 계시는 제불을 억념하고 계시옵니까? 무슨 이유로 오늘 세존께서 위신력을 눈부시게 드러내시고, 광명과 상서의 수승하고 미묘함이 이와 같사옵니까? 원하옵건대, 저희들을 위하여 상세하게 말씀하여 주시옵소서."

이에 세존께서는 아난에게 말씀하시기를, "훌륭하고 훌륭하다! 그대는 여러 중생을 불쌍히 여겨서 그들에게 이롭고 그들이 좋아하도록 이와 같이 미묘한 뜻을 잘 물었도다. 그대가 지금 이와 같이 질문한 것은 일천하의 아라한과 벽지불에게 공양하고, 누겁 동안 제천·세간 사람들과 기거나 날거나 꿈틀거리는 벌레의 부류들에게 보시하는 것보다 그 공덕이 백천만 배나 수승하니라.

왜 그러한가? 오는 세상에 제천·사람들과 일체 함령들이 모두 그대의 질문으로 인해 해탈을 얻게 될 것이기 때문이니라.

아난아, 여래께서는 그지없는 대비심으로 삼계 중생을 가엾이 여기시고 세상에 출현하시어 바른 가르침(정토법문)을 광대하게 여신 까닭은 괴로움으로부터 중생을 구제하시고, 그들에게 진실의 이익을 베풀어 주시고자 함이니라. 이 법을 만나기 어렵고 여래를 친견하기 어려운 것은 마치 우담바라 꽃이 희유하게 출현하는 것과 같으니라. 지금 그대가 묻는 것은 중생을 크게 이롭게 하리라.

아난아, 여래의 정각은 그 지혜가 헤아리기 어렵고 걸림이 없어서 일념의 짧은 순간에 무량억겁에 머물 수 있고, 몸과 육근은 늘어나지도 줄어들지도 않음을 알아야 하느니라. 왜 그러한가? 여래는 선정과 지혜가 구경까지 펼쳐져 끝이 없으며, 일체 법에 가장 수승한 자재를 얻을 수 있기 때문이니라.

아난아, 자세히 듣고서 잘 사유하고 억념하라! 내 마땅히 그대를 위하여 분별하여 해설하리라."

제4품 법장 비구께서 발심수학한 인연

부처님께서 아난에게 말씀하시기를, "과거 무량 불가사의 무앙수 겁 이전에 부처님께서 세상에 출현하셨나니, 이름이 세간자재왕여래 · 응공 · 등정각 · 명행족 · 선서 · 세간해 · 무상사 · 조어장부 · 천인사 · 불세존으로 42겁 동안 세상에 머물러 계시면서 가르침을 펼치셨느니라. 이때 제천과 세간 사람들을 위하여 경전을 강설하시고 불도를 말씀하셨느니라.

그때 큰 나라의 왕이 있었으니, 이름이 세요왕으로 부처님의 설법을 듣고 법안이 열려서 환희심에 위없는 대보리심을 일으켰느니라. 그리하여 국왕의 자리를 포기하고 출가하여 사문이 되었으니, 명호가 법장이었고 보살도를 닦았느니라.

법장 비구는 뛰어난 재주와 용맹 명석함이 세간 사람을 뛰어넘었고, 믿음 · 이해 · 명확한 기억력이 모두 다 제일이었느니라. 또한 수승한 행원 및 염력 · 혜력을 지니고 있어

그 마음에 날로 증진하게 하여 견고하고 여여부동하니,
수행정진이 그를 앞지르는 자가 없었느니라.

그는 부처님의 처소로 가서 정례하고, 무릎 꿇고 부처님을
향하여 합장하며, 가타로써 부처님을 찬양하고 광대한 원을
발하였느니라. 게송으로 말하기를,

여래의 미묘한 상호, 단정 장엄하여
일체 세간에 견줄 사람이 없사옵니다.
여래의 무량한 광명, 시방세계를 비추니
해와 달, 불과 보석 다 빛을 감추고 맙니다.

세존께서는 능히 한 언어로 연설하시어
유정이 각각 그 본류에 따라 이해하게 하고,
또한 능히 한 미묘 색신을 나타내시어
두루 중생이 그 본류에 따라 보게 합니다.

원하옵건대, 제가 부처님의 청정한 음성 얻어
법음이 가없는 세계에 두루 미치게 하고,
계율 · 선정 · 정진의 법문을 선양하여
중생이 깊고 미묘한 법문 통달케 하옵소서.
저의 지혜, 바다처럼 광대하고 깊어져서
저의 마음, 절로 세상 근심 끊어 청정하고

무량무변 (불가설 불가설) 악취문 뛰어넘어
속히 보리(불과)의 구경언덕에 이르게 하옵고,
무명과 탐욕·분노, 영원히 없애어
의심과 허물, 삼매의 힘으로 정복케 하옵소서.

또한 저는 과거 무량제불과 같이
구법계 일체 중생의 대도사가 되어서
생·로·병·사의 온갖 고뇌로부터
일체 세간을 구제할 수 있게 하옵소서.
보시지계 인욕정진 선정지혜 육바라밀 늘 행해
제도 받지 못한 유정, 제도 받게 하옵고
이미 제도 받은 자, 성불하게 하옵소서.
항하사만큼 많은 성인께 공양하여도
굳은 결의로 용맹정진하여
정각을 구하는 것만 못하옵니다.

원하옵건대, 삼마지에 안온히 머물러
늘 광명 놓아 일체 중생 비추게 하옵소서.
광대하고 청정한 국토 감득하니
그 수승함과 장엄함, 견줄 것이 없사옵니다.

육도에 윤회하는 모든 갈래 중생부류,
저의 찰토에 빨리 태어나 안락케 하옵고,

늘 자비심으로 유정의 고통을 뽑아내어
가없는 고난 중생 다 제도하게 하옵소서.

저의 수행 견고해 흔들리지 않으리니,
부처님 거룩한 지혜로만 증명해 아실뿐입니다.
설사 제가 여러 괴로움(지옥)에 빠진다 할지라도
이와 같은 원심 행하여 영원히 물러나지 않겠나이다.

제5품 지극한 마음으로 정진하다

법장 비구가 이 게송을 읊고 나서 부처님께 아뢰기를, "제가 지금 보살도를 행하고 있고, 이미 무상정각의 마음을 발하였사오니, 이 서원을 성취해 부처가 되고 일체 심행이 부처님과 같아지게 하옵소서.

부처님이시여, 원하옵건대, 저를 위해 경법을 자세히 설해 주시옵소서. 저는 받들어 지녀서 여법하게 수행하여 수고로이 고통 받는 모든 생사윤회의 근본뿌리를 뽑아버리고, 속히 무상정등정각을 성취하도록 하겠나이다.

원하옵건대, 제가 부처 될 적에 저의 지혜, 저의 광명, 제가 머무는 국토, 저의 명호가 시방세계에 들리도록 하고, 제천·사람들과 기어 다니고 꿈틀거리는 벌레의 부류들까지도 저의 국토에 와서 태어나 모두 다 보살이 되게 하여 주시옵소서. 제가 세운 이 서원은 모두 무수한 제불국토보다 수승하나니, 어찌 이 서원을 이룰 수 있겠사옵니까?"

세간자재왕 부처님께서 곧 법장 비구를 위해 경을 설하시면서 말씀하시기를, "비유컨대, 마치 한 사람이 큰 바닷물을 한 말씩 헤아려 몇 겁의 세월이 지나면 마침내 그 바닥이 다 드러날 수 있는 것처럼, 누구든지 지극한 마음으로 도를 구하기를 정진해 그치지 않은 사람은 마땅히 불과를 증득할 수 있나니, 어떤 서원인들 이루지 못하겠는가!

그대는 어떤 방편을 닦아야 불국토의 장엄을 이룰 수 있는지 스스로 사유해보고, 그대가 수행하고자 하는 방법을 스스로 알아야 하며, 청정한 불국토를 스스로 섭수해야 하느니라."

법장 비구가 부처님께 아뢰기를, "그 뜻은 크고 깊어서 저의 경계가 아니옵니다. 오직 여래·응공·정변지께서 무량하고 미묘한 제불찰토를 널리 연설하여 주시옵소서. 제가 만약 이와 같은 법을 듣게 된다면 사유하고 수습하여 맹세코 저의 서원을 이루겠나이다."

세간자재왕 부처님께서는 그의 덕행이 높고 지혜가 밝으며, 뜻과 원이 깊고 넓음을 아시고, 그를 위해 210억 제불찰토의 공덕·장엄과 청정·광대·원만한 모습을 상세하게 말씀하여 주셨고, 그 심원에 응하기 위해 제불찰토를 빠짐없이 다 보여 주시니, 부처님께서 이 법을 설하실 때 천억 년의 세월이 흘렀느니라.

그때 법장 비구는 부처님의 설법을 잘 듣고, 제불찰토를 빠짐없이 다 보고서, 위없는 수승한 서원을 일으켰느니라. 저 천인의 선악이나 국토의 거침과 미묘함에 대해 깊이 사유하여 구경에 도달한 후 곧 (청정보토의 진인인) 일심으로 바라는 바를 선택하여 48대원을 맺었느니라.

(이 대원을) 용맹정진 부지런히 찾고 구하였으며, 공경하고 삼가하며 잘 보임하였느니라. 공덕을 수습하고 (대원을) 만족시키니, 모두 5겁이 지났느니라. 저 21구지 불국토의 공덕을 장엄하는 일에 대해 마치 하나의 불찰토인 양 또렷하게 통달하였고, (이렇게) 섭수한 불찰토는 일체 국토보다 뛰어났느니라.

모두 다 섭수하고서, 다시 세자재왕여래의 처소로 가서 머리를 조아려 부처님의 발에 절하고, 부처님의 주위를 세 번 돌며, 합장하고 멈추어 서서 말하기를, "부처님이시여, 저는 이미 불토장엄과 청정행을 성취하였나이다."

부처님께서 말씀하시기를, "참으로 훌륭하도다! 지금이 바로 좋은 때이다. 그대는 자세히 설명하여 대중이 기뻐하도록 할지니라. 또한 대중이 이 법문을 듣고서 (왕생불퇴 성불의) 크고 좋은 이익을 얻도록 하고, 극락정토에 태어나 수습하도록 하며, 대중을 모두 섭수하여 무량한 대원을 만족시킬 수 있도록 할지니라.”

제6품 48대 서원을 발하다

법장 비구가 부처님께 아뢰기를, “세존이시여, 오직 원하옵건대, 대자비로 저의 서원을 듣고 자세히 살펴 주시옵소서.”

제1 국무악도원 · 제2 불타악취원

제가 만약 무상보리를 증득하고 정각을 이룬다면 제가 머무는 불국토에 무량 불가사의 공덕장엄을 구족하겠나이다. 지옥 · 아귀 · 축생과 기거나 날거나 꿈틀거리는 벌레의 부류들이 없도록 하겠나이다. 모든 일체 중생, 염마라계까지도 삼악도에서 저의 국토로 와서 태어나게 하고, 저의 법의 교화를 받아서 누구나 다 아뇩다라삼먁삼보리를 성취하여서 다시는 악취에 떨어지지 않도록 하겠나이다. 만약 이 서원을 이루면 부처가 될 것이며, 이 서원을 이루지 못한다면 무상정각을 성취하지 않겠나이다.

제3 신실금색원 · 제4 삼십이상원 · 제5 신무차별원

제가 부처 될 적에 저의 국토에 태어난 시방세계 모든 중생이 자마진금 빛깔의 몸을 구족하도록 하겠나이다. 32종 대장부상을 구족하도록 하겠나이다. 단정 · 정결하여서 생김새가 같도록 하겠나이다. 만약 생김새에 아름답고 추한 차이가

있다면 정각을 성취하지 않겠나이다.

제6 숙명통원 · 제7 천안통원 · 제8 천이통원

제가 부처 될 적에 저의 국토에 태어난 모든 중생이 모두 무량겁 동안 전생에 지은 바 선과 악을 알도록 하겠나이다. 모두 능히 꿰뚫어 보고, 철저히 들어서 시방세계 과거·미래·현재의 일을 알도록 하겠나이다. 만약 이 서원을 이루지 못한다면 정각을 성취하지 않겠나이다.

제9 타심통원

제가 부처 될 적에 저의 국토에 태어난 중생이 다른 사람의 마음을 아는 신통력을 얻도록 하겠나이다. 만약 백천억 나유타의 수많은 불국토에 있는 중생의 마음과 생각을 빠짐없이 다 알지 못한다면 정각을 성취하지 않겠나이다.

제10 신족통원 · 제11 변공제불원

제가 부처 될 적에 저의 국토에 태어난 모든 중생이 신통자재 바라밀다를 얻도록 하겠나이다. 일념의 짧은 순간에 무수억 나유타 무량무변 불찰토를 뛰어넘어 두루 다니면서 제불께 공양을 올릴 수 없다면 정각을 성취하지 않겠나이다.

제12 정성정각원

제가 부처 될 적에 저의 국토에 태어난 모든 중생이 분별을 멀리 여의고, 육근이 적정에 들도록 하겠나이다. 만약 결정코 등정각을 성취하여 대열반을 증득하지 못한다면 정각을 성취하지 않겠나이다.

제13 광명무량원 · 제14 촉광안락원

제가 부처 될 적에 광명이 무량하여 시방세계를 두루 비추어서 제불의 광명보다 훨씬 수승하고, 해와 달보다 천만 억 배나 더 밝도록 하겠나이다. 만약 어떤 중생이 저의 광명을 보아 그의 몸에 비추어 닿기만 해도 안락함을 느끼지 않음이 없고, 자비심으로 선을 행하여 저의 국토에 태어나도록 하겠나이다. 만약 이와 같이 되지 않는다면 저는 정각을 성취하지 않겠나이다.

제15 수명무량원 · 제16 성문무수원

제가 부처 될 적에 저의 수명이 무량하고, 저의 국토에 성문과 천인이 무수하며, 그들의 수명 또한 모두 무량하도록 하겠나이다. 가령 삼천대천세계 중생이 다 연각을 성취하고 백천 겁 동안 다 같이 계산하여 만약 그 양과 수를 알 수 있다면 정각을 성취하지 않겠나이다.

제17 제불칭탄원

제가 부처 될 적에 시방세계 무량찰토에 계시는 무수한 제불께서 만약 다 같이 저의 명호를 칭양·찬탄하지 않고, 저의 공덕과 국토의 선을 말하지 않는다면 정각을 성취하지 않겠나이다.

제18 십념필생원

제가 부처 될 적에 시방세계 중생이 저의 명호를 듣고서 지극한 마음으로 믿고 좋아하여 일체 선근을 순일한 마음으로 회향하고 저의 국토에 태어나길 발원하여, 내지 십념에 저의 국토에 태어나지 못한다면 정각을 성취하지 않겠나이다. 다만 오역죄를 짓고 정법을 비방하면 제외될 것이옵니다.

제19 문명발심원 · 제20 임종접인원

제가 부처 될 적에 시방세계 중생이 저의 명호를 듣고서 보리심을 발하여 여러 공덕을 닦고, 육바라밀을 봉행하여 굳건히 물러나지 않으며 또 일체 선근을 회향하여 저의 국토에 태어나기를 발원하도록 하겠나이다. 일심으로 저를 염하여 밤낮으로 끊어지지 않는다면 목숨이 다하는 때 저는 여러 보살성중과 함께 그 사람 앞에 나타나 맞이하여 짧은 시간에 곧 저의 국토에 태어나 불퇴전지 보살이 되도록 하겠나이다. 만약 이 서원을 이루지 못한다면 정각을 성취하지 않겠나이다.

제21 회과득생원

제가 부처 될 적에 시방세계 중생이 저의 명호를 듣고서 저의 국토에 생각을 매어두고, 보리심을 발하여 견고한 신심으로 물러나지 않으며 온갖 공덕의 근본을 심어 기르고 지극한 마음으로 회향하여 극락세계에 태어나고자 한다면 그 원을 이루지 못하는 이가 없도록 하겠나이다. 만약 과거 숙세에 악업이 있다 할지라도 저의 명호를 듣고서 곧바로 스스로 잘못을 참회하고 불도를 위해 선을 지으며, 곧 경전의 가르침을 수지하고 계를 지녀서 저의 찰토에 태어나기를 발원한다면, 그 사람은 목숨이 다할 때 다시는 삼악도에 떨어지지 않고 즉시 저의 국토에 태어나도록 하겠나이다. 만약 이와 같이 되지 않는다면 정각을 성취하지 않겠나이다.

제22 국무여인원 · 제23 염녀전남원 · 제24 연화화생원

제가 부처 될 적에 저의 국토에는 여성이 없도록 하겠나이다. 만약 어떤 여인이 저의 명호를 듣고서 청정한 믿음을 얻고 보리심을 발하여 여자의 몸을 싫어하고 근심하여 저의 국토에 태어나기를 발원한다면, 목숨이 다하는 즉시 바로 남자로 변하여 저의 찰토에 태어나도록 하겠나이다. 시방세계 모든 중생 부류로 저의 국토에 태어나는 이는 모두 칠보 연못의 연꽃에서 화생하도록 하겠나이다. 만약 이와 같이 되지 않는다면 정각을 성취하지 않겠나이다.

제25 천인예경원 · 제26 문명득복원 · 제27 수수승행원

제가 부처 될 적에 시방세계 중생이 저의 명호를 듣고서

환희심을 내어 믿고 좋아하며, 예배하고 귀의하며, 청정한 마음으로 보살행을 닦아서 제천·세간 사람들이 공경하지 않는 이가 없도록 하겠나이다. 만약 저의 명호를 들으면 수명이 다한 후에 존귀한 집에 태어나도록 하고, 육근에 결함이 없도록 하겠나이다. 늘 수승한 범행을 닦도록 하겠나이다. 만약 이와 같이 되지 않는다면 정각을 성취하지 않겠나이다.

제28 국무불선원 · 제29 주정정취원

제30 낙여누진류 · 제31 불탐계신원

제가 부처 될 적에 저의 국토에 선하지 않은 이름이 없도록 하겠나이다. 저의 국토에 태어난 모든 중생이 다 함께 일심으로 정정취에 머물도록 하겠나이다. 영원히 뜨거운 번뇌를 여의고 청정하고 시원한 마음을 얻으며, 느끼는 즐거움이 마치 누진비구(아라한)와 같아지도록 하겠나이다. 만약 상념이 일어나 몸에 탐착하는 이가 있다면 정각을 성취하지 않겠나이다.

제32 나라연신원 · 제33 광명변재원 · 제34 선담법요원

제가 부처 될 적에 저의 국토에 태어난 모든 중생이 선근이 무량하고 금강 나라연신의 견고한 힘을 얻도록 하겠나이다. 정수리에서 광명이 밝게 비추고 일체 지혜를 이루며, 가없는 변재를 획득하도록 하겠나이다. 모든 불법의 비요를 잘

말하고 경전을 설하며 불도를 행하여서 그 말씀이 마치 종소리처럼 널리 퍼지도록 하겠나이다. 만약 이와 같이 되지 않는다면 정각을 성취하지 않겠나이다.

제35 일생보처원 · 제36 교화수의원

제가 부처 될 적에 저의 국토에 태어난 모든 중생이 구경에는 반드시 일생보처에 이르도록 하겠나이다. 다만 그의 본원이 중생을 위하는 까닭에 사홍서원의 갑옷을 입고 일체 유정을 교화하여 그들이 모두 신심을 내고 보리행을 닦아 보현의 도를 행하도록 하는 이는 제외될 것이옵니다. 비록 타방세계에 태어날지라도 영원히 악취를 여의도록 하며, 혹은 법문 설하기를 좋아하고, 혹은 법문 듣기를 좋아하며, 혹은 신족통을 보여 뜻하는 대로 수습하여서 원만하지 않음이 없도록 하겠나이다. 만약 이와 같이 되지 않는다면 정각을 성취하지 않겠나이다.

제37 의식자지원 · 제38 응념수공원

제가 부처 될 적에 저의 국토에 태어난 중생에게 구하는 음식과 의복과 갖가지 공양구가 뜻하는 대로 즉시 이르게 하여 그의 원을 만족시키지 못함이 없도록 하겠나이다. 시방세계 제불께서 그들의 생각에 감응하여 그 공양을 받아 주시도록 하겠나이다. 만약 이와 같이 되지 않는다면 정각을 성취하지 않겠나이다.

제39원 장엄무진원

제가 부처 될 적에 국토의 만물은 장엄·청정하고, 빛나고 화려하며 형상과 빛깔이 수승하고 특별하며, 미세함이 궁진하고 미묘함이 지극하여 말할 수도 없고 헤아릴 수도 없도록 하겠나이다. 여러 중생이 비록 천안을 구족하였다 할지라도 그 형상과 빛깔, 광명과 모습, 이름과 수량을 분별하고 전부 상세하게 말할 수 있다면 정각을 성취하지 않겠나이다.

제40 무량색수원 · 제41 수현불찰원

제가 부처 될 적에 저의 국토에는 무량한 빛깔의 보배나무가 있어서, 그 높이가 혹 백천 유순이나 되고, 도량의 나무는 높이가 4백만 리나 되며, 여러 보살 중에서 비록 선근이 하열한 이가 있을지라도 또한 그것을 알 수 있도록 하겠나이다. 제불의 청정국토 장엄을 보고자 한다면 마치 맑은 거울에 얼굴을 비추어 보듯이 모두 다 보배나무 사이로 볼 수 있도록 하겠나이다. 만약 이와 같이 되지 않는다면 정각을 성취하지 않겠나이다.

제42 철조시방원

제가 부처 될 적에 제가 머무는 불국토는 광대하고 넓으며 장엄하고 청정하며, 광명이 마치 거울처럼 밝고 투명하여 시방세계 무량무수·불가사의 제불세계를 철저히 비추어서 중생이 이를 본다면 희유한 마음을 내도록 하겠나이다.

만약 이와 같이 되지 않는다면 정각을 성취하지 않겠나이다.

제43원 보향보훈원

제가 부처 될 적에 아래로는 땅에서부터 위로는 허공에 이르기까지 궁전과 누각, 칠보 연못과 보배나무 등 국토에 있는 일체 만물이 모두 다 무량한 보배 향이 합하여 이루어지고, 그 향이 시방세계에 두루 퍼져서 그 향을 맡는 중생은 부처님의 행을 닦도록 하겠나이다. 만약 이와 같이 되지 않는다면 정각을 성취하지 않겠나이다.

제44 보등삼매원 · 제45 정중공불원

제가 부처 될 적에 시방세계 불찰토의 여러 보살성중이 저의 명호를 듣고 나서 모두 다 청정 · 해탈 · 보등삼매를 체득하고, 여러 깊은 총지를 지니며 삼마지에 머물러 성불에 이르도록 하겠나이다. 선정 속에서 항상 무량무변한 일체 제불께 공양드리고 선정을 잃지 않도록 하겠나이다. 만약 이와 같이 되지 않는다면 정각을 성취하지 않겠나이다.

제46 획다라니원 · 제47 문명득인원 · 제48 현증불퇴원

제가 부처 될 적에 타방세계의 여러 보살성중이 저의 명호를 들으면 생사를 여의는 법을 증득하고 다라니를 획득하도록 하겠나이다. 청정하고 환희하여 평등에 안온히 머물며 보살행을 닦고 공덕의 근본을 구족하여 감응할 때 일(음향인) · 이

(유순인)·삼(무생법인)의 법인을 획득하도록 하겠나이다. 모든
불법에서 불퇴전을 현증할 수 없다면 정각을 성취하지 않겠
나이다.

제7품 반드시 정각을 성취하리라

부처님께서 아난에게 말씀하시기를, "이때 법장 비구는 이
서원을 말하고 게송으로 노래하였느니라."

저는 일체세간 뛰어넘는 뜻 세웠으니
반드시 위없는 불도를 이루겠나이다.
이러한 서원을 원만히 이루지 못한다면
저는 정각을 성취하지 않겠나이다.

또한 모든 중생의 대시주가 되어서
여러 궁한 자, 고생하는 자 두루 구제하겠나이다.
중생으로 하여금 기나긴 밤 동안
근심과 고뇌가 없도록 하겠나이다.
갖가지 선근이 생겨나도록 하여
보리과를 성취하도록 하겠나이다.

제가 무상정각을 성취한다면

저의 명호를 「무량수」(법신상주)라고 하겠나이다.
중생이 저의 명호를 들으면
저의 찰토에 함께 오도록 하겠나이다.
모두 부처님처럼 자마진금 빛깔의 몸과
미묘한 상호를 원만히 구족하도록 하겠나이다.

또한 (왕생한 이들이 부처님과 같은) 대비심으로
모든 품류의 중생을 이롭게 하도록 하겠나이다.
탐욕을 여의고(무탐) 깊은 정념(실상)에 들어(무진)
청정한 지혜(무치)로써 범행을 닦도록 하겠나이다.

원하옵건대, 저의 지혜광명이
시방세계에 널리 비추어서
탐진치 삼독의 어두움을 제거하고,
밝은 지혜로 온갖 액난을 구제하도록 하겠나이다.

삼악도의 고통을 완전히 여의고,
여러 번뇌의 어두움을 소멸하도록 하여
저들이 갖춘 지혜의 눈을 열어주고
여래의 광명법신을 증득하도록 하겠나이다.

일체 악도의 문을 닫아 막고,
(인천 등) 선취의 문을 활짝 열어 주며,

중생을 위해 법장(무량수경)을 열어
일체 공덕의 보배를 널리 베풀도록 하겠나이다.

부처님처럼 걸림없는 지혜가 가이없고,
부처님처럼 자비의 행을 실행하여
항상 제천·인간의 스승이 되고
삼계의 영웅이 되도록 하겠나이다.

사자후처럼 두려움 없이 설법하여
일체 유정을 널리 제도하도록 하겠나이다.
제가 옛적에 발한 48원을 원만히 이루어서
일체 중생이 모두 성불하도록 하겠나이다.

제가 발한 이 서원을 원만히 성취해내면
삼천대천세계 제불성중이 마땅히 감동하고,
허공에서는 제천의 선신·호법신들이 환희하며,
진기하고 미묘한 하늘 꽃을 비오듯 내리오리다.

부처님께서 아난에게 말씀하시기를, "법장 비구가 이 게송을 읊고 나자, 이때 상스러운 감응이 있어 두루 대지가 6종으로 진동하였고, 하늘에서는 미묘한 꽃이 비 오듯 내려와 법회가 열리는 상공 위로 흩날렸으며, 공중에서 저절로 음악이 울리면서 찬탄하여 말하기를, 「법장 비구는 반드시 무상정각을 성취하리라.」"

제8품 무량공덕을 쌓아나가다

"아난아, 법장 비구는 세자재왕여래 앞에서 제천·인간 대중 가운데서 이러한 홍서원을 발하고서 진실의 지혜에 머물러 용맹 정진하며 일향 전심으로 뜻을 두어 미묘한 국토를 장엄하였느니라. 그가 수행하여 성취한 불국토는 확 트여 통해 있고 끝도 없이 광대하며 제불국토보다 수승하고 홀로 미묘하며, 건립된 국토는 영원히 변치 않아 일체 만물이 쇠하지도 않고 변하지도 않았느니라.

법장 비구는 무량겁에 덕행을 쌓고 심어서 (안으로는) 탐·진·치와 욕망·일체 망상을 일으키지 않았고, (바깥으로는) 색·성·향·미·촉·법에 집착하지 않았으며, 다만 과거 제불께서 닦으시던 선근을 억념하길 좋아하면서 적정의 행을 행하여 헛된 망상을 멀리 여의었고, 진제 문에 의지하여 온갖 덕의 근본을 심었느니라.

온갖 괴로움을 따지지 않고 작은 것에 만족하면서 오직 선법만을 구하여 모든 중생에게 진실의 이익을 베풀어 그들을 이롭게 하였으며, 뜻과 원을 이루는데 지치지 않는 인내력을 성취하였느니라.

일체 유정에게 늘 자비롭고 인내하는 마음을 품고서 온화한 얼굴과 따뜻한 말씨로 권유하고 채찍질하며, 삼보를 공경하고 스승과 어른을 받들어 모시며, 거짓으로 속이고 굽혀서 아첨하는 마음이 없었느니라.

법장 비구가 온갖 행위로 장엄하고 궤범을 구족할 수 있었던 것은 일체만법이 환과 같다 관하여 일체경계에 삼매를 누리고 적정을 유지할 수 있었기 때문이니라. 한편으로는 구업을 잘 지켜서 남의 허물을 비난하지 않았고, 신업을 잘 지켜서 율의를 잃지 않았으며, 의업을 잘 지켜서 청정하고 물들지 않았느니라.

모든 대도시와 작은 촌락, 가족권속과 진귀한 보배 등에 결코 집착하지 않았으며, 항상 보시·지계·인욕·정진·선정·지혜의 육바라밀 행으로 중생을 교화하여 안온히 건립하도록 하고 위없는 진정한 도에 머물렀느니라.

이와 같이 여러 선근을 성취하였기에 태어나는 곳마다 무량한 보배창고가 저절로 감응하여 나타났나니, 혹은 장자나 거사·부유한 집안이나 존귀한 신분이 되기도 하였고, 혹은 찰제리 국왕이나 전륜성왕이 되기도 하였으며, 혹은 육욕천의 천주 내지 범왕이 되기도 하였느니라. 또한 제불의 처소에서 일체 제불을 존중하고 공양하기를 중단한 적이 없었나니, 이와 같은 공덕은 이루 다 말로 설명할 수 없느니라.

그의 몸과 입에서는 전단향과 우발라화처럼 늘 무량한 미묘한 향기가 흘러 나왔고, 그 향기가 무량세계에 두루 배였느니라. 태어나는 곳마다 상호가 단정 장엄하여 32상 80종호를 모두 다 구족하였느니라. 그의 손에서는 늘 다함이 없는 보배와 장엄 도구들이 흘러나왔으니, 일체가 구하는 것들이고 최상의 물건들로 유정에게 이롭고 그들이 좋아하는 것이었느니라.

이러한 인연으로 무량한 중생이 모두 다 아뇩다라삼먁삼보리심을 발하도록 하였느니라."

제9품 서원을 원만하게 성취하다

부처님께서 아난에 말씀하시기를, "법장 비구는 보살행을 닦고 공덕을 쌓음이 무량무변하여 일체 법에 자재함을 얻었으니, 이는 언어로 분별하여 알 수 있는 것이 아니니라. 그가 발한 서원을 원만히 이루어서 제법의 진여실상에 안온히 머물러 있었던 까닭에 장엄·위덕·광대함이 무량무변한 청정불토를 구족하였느니라."

아난이 부처님께서 하신 말씀을 듣고 세존께 여쭈기를, "법장 보살이 원만한 대 보리를 성취하니, 이 분은 과거의 부처님이옵니까? 미래의 부처님이옵니까? 지금 현재 타방 세계에 계시는 부처님이옵니까?"

세존께서 말씀하시기를, "저 불·여래께서는 오셔도 오신 바가 없고, 가셔도 가신 바가 없으며, 태어나시지도 입멸하시지도 않으니, 과거의 부처님도 현재의 부처님도 미래의 부처님도 아니니라. 단지 중생 제도의 본원을 실행함으로써 현재 서방에 나타나 계심을 보이시느니라. 염부제에서 백천 구지 나유타(십만억) 불찰토나 떨어진 곳에 세계가 있나니, 「극락」이라 이름하느니라.

법장 비구가 성불하시고, 명호를 「아미타」라 하였느니라. 성불하신 이래 지금까지 십 겁이 지났으며, 지금 그곳에서 안온히 주지하시면서 법을 설하고 계시느니라. 무량무수한 보살과 성문대중이 있어 아미타부처님을 공경하며 둘러싸고 있느니라."

제10품 모두 부처가 되길 발원하다

부처님이 아미타부처님께서 보살이 되어 이 홍서원을 구해 성취하셨다고 말하였을 때, 아사세 왕자와 5백 명의 대장자들은 이 말씀을 듣고 모두 크게 환희하였다.

각자 금빛 화개를 하나씩 가지고 모두 부처님 앞으로 와서 예를 올렸나니, 화개를 부처님께 공양하고 나서 바로 한쪽 자리로 물러나 앉아 경전을 듣고서 마음속으로 발원하기를,

"저희들이 부처 될 적에 모두 아미타부처님과 같게 하옵소서."

부처님께서 즉시 그들의 마음을 알아차리시고 여러 비구들에게 말씀하시기를, "이들 왕자 등은 나중에 부처가 되리라. 그들은 이전 세상에서 보살도에 머물렀고, 무수겁 이래로 4백억 부처님께 공양하였느니라. 가섭부처님 때 그들은 나의 제자였고, 지금도 내게 공양하러 와서 다시 만나게 되었느니라."

그때 모든 비구들은 부처님 말씀을 듣고서 그들을 대신하여 모두 기뻐하였다.

제11품 극락세계의 장엄청정

부처님께서 아난에게 말씀하시기를, "저 극락세계는 무량한 공덕장엄을 구족하고 있느니라. 온갖 괴로움과 여러 고난, 악취와 마장·번뇌의 이름도 영원히 없느니라.

또한 사계절, 추위와 더위, 흐리고 비 오는 등의 기후변화도 없느니라. 또 크고 작은 강과 바다, 구릉과 구덩이, 가시나무와 자갈밭, 철위산·수미산·토석산 등의 지리환경의 차이도 없느니라.

극락국토는 오직 저절로 칠보로 원만히 성취되어 있고 황금으로 땅이 포장되어 있으며, 관활·광대·평등·정대하여 한계가 없으며, 미묘·기특·화려하여 청정장엄이 시방 일체 세계를 뛰어넘느니라.”

아난이 부처님의 말씀을 듣고 나서 세존께 여쭈기를, “만일 저 국토에 수미산이 없다면 그 사천왕천과 도리천은 무엇에 의지하여 머무옵니까?”

부처님께서 아난에게 말씀하시기를, “야마천과 도솔천, 내지 색계·무색계의 일체 제천들은 무엇에 의지해 머무느냐?” 아난이 부처님께 아뢰기를, “불가사의한 업력의 소치이옵니다.”

부처님께서 아난에게 말씀하시기를, “그대는 불가사의한 업력을 알고 있느냐? 그대 자신의 과보도 불가사의하고, 중생의 업보 또한 불가사의하며, 중생의 선근도 불가사의하고, 제불의 위신력과 제불의 세계 또한 불가사의하니라. 그 국토의 중생은 공덕과 선근의 힘에 의지하고, 아미타부처님의 행업으로 성취한 땅이며, 아미타부처님의 위신력으로 성취한 까닭에 이렇게 안온히 머물 수 있느니라.”

아난이 아뢰어 말씀드리기를, “중생의 업인과보는 불가사의하옵니다. 저는 이 법에 대하여 실로 어떤 의혹도 없사오나, 미래 중생을 위해 의혹의 그물을 찢어버리고자 하는 까닭에 이 질문을 하였을 따름이옵니다."

제12품 광명이 시방세계 두루 비추다

부처님께서 아난에게 말씀하시기를, "아미타부처님의 위신 광명은 가장 존귀하고 제일로 뛰어나서 시방제불의 광명은 미칠 수 없느니라. 아미타부처님의 광명이 동방세계 항하사만큼 많은 불찰토를 두루 비추고, 남·서·북방과 사유·상하도 또한 이와 같이 비추느니라.

제불의 정수리 위에 화현한 원광은 그 크기가 혹 일·이·삼·사 유순이고 혹 천만 억 유순이며, 제불의 광명은 혹 일·이 불찰토를 비추고 혹 백천 불찰토를 비추느니라.

오직 아미타부처님의 광명만이 무량무변 무수 불찰토를 두루 다 비추느니라. 제불의 광명이 비추는 거리가 멀고 가까운 것은 본래 이전 세상에서 도를 구할 때 일으킨 서원과 공덕의 크기가 크고 작아 같지 않기 때문이니라. 그들이 부처 될 적에 각자 다른 과보를 얻게 되나니, 이는 (그들의 인지와 상응하여) 저절로 성취된 것이지 (그들의 마음속에) 미리 예상한 것이 아니니라.

아미타부처님의 광명은 아름답고 보기 좋아서 해와 달의 광명보다도 천억 배나 더 밝고, 광명 중에 지극히 존귀하며,

부처님 중의 왕이니라.

이런 까닭에 무량수불은 또한 명호가 무량광불이고 또한 명호가 무변광불·무애광불·무등광불이고 또한 명호가 지혜광·상조광·청정광·환희광·해탈광·안은광·초일월광·부사의광이니라.

이와 같은 광명이 시방 일체 세계를 두루 비추니, 인연이 있어 그 광명을 보는 중생은 마음의 때가 멸하고, 선한 마음이 생겨나며, 몸과 뜻이 부드러워지느니라. 만약 삼악도의 극심한 고통을 받는 곳에 있다 해도 이 광명을 보기만 하면 모두 휴식을 얻게 되며, 수명이 다한 뒤에는 모두 해탈을 얻게 되느니라.

만약 어떤 중생이 그 광명·위신·공덕을 듣고서 지극한 마음으로 중단하지 않고 밤낮으로 칭양·찬탄한다면 뜻하는 대로 그 국토에 태어나게 되리라."

제13품 극락에는 수명과 대중이 무량하다

부처님께서 아난에게 말씀하시기를, "무량수불께서는 수명이 무한히 길어서 말로 표현할 수도 숫자로 헤아릴 수도 없느니라. 또한 무수한 성문대중은 모두 신통과 지혜에 통달하고, 그 위신력이 자재하여서 손바닥에 일체 세계를 수용할 수 있느니라.

나의 제자 중 대목건련은 신통력이 제일인데 삼천대천세계에 존재하는 모든 일체 별자리 중생의 숫자를 하루 밤낮에 빠짐없이 다 알 수 있느니라.

설령 시방세계 중생이 빠짐 없이 다 연각을 성취하여 하나하나 연각들의 수명이 만억 세가 되고 신통력도 모두 대목건련과 같다 할지라도, 그 수명이 다하고 그 지혜의 힘이 마르도록 다 같이 그 수를 세어본다 할지라도 저 부처님의 법회에 모인 성문 숫자의 천만 분의 일에도 미치지 못하느니라.

비유컨대, 큰 바다가 깊고 광대하며 끝이 없는데, 가령 털 한 올을 취해 백 개로 등분하여 미진과 같이 부수어서 이 미진 털 한 올로 바닷물을 한 방울 적신다면, 이 미진 털의 물과 이 바닷물 중 어느 것이 더 많겠느냐? 아난아, 저 목건련 등이 알고 있는 숫자는 저 미진 털의 물과 같고, 아직 알지 못하는 것은 큰 바닷물과 같으니라.

저 부처님의 수명과 여러 보살·성문·천인의 수명 또한 그러하니, 계산이나 비유로 능히 알 수 있는 것이 아니니라."

제14품 보배나무가 국토에 두루 퍼져있다

"저 여래의 국토에는 여러 보배나무가 있는데, 혹은 순금나무·순은나무·유리나무·수정나무·호박나무·미옥나무·마노나무로 이들은 오직 한 가지 보배만으로 이루어져 있고 다른 보배가 뒤섞여 있지 않느니라.

혹은 두 가지 보배, 세 가지 보배 내지 칠보가 바꿔가며 함께 합하여 이루어지나니, 뿌리·가지·줄기가 이런 보배로 이루어지면 꽃·잎·열매는 다른 보석으로 변화하여 만들어져 있느니라. 혹은 어떤 보배나무는 뿌리가 황금으로 되어 있고, 줄기는 백은으로 되어 있으며, 큰 가지는 유리로 되어 있고, 작은 가지는 수정으로 되어 있으며, 잎은 호박으로 되어 있고, 꽃은 미옥으로 되어 있으며, 열매는 마노로 되어 있느니라. 그 나머지 여러 나무들도 칠보가 서로 바꿔가며 뿌리·줄기·가지와 잎·꽃·열매가 되어서 갖가지로 함께 이루어져 있느니라.

보배나무는 각각 종류별로 줄지어 한 줄 한 줄 서로 알맞게 자리잡고 있느니라. 줄기와 줄기는 서로 잘 배열되어 있고, 나뭇가지와 잎은 서로 마주보고 있으며, 꽃과 열매는 서로 대칭이고 무성하게 자란 나무의 빛깔 광명이 찬란하게 빛나니, 너무나 수승하여 바라볼 수가 없느니라.

맑은 바람이 때에 맞추어 일어나면 보배나무가 바람 따라 흔들리며 오음의 소리가 울려 나오고, 미묘한 궁·상·각·치·우의 소리가 저절로 서로 조화를 이루느니라. 이런 여러 보배나무가 그 국토에 두루 퍼져 있느니라."

제15품 극락도량의 보리수

"또한 그 도량에는 보리수가 있나니, 높이가 4백만 리나 되고 그 몸통의 둘레가 5천 유순이나 되며, 나뭇가지와 잎이 사방으로 2십만 리나 뻗어 있느니라.

일체 온갖 보배들이 저절로 합하여 이루어져 있고, 꽃과 열매가 열려서 무성하며 광채가 두루 비추고 있느니라. 게다가 온갖 보배 중의 왕인 홍·녹·청·백색의 여러 마니 보배로 된 영락이 있고, 운취보 사슬로 장식된 여러 보배 기둥이 있으며, 금·진주로 된 방울이 나뭇가지 사이에 두루 달려 있고, 진기하고 오묘한 보배 그물이 그 위를 덮고 있느니라. 백천만 가지 빛깔이 서로 비추어 장식하고 있고, 무량한 광염이 끝닿는 데 없이 비추어서 일체 장엄이 중생의 마음에 따라 감응하여 나타나느니라.

미풍이 서서히 불어와 여러 나뭇가지와 잎을 흔들어 무량한 묘법을 연주하고, 그 소리가 제불 국토에 두루 퍼져서 청정 상쾌하여 자비심과 지혜가 일어나고 미묘·평안·단아하나니, 시방세계 소리 가운데 가장 제일이니라.

만약 어떤 중생이 보리수를 보거나 소리를 듣거나 향기를 맡거나 그 열매를 맛보거나 그 빛과 그림자에 닿거나 보리수의 공덕을 생각하면, 모두 다 육근이 청정·명철해져서 여러 번뇌와 근심이 없어지며 불퇴전의 자리에 안온히 머물러서 불도를 이루는 경지에 이르게 되느니라.

또한 저 보리수를 보게 된 까닭에 세 가지 법인을 획득하나니, 첫째는 음향인이고, 둘째는 유순인이며, 셋째는 무생법인이니라.”

부처님께서 아난에게 말씀하시기를, “이와 같이 불찰토에는 꽃·열매·나무가 여러 중생에게 불사를 짓게 하나니, 이것은 모두 무량수불의 위신력인 까닭이며, 본원력인 까닭이며, 홍서원을 원만히 실현하신 까닭이고, 지혜를 성취하고 물러남 없이 견고하며 구경성불을 돕는 서원인 까닭이니라.”

제16품 무량수불의 당사와 누각

“또한 무량수불의 강당과 정사, 누각과 난순 또한 모두 다 칠보가 저절로 변화해서 이루어진 것이니라. 게다가 하얀 구슬·마니보로 된 영락이 그물처럼 교차하며 매달려 장식되어 있나니, 그 광명의 미묘함은 비할 데가 없느니라.

여러 보살성중이 거주하는 궁전도 또한 이와 같으니라.

그 중에는 지상에서 경전을 강설하거나 경전을 암송하는 이도 있고, 지상에서 경전의 가르침을 받거나 듣는 이도 있으며, 경행하는 이도 있고, 경전의 뜻을 사유하기도 하며, 좌선을 하는 이도 있느니라. 허공에서 경전을 강설하거나 암송하거나 가르침을 받거나 듣는 이도 있으며, 경행하고 경전의 뜻을 사유하기도 하며 좌선을 하는 이도 있느니라.

혹은 수다원과를 증득한 이도 있고, 혹은 사다함과를 증득한 이도 있으며, 혹은 아나함과와 아라한과를 증득한 이도 있느니라. 그리고 아직 불퇴전지를 증득하지 못한 이도 바로 불퇴전지를 증득하게 되느니라. 각자 도를 염하고, 도를 설하며, 도를 행함이 자재하여, 환희하지 않는 사람이 없느니라."

제17품 극락도량의 연못 팔공덕수

"또한 그 강당의 좌우에는 칠보 연못이 교차하여 흐르고 있느니라. 보배 연못은 길이와 넓이, 깊고 얕음이 모두 각각 하나로 같아서 잘 어울리느니라. 그 크기는 혹 십 유순, 이십 유순, 내지 백천 유순이나 되기도 하느니라. 그 연못의 물은 맑고 투명하며 향기롭고 청결하며, 8종 공덕을 구족하고 있느니라.

연못가 언덕에는 무수한 전단향 나무와 길상과 나무가 있어 꽃과 열매에서 항상 향기를 풍기고 광명이 밝게 비추고 있느니라. 긴 나뭇가지와 무성한 잎이 서로 교차하면서 연못을 덮고 있고, 갖가지 향기를 풍기니, 세상에 능히 비교할 만한 것이 없느니라. 바람을 따라 향기를 흩뿌리고, 물결을 따라 향기를 흘러 보내느니라.

또한 다시 연못은 칠보로 장식되어 있고, 연못 바닥에는 금모래가 깔려있으며, (푸른 연꽃인) 우발라화 · (붉은 연꽃인) 발담마화 · (노란 연꽃인) 구모두화 · (흰 연꽃인) 분다리화 등 갖가지 빛깔과 광명의 연꽃들이 무성하게 물 위를 두루 덮고 있느니라.

만약 저 중생이 그 물에서 목욕을 하려고 하면, 발목까지 왔으면 하거나, 무릎까지 왔으면 하거나, 허리나 겨드랑이까지 왔으면 하거나, 목까지 왔으면 하거나, 혹 온몸을 푹 담갔으면 하거나, 혹 차가왔으면, 따뜻했으면, 급히 흘렀으면, 완만히 흘렀으면 하여도 그 물은 한 방울 한 방울 중생의 뜻에 따르느니라. 그 연못의 물에 목욕하면 개오하고 심신이 즐거워지느니라. 또한 연못의 물은 맑고 청정하여 마치 허공처럼 형상이 없느니라. 연못 바닥은 보배 모래가 환히 비추어 드러나고, 아무리 깊어도 비치지 않는 곳이 없느니라.

칠보 연못에는 잔잔한 물결이 서서히 돌아 흐르고, 서로 번갈아 가며 흘러드느니라. 물결이 무량한 미묘한 음성을 일으키나니, 듣는 사람에 따라 원하는 대로 혹은 불법승의 소리, 바라밀다의 소리, 망상을 그친 적정의 소리, 생함도 멸함도 없는 소리, 십력무외의 소리를 듣기도 하고, 혹은 무성·무작·무아의 소리, 대자대비·대희대사의 소리, 감로로 관정하여 과위를 받는 소리를 듣기도 하느니라. 이와 같이 갖가지 소리를 듣고 나서 그 마음이 청정해져서 여러 분별상이 없어지고, 정직하고 평등한 마음을 갖게 되며, 곧 일체 선근을 성숙시킬 수 있느니라.

또한 각자 그 들리는 소리에 따라서 법과 상응하게 되느니라. 그 소리를 듣고자 하는 사람은 바로 혼자 들을 수 있지만, 듣고자 하지 않으면 조금도 들리지 않느니라. 극락세계 사람들은 아뇩다라삼먁삼보리심에서 영원히 물러나지 않게 되느니라.

시방세계에서 여러 왕생한 사람들은 누구나 다 칠보 연못의 연꽃에서 저절로 화생하여, 모두 청허의 몸과 무극의 몸을 받게 되느니라. 그리고 다시는 삼악도·번뇌·고난의 명칭을 듣지 않고, 가설방편으로 지어낸 것조차 없으니, 하물며 실제의 괴로움이 있겠느냐? 다만 저절로 즐거운 소리만 있는 까닭에 그 국토의 이름을 「극락」이라고 하느니라."

제18품 세간 중생을 뛰어넘어 희유하다

"저 극락국토 모든 중생은 생김새와 형상이 미묘하여 이 세간 중생을 뛰어넘어 희유하고, 모두가 같은 부류로 차별의 상이 없지만, 나머지 타방세계의 풍속에 수순하는 까닭에 천인의 명칭이 있느니라."

부처님께서 아난에게 말씀하시기를, "비유컨대, 세간의 가난하고 괴로운 거지가 제왕의 옆에 서 있으면 생김새와 형상을 어찌 견주겠는가? 제왕을 만약 전륜성왕과 비교하면 제왕이 곧 남루하게 보여 마치 저 걸인이 제왕 옆에 있는 것과 같으니라. 전륜성왕의 위덕과 상호가 제일이라 해도 도리천왕과 비교하면 또한 다시 추하고 하열해 보이느니라. 가령 제석천왕을 제육천왕과 비교한다면 설사 백천 배 하여도 서로 비교할 수 없느니라. 제육천왕을 만약 극락국토 중 보살 성문의 광채가 나는 생김새와 형상과 비교한다면 비록 만억 배 하여도 서로 미치지 못하느니라.

극락세계 중생이 사는 궁전·의복·음식은 마치 타화자재천왕이 누리는 것과 같을지라도 위덕·계위·신통변화는 일체 천인들이 견줄 수 없어 백천 만억 배 하여도 계산할 수 없느니라.

아난아, 마땅히 알아야 하나니, 무량수불의 극락국토는 이와 같은 공덕 장엄이 불가사의하니라."

제19품 필요한 것들이 갖추어져 있다

"그리고 또 극락세계 모든 중생은 혹 이미 왕생하였거나 혹 현재 왕생하고 있거나 혹 앞으로 왕생하거나 모두 이와 같이 여러 미묘한 색신을 얻게 되고 모습이 단정 엄숙하며, 복덕이 무량하고 지혜가 또렷하며 신통이 자재하리라.

궁전, 의복과 장신구, 향과 꽃, 당번과 산개 등 장엄하는 도구에 이르기까지 필요한 것들이 갖가지로 풍족하게 갖추어져 있으니, 구하는 것은 무엇이든지 뜻하는 대로 모두 다 나타나느니라.

만약 음식을 먹고 싶을 때는 칠보그릇이 저절로 앞에 나타나고, 갖가지 맛있는 음식이 저절로 그릇에 가득 담기느니라. 비록 이 음식이 있다 해도 실제로 먹는 자는 없나니, 다만 음식의 빛깔을 보고 냄새를 맡으며 마음으로 식사를 하느니라. 형상과 체력이 증가하지만 더러운 배설은 없으며, 몸과 마음이 부드러워 맛에 집착함이 없느니라. 식사를 마치면 음식현상이 변하여 사라지고, 식사 때가 되면 다시 나타나느니라.

또한 온갖 보배로 만든 미묘한 옷과 모자, 허리띠와 영락이 있나니, 무량한 광명과 백천 가지 미묘한 빛깔이 모두 다 갖추어져 저절로 몸에 딱 맞게 입혀지느니라.

그들이 사는 집은 그 형상과 빛깔이 알맞게 조화를 이루고, 보배 그물이 가득 덮여 있고, 여러 보배 방울이 매달려 있으며, 그 모습이 기묘하고 진기하며 두루 교차해 꾸며져 있느니라. 광명과 빛깔이 황홀하게 빛나며, 지극히 장엄하고 아름다우니라. 누각과 난순, 당우와 방각의 처소는 넓고 좁은 것이나, 각지고 둥근 것이나, 크거나 작거나, 허공에 있거나 평지에 있거나, 모두 청정·안온하고, 미묘하고 즐거우니라. 이 모든 것들이 생각에 응하여 앞에 나타나게 되니, 어느 것 하나 갖추어져 있지 않음이 없느니라."

제20품 공덕의 바람 불고 꽃비 내리다

"그 불국토에는 언제나 정해진 시간마다 저절로 공덕의 바람이 서서히 일어나 여러 보배 그물과 온갖 보배나무로 불어와서 미묘한 소리를 내며 고苦와 공空, 무상無常과 무아無我, 모든 바라밀을 연설하느니라.

수많은 종류의 온화하고 단아한 덕의 향기를 퍼져나가게 하여서 그 향기를 맡은 자는 번뇌와 습기의 때가 저절로 일어나지 않느니라.

공덕의 바람이 그의 몸에 닿으면 온화한 느낌이 들고 마음을 고르게 하며 뜻을 편안하게 하나니, 이러한 느낌은 마치 비구가 멸진정을 얻는 것과 같으니라.

그리고 공덕의 바람이 칠보 나무숲에 불어오면 흩날리는 꽃잎이 무리를 이루어 갖가지 빛깔과 광명이 불국토를 두루 가득 채우고, 꽃은 빛깔에 따라 순서를 이루어 어지럽게 뒤섞이지 않으며, 부드럽게 빛나고 정결하여 마치 도라면과 같으니라. 꽃들을 밟으면 손가락 네 마디 정도 깊이 빠졌다가, 발을 든 후에는 다시 처음과 같게 되느니라.

정해진 시간이 지난 후 그 꽃들은 저절로 사라져서 대지는 청정해졌다가 다시 새로운 꽃비가 내리는데, 밤낮 여섯때에 따라 또다시 꽃비가 내려 대지를 두루 덮어 이전과 다름없이 아름다운 모습이니, 이와 같이 여섯 차례 순환하느니라."

제21품 보배 연꽃과 부처님 광명

"또한 온갖 보배 연꽃이 극락세계에 두루 가득하고, 하나하나의 보배 연꽃 송이마다 백천 억의 꽃잎이 있고, 그 꽃잎의 광명은 무량한 종류의 빛깔이나니, 푸른 연꽃에서는 푸른 광명이 빛나고, 흰색 연꽃에서는 흰 광명이 빛나며, 검정·노랑·주홍·자주의 광명 빛깔도 또한 그러하느니라. 다시 무량하고 미묘한 보배와 백천 가지 마니보배가 진기하게 서로 비추어 장식하고, 해와 달처럼 밝게 비추느니라. 저 연꽃의 크기는 혹 반 유순, 혹 일·이·삼·사, 내지 백천 유순에 이르고, 꽃송이 하나하나마다 36백천억 광명이 나오느니라.

광명 하나하나마다 36백천억 화신불께서 나타나시니, 화신불의 색신은 자마진금 빛깔이고, 상호는 수승하고 장엄하시느니라. 일체 화신불 한 분 한 분께서는 또 백천 광명을 놓으시고, 시방세계 중생을 위하여 미묘 법문을 두루 연설하시느니라. 이와 같이 일체 화신불께서는 무량중생을 부처님의 정도(극락정토)에 각각 안온히 건립하도록 도와주시느니라."

제22품 구경의 불과 결정코 증득하리라

"그리고 또 아난아, 저 불국토에는 황혼과 어두움도 없고 불빛도 없고, 해와 달도 없고 별빛도 없고, 낮과 밤의 현상도 없으며, 또한 세월 겁수의 명칭도 없느니라. 또한 머물러 사는 집에 대한 집착도 없고, 일체 처소에 표식도 명칭·번지 수도 이미 없으며, 또한 일체 경계의 취사분별도 없느니라. 오직 청정한 최상의 즐거움만 누리느니라.

만약 어떤 선남자 선여인이 이미 왕생하였거나 앞으로 왕생하거나 모두 다 정정취에 머물러서 결정코 아뇩다라삼막삼보리를 증득하리라. 왜 그러한가? 만약 사정취이거나 부정취에 머문다면 아미타부처님께서 건립하신 극락세계에 왕생하여 성불하는 정인을 깨달아 알 수 없기 때문이니라."

제23품 시방제불께서 찬탄하시다

"그리고 또 아난아, 동방에는 항하사 수만큼 많은 세계가 있고, 그 세계 하나하나 가운데 계시는 항하사만큼 많은 부처님께서 각자 광장설상을 내밀고, 무량한 광명을 놓으시며, 참되고 실다운 말씀으로 무량수불의 불가사의한 공덕을 칭양·찬탄하시느니라.

남·서·북방에 항하사만큼 많은 세계에 계시는 제불께서 칭양·찬탄하심도 또한 다시 이와 같으니라. 또 사유·상하에 항하사만큼 많은 세계에 계시는 제불께서 칭양·찬탄하심도 또한 다시 이와 같으니라.

왜 그러한가? 타방 세계의 모든 중생이 저 부처님의 명호를 듣고 청정한 마음을 내어 억념·수지하도록 하시고 귀의·

공양하도록 하시며, 나아가 능히 일념의 청정한 믿음을 내고 일체 선근을 지극한 마음으로 회향하여 저 국토에 왕생하기를 발원하도록 하시려는 것이니라. 그 발원한 대로 모두 왕생하여 불퇴전지를 얻고 나아가 무상정등보리를 증득하느니라."

제24품 삼배왕생의 조건과 그 과보

부처님께서 아난에게 말씀하시기를, "시방세계 제천의 사람들로 그 중에 지극한 마음으로 저 나라에 태어나기를 바라는 자가 있으니, 무릇 세 가지 부류가 있느니라.

그 중에서 상배인 사람은 집을 버리고 욕망을 포기하고서 사문이 되어 보리심을 발하고 일향으로 아미타불을 전념하며, 여러 공덕을 닦아 저 극락에 태어나기를 발원하느니라.

이러한 중생은 수명이 다하는 때 아미타부처님께서 여러 성중들과 함께 그 사람 앞에 나타나시고, 짧은 시간이 지나 곧 저 부처님을 따라 그 국토에 왕생하며, 문득 칠보 연꽃에서 저절로 화생하여 지혜와 용맹을 얻고, 신통이 자재하리라.

그 어떤 중생이 지금 세상에서 아미타부처님을 친견하고자 한다면 마땅히 무상보리심을 발하고, 다시 극락세계를 전념하며, 선근을 쌓고 모아서 지니고 회향할지니라. 이로 인해 부처님을 친견하고 저 국토에 태어나서 불퇴전지를 얻고 나아가 무상보리를 증득하느니라.

그 중배의 사람은 비록 사문이 되어 수행하며 공덕을 크게 닦을 수 없어도 무상보리심을 발하고 일향으로 아미타불을 전념하느니라. 자기 연분에 따라 수행하여 여러 좋은 공덕을 쌓나니, 재를 봉행하고 계행을 지키며, 탑과 불상을 세우고 사문에게 식사를 공양하며, 비단 깃대를 걸고 등불을 밝히며, 꽃을 뿌리고 향을 사르느니라. 이로써 회향 발원하여 저 국토에 태어나기를 발원하느니라.

그 사람이 임종할 때 아미타부처님께서 그 몸을 화현하시니, 부처님의 진신과 같은 광명과 상호를 지니고 계시며, 여러 대중에게 앞뒤로 둘러싸인 채로 함께 그 사람 앞에 나타나셔서 그를 거두어 인도하시니, 곧바로 화현하신 부처님을 따라 그 국토에 왕생하고, 불퇴전지에 머물러 무상보리를 증득하느니라. 공덕과 지혜는 상배 사람의 다음과 같으니라.

그 하배의 사람은 설사 여러 공덕을 지을 수는 없지만, 무상보리심을 발하고 일향으로 아미타불을 전념하며, 환희심으로 믿고 좋아하며 의심을 내지 않고 지극히 성실한 마음으로 그 국토에 태어나기를 발원하느니라.

이 사람이 임종할 때 꿈에 저 부처님을 친견하면 또한 왕생을 얻게 되느니라. 공덕과 지혜는 중배 사람의 다음과 같으니라.

만약 어떤 중생이 대승법문에 머무르며 한결같이 수행하고 청정한 마음으로 무량수불을 향하여 내지 십념에 그 국토에 태어나기를 발원하거나, 매우 깊은 염불법문을 듣고서 즉시 믿고 이해하여 내지 일념의 청정한 마음을 획득하고서 일념의 마음을 발하여 저 부처님을 염하면, 이 사람이 목숨을 마칠 때에 꿈속처럼 아미타부처님을 친견하고, 반드시 저 국토에 왕생하여 불퇴전지를 얻고 무상보리를 증득하게 되느니라."

제25품 삼배왕생의 정인

"그리고 또 아난아, 만약 어떤 선남자 선여인이 이 경전을 듣고 수지·독송·서사·공양하고 또한 밤낮으로 중단 없이 극락찰토에 태어나기를 구한다면, 나아가 보리심을 발하고 여러 금계를 지니고 견고히 지켜서 범하지 않고 또한 유정을 널리 이롭게 하고, 자신이 지은 선근을 빠짐없이 다 베풀어서 안락을 얻도록 하며, 자신도 서방극락의 아미타부처님과 저 국토를 억념한다면 이런 사람은 목숨이 다할 때 부처님과 같은 색신 상호와 온갖 공덕장엄을 지니고 보배 찰토에 태어나서 곧바로 아미타부처님을 친견하고 법문을 들으며 영원히 물러나지 않느니라.

그리고 또 아난아, 만약 어떤 중생이 저 국토에 태어나고자 한다면 비록 크게 정진하여 선정을 닦을 수 없다 할지라도 경전과 계율을 수지하면서 선업을 지어야 하느니라. 이른바 첫째 살생을 하지 말며, 둘째 도둑질을 하지 말며, 셋째 삿된 음행을 짓지 말며, 넷째 거짓말을 하지 말며, 다섯째 꾸미는 말을 하지 말며, 여섯째 험한 말을 하지 말며, 일곱째 이간질하는 말을 하지 말며, 여덟째 탐내지 말며, 아홉째 성내지 말며, 열째 어리석지 말지니라. 이와 같이 밤낮으로 극락세계 아미타부처님의 온갖 공덕과 온갖 장엄을 사유하고, 지극한 마음으로 귀의하여 정례하고 공양을 올린다면, 이 사람이 임종할 때 놀라지도 두려워하지도 않고 마음이 전도되지도 않으며 곧바로 저 불국토에 왕생하게 되리라.

만약 하는 일과 지닌 물건이 번다하여 집을 떠날 수 없고, 재계를 크게 닦아 일심을 청정하게 할 겨를이 없다면 한가한 시간이 날 때 심신을 단정히 하여 욕심을 끊고, 근심을 내려놓고서 자비심으로 정진할지니라. 진노하거나 질투하지 말며, 음식을 탐하지도 아까워하지도 말며, 도중에 후회하지 말며, 여우처럼 의심하지 말지니라. (부모님께) 효순하고, 지극한 성심으로 (국가와 인민에게) 충성을 다하고 (사업에) 신의를 다할지니라. 부처님 경전 말씀의 깊은 뜻을 믿고, 선행을 하면 복을 얻게 됨을 믿을지니라. 이와 같은 모든 선법을 받들고 수지하되, 훼손하지도 잃어버리지도 말지니라.

사유하고 잘 헤아려 육도윤회에서 벗어나고자 하고, 밤낮으로 항상 염하여 아미타부처님의 청정 불국토에 왕생하고자 발원하기를, 열흘 밤낮 내지 하루 밤낮 동안 중단하지 않는 사람은 목숨이 다할 때 모두 다 그 국토에 태어나리라.

보살도를 행한 여러 왕생하는 사람들은 모두 다 불퇴전지를 얻고, 모두 자마진금 빛깔의 몸과 32종 대장부상을 구족하여 모두 부처가 되리라. 어느 방위의 불국토에서든 부처가 되고자 하면 마음이 원하는 대로 그 정진에 따라 빠르고 늦음이 있어도, 쉬지 않고 도를 구하면 이를 얻을 것이고, 그 발원한 것을 잃지 않으리라.

아난아, 이러한 의리와 이익 때문에 무량무수 불가사의 무유등등 무량무변 세계의 제불여래께서 다 함께 무량수불의 모든 공덕을 칭양·찬탄하시느니라.”

제26품 예배공양하고 법을 청하다

“그리고 또 아난아, 시방세계 여러 보살성중들은 극락세계 무량수불께 예배드리고자 하여 각자 향과 꽃, 당번과 보개를 가지고 부처님의 처소로 가서 공경심으로 공양하고, 경법을 듣고 수지하느니라. 그런 후에 자신의 불국토로 돌아가 그 경법을 선포하고 바른 도로써 교화하여 극락세계의 공덕 장엄을 칭양·찬탄하느니라."

이때 세존께서 곧 게송을 설하여 말씀하시기를,

동방에는 제불국토가 있나니
그 수가 항하사만큼 많고,
그곳의 항하사만큼 많은 보살성중이
무량수불께 나아가 예배드리느니라.

남·서·북방과
사유·상하도 그러하니
모두 다 존중하는 마음으로 무량수불께
여러 진귀하고 미묘한 공양구를 받들어 올리느니라.

평안하고 단아한 음성을 내어
노래하며 찬탄하기를, 아미타불 최승존이시여!
(당신께서는) 신통력과 지혜를 구경까지 통달하여
깊은 법문에 들어가 자재하게 노니시옵니다.

(저희들은) 아미타불 성덕의 명호 들으면
안온히 (왕생불퇴성불의) 큰 이익을 얻나니,

갖가지로 공양하는 가운데
게으르지 않고 싫증냄 없이 수행하겠나이다.

저 수승한 극락찰토를 관하니,
미묘하고 불가사의하며
공덕으로 두루 장엄되어 있어
제불국토는 비교하기 어렵나이다.

이에 무상보리심을 발하여
속히 보리를 성취하기를 발원하니,
이때 (보살의 찬탄에) 감응하시어 무량존께서
미소 띤 금빛 얼굴로 나타나셨느니라.

부처님의 광명이 입에서 나와
시방세계를 두루 비추고,
그 광명이 다시 돌아와 부처님 주위를 세 번 돈 후
부처님의 정수리로 들어가느니라.

보살은 이 광명을 보고 즉시
물러나지 않는 과위를 증득하니,
이때 모인 일체 대중들이
서로 축하하며 기뻐하느니라.

부처님의 설법은 청정하고
우레 소리처럼 크게 울리며
팔음으로 미묘한 법음을 유창히 내시니,

「시방세계에서 오는 재가보살(正士)들이여!
나는 그대들 심원을 빠짐없이 다 알고 있나니,
큰 뜻 세워서 정토장엄을 구하면
수기 받아 반드시 부처가 되리라.

일체 유위법이 꿈같고, 환 같고,
메아리 같은 줄 분명히 깨닫고서
여러 미묘한 서원을 모두 다 이루어
이러한 극락찰토를 반드시 성취할지어다.

그 국토도 그림자 같은 줄 깨달아
항상 큰 서원의 마음을 발하고,
구경원만한 보살도를 실현하여
여러 공덕의 근본을 구족하고,
수승한 무상보리의 행을 닦으면
수기 받아 반드시 부처가 되리라.

제법의 자성본체를 통달하여
일체 법이 공이고 무아임을 깨닫고,

자심의 청정을 구하여 제불정토를 장엄하면
이러한 극락찰토를 반드시 성취하리라.」

이 설법을 듣고 좋아하며 수지하여
청정처(극락정토)에 이르면
반드시 무량존께 수기 받아 등정각을 이루리라.

가없는 수승한 극락찰토는
무량수불의 본원력이 나타난 것이니,
무량수불의 명호를 듣고 왕생하고자 발원하면
저절로 불퇴전지에 이르게 되리라.

시방세계 보살들은 지대한 원을 일으켜
자기 국토와 극락세계가 다름없길 발원하고,
평등 대비심으로 일체 중생을 제도하겠다는
각자 무상보리심을 발하여
(일체중생으로 하여금) 저 윤회하는 업의 몸을 버리고
다 같이 피안에 오르게 하느니라.

만억의 부처님을 받들어 모실 수 있어
무수한 화신으로 날아 두루 제불찰토에 가서
공경심으로 공양하고 법을 듣고 환희하며
다시 극락세계로 돌아오느니라.

제27품 제불의 공덕을 노래 찬탄하다

부처님께서 아난에게 말씀하시기를, "저 불국토 보살들은 무량수불의 위신력 가지를 받아 밥 한 끼 먹는 짧은 시간에 시방세계 가없는 청정찰토를 오가면서 제불께 공양하느니라.

꽃·향·당번과 같은 공양구들이 생각에 응하는 대로 바로 모두 손 안에 이르러 나타나니, 이들은 진기하고 미묘하며 기특하여서 세간에 존재하는 것이 아니니라. 이로써 제불과 보살성중에게 공양하느니라.

그 뿌려진 꽃들은 곧바로 공중에서 하나의 꽃으로 합쳐지고, 또 그 꽃들은 모두 아래로 향하여 단정하고 원만히 둘러싸면서 화개로 변화하느니라. 꽃은 백 천 가지 광명과 빛깔이 있고, 빛깔마다 각기 다른 향기를 내뿜고 그 향기를 두루 배이도록 하느니라. 화개는 작은 것도 십 유순을 가득 채우느니라. 이와 같이 바뀌어 배가 되고, 내지 삼천대천세계를 두루 덮느니라. 그 앞뒤를 따라서 차례로 변화하였다 사라지느니라. 만약 다시 새로운 꽃이 거듭 뿌려지지 않으면 앞에 뿌려진 꽃들이 끝까지 떨어지지 않느니라. 허공에서 함께 하늘 음악이 연주되면서 미묘한 소리로 제불의 공덕을 노래하고 찬탄하느니라.

짧은 시간이 지난 후 보살들이 본래 국토로 되돌아와 모두 다 칠보 강당에 모여 있노라면, 무량수불께서 큰 가르침을 자세히 베풀고 묘법을 연설하시니, 그 설법을 듣고 환희심을 내지 않는 이가 없으며, 모두 마음이 열려 뜻을 이해하고 도를 증득하느니라.

그러자 향기로운 바람이 칠보나무에 불어와 오음의 소리가 울려 나오고, 무량한 미묘한 꽃잎들이 바람 따라 사방 곳곳에 뿌려져서 자연의 공양이 이와 같이 끊어지지 않느니라. 일체 제천들도 모두 백천 가지 꽃향기와 만 가지 기악을 가지고 저 부처님과 여러 보살 성문대중에게 공양하며 앞뒤로 오고감이 흐뭇하고 즐거워 보이느니라.

이는 모두 다 무량수불의 본원 위신력의 가지로 말미암은 것이고, 일찍이 여래께 공양하여 선근이 상속되어 모자라거나 줄지 않는 까닭이며, 잘 수습한 까닭이고, 잘 섭취한 까닭이며, 잘 성취한 까닭이니라."

제28품 극락세계 대보살의 위신광명

부처님께서 아난에게 말씀하시기를, "저 불국토에 있는 여러 보살성중은 누구나 다 팔방·상하와 과거·미래·현재의 일까지 빠짐없이 다 꿰뚫어 보고 철저하게 들을 수가 있느니라. 그들은 제천·사람들과 기거나 날거나 꿈틀거리는 벌레 부류들의 마음속 선하거나 악한 뜻이나, 입으로 하고자 하는 말이나, 어느 때에 제도·해탈할지, 어느 때에 도를 얻어 왕생할지 모두 미리 알 수 있느니라. 또한 저 불찰토 여러 성문대중의 신광은 일심의 거리만큼 비추고, 보살의 광명은 백 유순이나 비추느니라.

그 가운데 두 보살이 제일 존귀하나니, 두 보살의 위신광명이 삼천대천세계를 두루 비추고 있느니라."

이 말씀을 듣고 아난이 다시 부처님께 여쭈기를, "저 두 분 대보살의 명호는 무엇이옵니까?" 부처님께서 말씀하시기를, "한 보살은 관세음보살이라 하고, 또 한 보살은 대세지보살이라 이름하나니, 이 두 대보살은 사바세계에서 보살행을 닦았으며, 그 국토에 왕생하여서는 항상 아미타부처님의 좌우에 있고, 시방세계 무량한 부처님 처소에 가고 싶으면 마음대로 곧 도달할 수 있느니라. 지금도 이 세계에 있으면서 큰 이익과 큰 안락을 짓고 있느니라.

세간의 선남자 선여인이 만약 긴급한 위난·공포를 만났을 때라도, 단지 스스로 관세음보살에 귀명하기만 하면 해탈을 얻지 못할 자가 없으리라."

제29품 대보살의 원력은 크고 깊다

"그리고 또 아난아, 저 불찰토에 있는 모든 현재·미래의 일체 보살들은 누구나 다 구경에 일생보처의 지위를 얻게 되리라.

그러나 다만 대원을 세우고 생사윤회의 세계에 들어 여러 중생을 제도하기 위하여 사자후를 설하거나 큰 갑옷을 입고 큰 서원과 공덕으로 스스로 장엄하는 이들은 제외되느니라. 비록 오탁악세에 태어나 저들과 같은 모습을 나타내 보이지만, 성불에 이르기까지 언제나 악취를 받지 않나니, 왜냐하면 태어나는 곳마다 언제나 숙명을 알 수 있기 때문이니라.

무량수불의 뜻은 시방세계 모든 중생 부류를 제도 해탈하고자 하심이니, 그들이 모두 그 국토에 왕생하게 하시고, 다 열반의 도를 얻도록 하시며, 보살도를 닦는 자들이 다 부처가 되도록 하시느니라. 이미 부처가 된 후에도 서로 번갈아 가르쳐 주시고, 서로 번갈아 제도 해탈시키시느니라. 이와 같이 번갈아 가며 가르치고 제도한 중생의 수는 이루 다 계산할 수 없느니라.

시방세계 성문보살과 모든 중생 부류가 저 불국토에 태어나 열반의 도를 얻어서 부처가 되는 자의 숫자는 이루 다 헤아릴 수 없을 정도로 많지만, 저 부처님 국토는 언제나 변하지 않는 일진법계이니, 절대 늘어나는 일이 없느니라. 왜 그러한가? 마치 물 중의 왕인 큰 바다는 온갖 종류의 물이 다 그 속으로 흘러 들어가더라도 결코 늘거나 줄어드는 일이 없는 것과 같은 이치이니라.

팔방·상하의 불국토는 수없이 많지만, 그 중에서도 아미타 부처님의 국토는 장구하고 광대하며, 밝고 즐거워서 가장 홀로 수승하니라. 이는 본래 보살이었을 때 서원을 세우고 도를 구하여서 여러 겁 동안 쌓은 공덕의 결과로 이루어진 것이니라. 무량수불의 은덕과 보시는 팔방·상하까지 다함도 없고 끝도 없으니, 그 깊고 광대함은 무량하여 말로 다할 수 없을 정도로 수승하니라."

제30품 극락세계 보살의 수행생활

"또 아난아, 저 불찰토에 있는 일체 보살들은 선정과 지혜, 신통과 위덕을 원만하게 구족하지 않음이 없느니라.

극락세계 보살은 제불여래의 밀장을 구경까지 알아서 육근이 조복되고 몸과 마음이 부드러워졌으며, 바른 지혜에 깊이 들어가 더 이상 어떤 습기도 남기지 않느니라. 부처님께서 행하신 바에 따라 칠각지七覺支와 팔정도八正道를 닦고, 오안五眼을 수행하여 진여본성을 밝히고 십법계 중생을 통달하여 아나니, 육안으로 간택하고 천안으로 통달하며, 법안으로 청정하게 보고 혜안으로 진여실상을 보며, 불안을 두루 구족하여 제법의 체성을 깨달았느니라.

극락세계 보살은 갖가지 변재를 구족하고 총지를 얻어 걸림 없이 자재하고, 세간을 잘 이해하여 가없는 선교방편으로 설법하시나니, 그 설법은 성심에서 나온 말로 진실하여 (듣는 이는) 의리와 법미에 깊이 들어가느니라. 일체 유정을 제도하기 위해 바른 도법을 연설하시나니, 「(경계 상에서) 상에 집착함도 조작함도 없으며, 무명번뇌도 해탈도 없어야 하며, (수행 상에서) 일체 사량분별도 없으며, 전도망상을 멀리 여읠 지니라.」

일체 필요한 것들에 대해 탐내거나 집착하는 일이 없고, 부처님 국토를 두루 다니면서 좋다거나 싫다거나 하는 마음을 내지 않으며, 또한 구하거나 구하지 않겠다는 생각도 없고, 또한 남과 나의 구분도 없고 거스르고 원망하는 생각도 없느니라.

왜 그러한가? 저 여러 보살들은 일체 중생에게 큰 자비심을 지니고 이롭게 하는 까닭에 일체 집착을 버리고 무량공덕을 성취하느니라. 걸림 없는 지혜로써 일체 법의 여여如如한 진상을 철저히 이해하고, 고집멸도 사성제四聖諦의 교법을 잘 알아서 선교방편의 말씀으로 중생을 잘 교화하며, 세간의 말을 좋아하지 않고 정론을 좋아하느니라.

극락세계 보살은 일체 법이 모두 다 공적한 줄 알아서 생사번뇌의 두 가지 남은 습기가 한꺼번에 다하고, 삼계에서 구경일승법을 평등하게 부지런히 닦아 피안에 이르느니라. 의심의 그물을 결단코 끊고, 무소득의 근본지를 증득하며, 방편지로써 후득지를 증장시키느니라. (무량수불의 본원 위신력의 가지로) 근본을 좇은 이래로 신통에 안온히 머물러서 일승도를 증득하는 것이지, 타인으로 말미암아 깨치는 것이 아니니라."

제31품 극락세계 보살의 진실한 공덕

"극락세계 보살의 지혜는 큰 바다와 같아 광대하고 깊으며, 보리는 수미산과 같아 높고 광대하며, 몸에서 나오는 위신광명은 해와 달을 뛰어넘으며, 그 마음은 설산과 같아 정결하고 순백하니라.

극락세계 보살의 인욕은 대지와 같아 일체를 평등하게 받아들이고, 청정한 행은 물과 같아 온갖 티끌과 때를 씻어주며, 지혜는 타오르는 불과 같아 번뇌의 잡초를 태워 없애주며, 집착하지 않음은 바람과 같아 아무런 장애도 없느니라.

극락세계 보살은 천둥 같은 범음으로 어리석은 중생을 잘 깨우쳐 주며, 감로의 법을 비처럼 뿌려 중생을 적셔주며, 심량이 허공과 같이 광대하여 대자비심으로 평등하게 대하여 주며, 연꽃과 같이 청정하여 진흙탕을 여의게 하느니라. 대자비심이 니구류 나무 같아 넓은 그늘로 덮어주며, 지혜가 금강저와 같아 사견과 집착을 깨뜨려 없애주며, 신심과 원심이 철위산과 같아 온갖 마군과 외도들이 흔들어 놓을 수 없느니라.

극락세계 보살은 그 마음이 정직하고, 선교방편으로 설법하여 기꺼이 마음을 결정하게 하며, 법을 논할 적에 싫어함도 없고, 법을 구할 적에 싫증내지도 않으며, 계율이 유리와 같아 안팎으로 밝고 깨끗하게 하며, 그들이 설한 법은 중생이 기뻐서 따르도록 하며, 법고를 크게 두드리고 법의 깃대를 높이 세우며, 지혜의 해를 비추어 어리석음의 암흑을 깨부수느니라. 몸가짐이 순박·청정·온화하며 선정에 들어 또렷하게 살필 수 있어서 중생의 대도사가 되어 나와 남을 조복시키느니라.

극락세계 보살은 중생을 인도하여 모든 애착을 버리도록 하고, 세 가지 때를 영원히 여의게 하여, 갖가지 신통에 자재하게 노닐게 하느니라. 인력·연력·원력으로 선근이 생기게 하고, 일체 마군을 꺾어 항복시키며, 제불을 존중하고 받들어 모시느니라. 그러므로 보살은 세간의 밝은 등불이고, 수승한 복전이며, 수승한 길상이며, 모든 중생의 공양을 받을 만하니라.

극락세계 보살은 위엄·광명이 성대하고 마음속이 자재 온화하며, 용맹정진하고 설법에 두려움이 없으며, 몸의 빛깔과 상호, 공덕과 변재 등의 갖가지 장엄을 구족하여 더불어 견줄 이가 없느니라.

일체 제불께서 늘 다 함께 칭찬하시기를, 「극락세계 보살은 보살의 모든 바라밀을 구경 원만하게 이루어 불생불멸의 여러 삼마지에 항상 안온히 머물고, 시방세계 도량을 두루 다니면서 성문·연각 이승의 경계를 멀리 여의느니라.」

아난아, 내가 저 극락세계를 지금 간략하게 말하였나니, 그곳에 왕생한 보살들의 진실한 공덕이 모두 다 이러하여, 만약 상세하게 말한다면 백천만겁이 지나도 이루 다 말할 수 없느니라."

제32품 수명과 법락이 끝이 없다

부처님께서 미륵보살과 제천·인간 등에게 말씀하시기를, "무량수불의 국토에 있는 성문·보살들의 공덕과 지혜는 이루 다 말로 칭찬할 수 없고, 또한 그 국토의 미묘하고 안락하고 청정하게 장엄된 모습도 이와 같거늘, 어찌 중생이 힘써 선업을 닦지 않고 자성본연을 회복하는 대도(자기 성덕의 명호인 아미타불)를 염하지 않을 수 있겠는가!

극락세계 보살은 자유자재하게 출입하면서 부처님께 공양 올리고, 경법을 지혜로 관하여 일상에서 도를 실천하며, 오랜 시간 훈습하여 법희가 충만하며, 재주가 뛰어나고 용맹하며 지혜롭고, 신심이 견고하여 도중에 물러나지 않고 게으르지 않느니라. 겉으로는 한가롭고 느릿느릿하게 보여도, 속으로는 쉼 없이 빨리 달려가고 있느니라. 그 심량은 허공과 같이 청정광대하여 일체를 포용하고, 꼭 알맞게 중도에 들어맞으며, 속마음과 겉모습이 하나로 상응하여 위의가 저절로 엄정하느니라.

극락세계 보살은 항상 자신을 점검하고 거두어들여서 행동을 단정히 하고 마음을 정직하게 하며, 몸과 마음이 항상 정결·청정하여 일체의 애욕과 탐욕이 없으며, 뜻과 원이 안정되어 더하거나 모자람이 없느니라. 도를 구함에 있어 화평하고 중정한 마음을 유지하고, 삿된 견해에 잘못 기울지 않으며, 경전의 약속과 가르침에 따라 감히 넘어지거나 틀어지지 않아 먹줄을 친 것과 같으니라.

극락세계 보살은 마음에 우러러 구하는 것은 모두 도법뿐이고, 마음이 한없이 넓어 망념이 없으며, 신심이 견고하여 범사에 근심이 없느니라. 나아가 행위는 저절로 무위법에 머물고, 마음은 허공과 같아 한 법도 세우지 않고 담백하고 평온하여 어떤 욕망도 일으키지 않으며, 선한 원을 맺고

온 마음 다해 선교방편을 모색하느니라.

극락세계 보살은 대자대비의 마음으로 중생을 제도할 적에 세상의 예절과 의리에 모두 들어맞고, 사상과 이체를 포용하고 받아들여 자신과 일체중생을 일생에 해탈을 얻을 수 있게 하느니라. 또한 자성본연을 잘 보임하여 묘명진심으로 정결하고 순백하니라. 그 발한 뜻과 원은 위없는 상상품을 추구하고, 그 마음은 청정하고 적연부동하여 안락에 임운하느니라. 단박에 마음이 열려 요달하여 투철하게 깨달으니, 「자성본연 중에 일진법계의 경계상이 나타나고, 일체현상에 자성본연의 근본자리가 있느니라.」

자성본연(극락세계)에서 나타나는 미묘한 광명과 빛깔이 서로 뒤섞여서 변화가 무궁하고, 유식이 전변(십법계 의정장엄)하여 가장 수승하니라. 울단월(북구로주)처럼 저절로 칠보가 생겨나고 시방 허공 중에 두루 일체 사물이 나타나며, 광명·정묘精妙·명정明淨의 일체 미묘한 상이 한꺼번에 출현하나니, 그 아름답고 수승함은 어떤 세계와도 견줄 수 없느니라. 극락세계 보살의 마음은 평등하여 상하가 없는 진실의 본체를 드러내고, 그 지혜는 일체 만법을 통달하고 비춤에 궁진함이 없느니라.

　마땅히 각자 부지런히 정진하고,

스스로 노력하여 극락에 왕생하길 구할지니,
반드시 (삼대아승지겁 보살의 51 수행계위를) 뛰어넘어
아미타부처님의 무량 청정국토에 왕생하리라.

오악취를 가로질러 단번에 끊어버리면
삼악도의 문이 저절로 닫혀 버리거늘,
한계가 없는 수승한 도(정토법문)를 닦아
쉽게 갈 수 있는데, 가려는 사람이 없구나!

저 극락국토는 거스르고 어기지 않으면 누구나
저절로 이끄는 바를 따라 성취하나니,
세간의 지향을 모두 놓아버려 마음을 허공같이 하고
부지런히 행해 (성불의) 도와 (중생제도의) 덕을 구할지라.

(왕생하는 이는) 무량수를 얻을 수 있고,
(극락세계에서는) 수명이 무량이고 대승법락을 누리거늘,
어찌해 세상사에 집착하여
시끄럽게 떠들며 무상한 일에 근심하는가!"

제33품 권유 독려하여 정진하게 하시다

"세상 사람들은 급하지도 않은 일에는 서로 앞 다투어 쫓아
다니지만, 생사윤회를 벗어나는 일에 관심조차 두지 않는구

나! 지극히 악독하고 괴로움이 가득 찬 세상에서 몸과 마음을 고달프게 부리면서 세상일 하느라 고생하며 자신의 욕망을 채우기 위해 쓸데없이 바쁘게 살아가는구나! 윗사람이거나 아랫사람이거나 가난하거나 부유하거나 남녀노소 할 것 없이 하나같이 고민하고 근심 걱정하며 남보다 더 잘 되려는 마음에 실속 없이 뛰어다니기만 하는구나!

논밭이 없으면 논밭이 없어 걱정이고, 집이 없으면 집이 없어 걱정이고, 권속과 재물이 있어도 없어도 걱정이고, 이런 것이 있으면 저런 것이 적다고 여겨 남들과 똑같이 가지려고 하는구나!

마침 조금 가지게 되면 또 생각지도 못한 사태가 일어나지 않을까, 물난리나 화재를 만나서 타버리고, 떠내려가고, 도적이나 원수나 빚쟁이를 만나서 빼앗겨서 재물이 흩어지고 없어지지 않을까 걱정하는구나!

마음이 인색하고 뜻이 완고하여 아무것도 내려놓지 못하고 연연하지만, 목숨이 다할 때 버리고 가야 하니, 그 무엇도 가지고 갈 수 없느니라. 이는 가난하거나 부유하거나 모두 똑같아서 모두가 만 갈래 근심과 고뇌를 지닌 채 살아가는구나!

세상 사람들은 부자와 형제, 부부와 육친권속 사이에 서로 공경하고 사랑해야 하며, 서로 미워하거나 질투하는 일이 없어야 하느니라. 재산이 있든지 없든지 간에 서로 도와야 하고 탐내거나 아까워하는 일이 없어야 하며, 말과 안색을 늘 부드럽게 가지고 서로에게 거슬리지 말아야 하느니라. 혹 때로는 마음에 다른 의견이 생겨 서로 양보하지 못하고, 혹 때로는 화내고 분노하는 일이 있어서 다음 세상에 더 치열해져 큰 원수가 되기도 하느니라. 그래서 세상일에 더욱 근심이 쌓이고 손해를 입게 되니, 비록 당장 닥치지 않을 때라도 서둘러 화해할 방법을 찾아야 하느니라.

세상 사람들은 누구나 애욕 속에서 홀로 나서 홀로 죽고, 홀로 가고 홀로 오며, 괴로움과 즐거움을 스스로 감당해야 하나니, 대신해줄 사람은 없느니라. 선악이 변화하여 태어나는 곳마다 선악의 업인이 따라 다니지만, 각자 가는 길이 달라서 다시는 만날 기약이 없나니, 어찌하여 건강할 때 선을 닦으려 노력하지 않고 무엇을 기다리고 있는가!

세상 사람들은 선악을 스스로 알지 못해 각자 경쟁하듯 길흉화복을 짓고, 몸은 악업을 지어 어리석고 정신은 바른 믿음이 없어 어두우니라. 외도의 가르침을 이리저리 받아들이며, 전도된 마음이 계속 이어져서 육도윤회로 생사가 끊어지지 않고, 무상의 근본인 탐·진·치로 말미암아 악을 짓느니라. 어리석고 어두워서 (바른 법에) 거스르고 대들며, 부처님의 말씀을 믿지 않아 멀리 내다보지 못하고 각자 눈앞의 쾌락만 추구하며, 분노와 성냄에 미혹하고 재물과 색욕에 탐착하는 일이 끝내 그치지 않으니, 애통하고 가슴 아플 따름이니라!

과거의 사람들은 선을 행하지 않고 도덕을 알지 못하였으며, 이를 말해주는 사람조차 없어 세상살이가 이런 지경에 이르렀으니, 전혀 이상할 것도 없느니라. 이들은 생사 육도윤회의 과보와 선악의 업인을 모두 믿지 않았고, 아예 이러한 일은 없다고 말하였느니라.

죽어서 이별하는 모습을 바라보면 스스로 알 수 있나니, 혹 부모는 자식이 죽어서 울기도 하고, 혹 자식은 부모가 죽어서 울기도 하며, 형제와 부부는 더욱더 서로 흐느껴 우나니, 한 사람은 죽고 한 사람은 살아서 서로 애틋하게 그리워하여 놓아버리지 못하고, 근심과 애착에 마음이 결박되어 벗어날 때가 없으며, 부부의 정을 생각하여 욕정을 여의지 못하느니라. 이러한 상황에 대해 깊이 생각하고 잘 헤아려서 전일하게 정성 다해 도를 행할 수 없다면 나이와 수명이 다하는 때에 이르러 어찌할 도리가 없느니라.

도에 미혹한 자는 많지만, 도를 깨달은 자는 적어서 각자 죽이려는 독기를 품어 사악한 기운으로 마음이 어두컴컴해 망령되게 일을 저지르고, (위로) 천심을 거스르고 (아래로) 염라왕의 뜻을 어기며, 멋대로 악을 지어 그 죄가 극에 달하니,

문득 그 수명을 빼앗아 악도에 떨어져 벗어날 기약이 없느니라.

그대들은 깊이 생각하고 잘 헤아려 온갖 악을 멀리 여의고, 그 선(염불)을 선택하여 부지런히 행할지니라. 좋아하고 누리는 부귀영화는 항상 오래 유지하지 못하고 모두 헤어져야 하나니, 즐거울 것이 없느니라. 부지런히 정진하여 안락국에 태어나기를 구할지니, 그러면 지혜는 마음을 밝혀 근본을 요달하고, 얻는 공덕은 수승하리라. 마음이 하고자 하는 바에 따라 멋대로 행동하지 말지니, 경전과 계율을 저버려서 함께 닦는 사람 중에서 뒤떨어지리라."

제34품 마음이 열리어 명백히 이해하다

미륵보살이 부처님께 아뢰기를, "부처님께서 말씀하신 가르침과 계율은 너무나 깊고, 너무나 좋사옵니다. 모든 중생은 자비로운 은혜를 입어서 근심과 고통으로부터 벗어날 수 있사옵니다. 부처님께서는 법왕이 되시어 세간의 존경을 받아 모든 성인을 뛰어넘고, 광명은 (일체를) 꿰뚫어 비추고 지혜는 (일체 만법이 공한 이치를) 통달하여 끝이 없으니, 두루 일체 제천·인간의 스승이 되었사옵니다. 오늘 부처님을 뵙고 또한 무량수에 관한 (염불·견불·성불의) 가르침을 들을 수 있으니, 어찌 기쁘지 않을 수 있겠사옵니까? 저희들은 마음이 열리어 명백히 이해하였습니다."

부처님께서 미륵보살에게 말씀하시기를, "부처님을 공경하고 가르침을 이어받는 것이 큰 선이니, 실로 마땅히 염불하여 (염불삼매에 이르러) 여우같은 의심을 일순간에 끊어버리고, 여러 애욕을 뽑아버리며, 온갖 악의 원류를 막아야 하느니라. 그러면 (부처님의 위신력을 타고) 삼계를 두루 다니며 걸림 없이 (중생을 제도교화하고) 부처님의 정도(일승원해·육자홍명·왕생극락)를 열어 보이고, 아직 제도 받지 못한 중생을 제도할 수 있느니라.

그대들은 마땅히 알지니, 시방세계 사람들이 오랜 겁 이래 육도윤회의 바퀴를 굴리면서 근심 고통을 끊지 못하여 태어날 때 고통을 겪고, 늙을 때 또한 고통을 겪으며, 병들어 극심한 고통을 겪고, 죽을 때 극심한 고통을 겪느니라. 몸에 악취가 나서 깨끗하지 못하니 즐겁다고 말할 수 없느니라. 그대들은 스스로 결단하여 마음의 때를 말끔히 씻고, 언행을 성실히 하고 신뢰를 지켜야 하며, 말과 마음이 상응하여야 하느니라. 이러한 사람은 자신을 제도하고 서로 번갈아 도와주고 제도할 수 있느니라.

지성심으로 구하여 본원을 달성하고 선근의 근본(발보리심 일향전념)을 쌓으면, 비록 한 세상 부지런히 고행정진할지라도 잠깐 사이일 뿐, 나중에 무량수불의 국토에 태어나 즐거움이 끝이 없고, 영원히 생사윤회의 근본뿌리를 뽑아버려 다시는 고통번뇌의 우환이 없으며, 수명이 천만 겁이고 뜻하는 대로 자재하리라.

그대들은 각자 정진하여 마음속에 발원한 일을 구하되, 의심을 품고 도중에 후회하지 말지니라. 그러면 자신에게 허물이 되나니, 나중에 저 극락 변지, 칠보성에 태어나서 5백 년 동안 여러 액난을 받게 되리라."

미륵보살이 부처님께 아뢰기를, "부처님의 밝은 가르침을 받았사오니, 전심으로 정진하며 수학하고, 가르침대로 봉행하여 감히 의심하지 않겠사옵니다."

제35품 오탁악세의 오악 · 오통 · 오소

부처님께서 미륵보살에게 말씀하시기를, "그대들은 이 세상에서 마음을 단정히 하고 뜻을 바로 하여 온갖 악을 짓지 않으니, 참으로 대덕이라. 왜 그러한가? 시방세계에는 선인이 많고 악인이 적어서 쉽게 법문하고 쉽게 교화하지만, 오직 이 오악이 가득한 사바세계만이 가장 괴로움이 극심하니라. 지금 내가 이곳에서 부처가 되어 중생을 교화하여 오악五惡을 버리고, 오통五痛을 없애며, 오소五燒를 여의게 하여 그 뜻을 항복시키고, 다섯 선을 지니게 하여 그 복덕을 얻게 하리라.

무엇이 다섯인가? 그 첫째는 (살생한 악으로) 세간의 모든 중생 부류가 자신의 욕망에 따라 온갖 악을 짓나니, 힘을 믿고 약한 자를 괴롭히며, 서로 번갈아 통제하고 습격하며, 잔혹하게 살상하며, 서로 삼키고 서로 잡아먹을 뿐, 선을 행할 줄 몰라 나중에 재앙과 죄과를 받게 되느니라. 이런 까닭에 가난한 자와 거지, 고아와 독거노인, 귀머거리와 장님, 벙어리와 백치, 추악한 자와 절름발이, 정신병자 등이 있나니, 이는 모두 이전 세상에서 도덕을 믿지 않고, 기꺼이 선을 행하려고 하지 않았기 때문이니라.

세간에는 존귀한 자와 부유한 자, 어질고 현명한 자와 장자, 지혜와 용맹정진력이 있는 자, 재능이 뛰어나 통달한 자 등이 있나니, 이는 모두 이전 세상에서 자애와 효순을 행하여 선을 닦고 덕을 쌓았기 때문이니라.

세간에는 이렇게 눈앞에 죄과가 나타나는 일이 있어 목숨이 다한 후 어두운 저승에 들어가 몸을 받아 다시 태어나니, 형상이 바뀌고 육도가 바뀌게 되느니라. 이런 까닭에 지옥과 축생, 기거나 날거나 꿈틀거리는 벌레의 권속이 있나니, 비유컨대 세간의 법으로 감옥에 들어가 격심한 고통과 극형을 받는 것처럼 그 신식神識은 그 죄업에 따라 삼악도로 가서 고통을 받으며 그곳에서 받는 수명은 혹 길기도 하고 혹 짧기도 하느니라. 또한 원수와 빚쟁이처럼 서로 쫓아다니면서 같은 곳에 태어나 서로 보상을 받으려 하는데, 재앙과 악업이 다하기 전에는 끝내 여읠 수 없어 그 가운데 전전하면서 여러 겁이 지나도록 벗어나기 어려우며 해탈을 얻기도 어려우니, 그 고통은 이루 다 말할 수 없느니라.

천지간에 저절로 이러한 일이 있으니, 비록 즉시 갑자기 드러나지 않는다 할지라도 마침내 (자신이 지은) 선업과 악업은 자신에게 돌아가느니라.

그 둘째는 (도둑질한 악으로) 세상 사람들은 법률과 제도를 따르지 않고 사치·음란, 거만·횡포·방종에 따라 마음대로 행동하고, 윗자리에 있으면서 밝지 못하고, 지위가 있어도 바르지 못해 다른 사람들을 모함하고 억울한 누명을 씌워 충직하고 어진 사람을 해치며, 언행이 완전히 달라 허위로 속이는 일이 많아서 윗사람이거나 아랫사람이거나 가족이거나 바깥사람이거나 서로 속고 속이느니라. 성내고 어리석어서 자신에게 두둑한 이익을 챙기고자 더 많이 탐내려다 이익과 손해, 승리와 패배가 서로 엇갈려서 마침내 원망을 사서 원수가 되고, 패가망신해도 전후인과를 살피지 않느니라.

어떤 사람은 부유하면서도 인색하여 도무지 베풀려고 하지 않고, 탐심이 무거워서 더 가지고 싶은 마음에 마음은 수고롭고 몸이 고달파도 끝내 따르는 이는 한 사람도 없고, 선악의

업력으로 화와 복만이 명근命根을 좇아 태어나는 곳에 이르
니, 혹 즐거운 곳이기도 혹 고통스러운 곳에 이기도 하느니
라. 또한 혹 어떤 사람은 선한 이를 보면 오히려 미워하고
헐뜯으려고만 할 뿐 공경하거나 배우려는 마음이 없으며,
늘 빼앗고자 하는 마음을 품고 남의 이익과 재물을 빼앗아
자신이 사용하고, 모두 사용한 후에도 거듭 빼앗으려고
하느니라.

(이러한 악은) 신명(판관, 구생신俱生神)이 모두 기록하여 끝내 삼악
도에 들어가서 저절로 삼악도를 윤회하며 무량한 고뇌를
겪게 되고, 그 가운데 전전하면서 여러 겁이 지나도록 벗어날
수 없어 그 고통은 이루 다 말할 수 없느니라.

그 셋째는 (삿된 음행을 한 악으로) 세상 사람들은 서로 업인에
기대어 살기 때문에 그 수명이 길어야 얼마나 되겠는가?
선하지 않은 사람은 몸과 마음이 바르지 않아 마음으로
늘 삿된 음행을 품고 늘 삿된 음행과 방탕만 생각하여,
가슴 속에 번뇌욕망이 가득하고, 바깥으로 삿되고 방탕한
행동이 드러나서 집안 재산을 모두 탕진해버리고, 법도에
어긋난 일을 저질러도 추구해야 할 일은 오히려 행하려고
하지 않느니라.

또한 혹 어떤 사람들은 나쁜 이들과 결탁해 무리를 모아
군사를 일으켜 서로 싸우고 공격하며, 사람들을 겁탈하고

죽이며 강탈하고 협박하며, 여기서 얻은 재물을 자신의 처자 권속에게 쓰고 몸이 망가지도록 쾌락을 쫓기 때문에 사회대중이 모두 그를 싫어하며 그들에게 우환을 가져다주고 고통을 겪게 하느니라.

이러한 악은 인간과 귀신에게 환히 드러나니, 신명이 모두 기록하여 저절로 삼악도에 들어가서 무량한 고뇌를 겪게 되느니라. 이렇게 삼악도 가운데 전전하면서 여러 겁이 지나도록 벗어날 수 없으니, 그 고통은 이루 다 말할 수 없느니라.

그 넷째는 (거짓말한 악으로) 세상 사람들은 입으로 선행을 닦아야 한다고 생각하지 않아 이간질하는 말과 거친 말, 거짓말과 현혹시키는 말로써 착한 사람을 미워하고 질투하며, 현명한 사람을 헐뜯고, 부모님께 불효하고, 스승과 어른을 낮추어 보아 버릇없이 굴며, 친구에게 신의가 없어 성실하다고 인정받지 못하느니라.

그들은 존귀한 자리에 올라 스스로 위대하다 생각하며, 자신에게 진리가 있다고 말하느니라. 또한 제멋대로 행동하고 위세를 부리며, 다른 사람의 인격을 침범하여 그들이 자신을 두려워하고 공경하기를 바라면서, 스스로 부끄러워하거나 두려워할 줄 모르느니라.

그들은 조복시키거나 교화시키기 어렵나니, 늘 교만한 마음을 품고 있어 전생에 지은 복덕으로 아무 탈 없이 살고 있지만, 금생에 악업을 지어 그 복덕이 다 소멸되면 수명이 다해 죽을 때 여러 악업에 둘러싸여 돌아가느니라.

또한 그의 명부는 신명에게 기록되어 자신이 지은 죄업이 끌어당겨서 온갖 재앙으로부터 도망치거나 벗어날 길이 없고, 단지 전생에 지은 과보에 의해 지옥의 불가마 솥으로 끌려가 몸과 마음이 망가지고 부서지는 극심한 고통을 받게 되느니라. 그때 아무리 후회해도 이미 돌이킬 수가 없느니라.

그 다섯째는 (술로 인해 삼독을 짓는 악으로) 세상 사람들은 범사에 머뭇거리고 게을러서 기꺼이 착한 일을 하지 않으려 하고 몸을 다스려 선업을 닦으려고 하지 않느니라. 부모님이 가르치고 타일러도 듣지 않고 오히려 빗나가고 반항하며 마치 원수처럼 지내니, 차라리 자식이 없는 것만 못하느니라. 부모님 은혜를 저버리고 효도할 줄 모르며 보답하여 갚고자 하는 마음도 없느니라.

제멋대로 놀고 이리저리 빈둥거리며, 술에 빠져 살고 맛난 것을 즐기며, 또한 거칠고 함부로 날뛰며, 걸핏하면 남과 충돌하고 다투며, 다른 사람의 사정도 배려하지 않으며, 도의도 없고 무례하여 그 누구도 타이를 수 없느니라. 친척이나 벗들에게 필요한 것이 있는지 관심도 없고, 부모님의 은혜도 모르고 스승이나 친구에 대한 도리도 없느니라.

그들은 마음으로도 몸으로도 말로도 선한 적이 하나도 없느니라. 그래서 제불의 경전과 설법을 믿으려 하지 않고, 생사윤회를 벗어날 수 있음과 선악인과의 도리도 믿지 않느니라. 나아가 진인(아라한)을 해치려고 하고, 승가를 교란시키려고 하느니라. 어리석고 무지몽매하면서도 오히려 스스로 지혜롭다고 여기느니라. 그래서 그들은 태어날 때 어디에서 왔는지, 죽을 때 어디로 떠나가는지 알지도 못하느니라. 그래서 마음이 어질지도 않고 이치에 순응하지도 않으면서 오래 살길 바라느니라.

그들은 자비심으로 가르치고 타일러도 도무지 믿으려 하지 않고, 쓴 소리로 말해도 그 사람에게 아무런 이익도 없느니라. 이렇듯 그들은 두터운 번뇌에 마음이 꽉 막혀서 아무리 좋은 말을 해도 마음속이 열리고 풀리지 않느니라. 이러한 사람도 그 수명이 다할 때 뉘우치고 두려워하나 뒤늦게 후회한들 이제 와서 무슨 소용이 있겠는가!

천지간에는 천상·인간·축생·아귀·지옥의 오도가 분명하게 있어 선과 악을 지으면 그 과보로 화와 복이 서로 이어지며, 자신이 지은 업은 자신이 받게 되어서 그 누구도 대신하지 못하느니라.

선한 사람은 착한 일을 행하여 즐거움에서 즐거움으로 들어가고, 밝음에서 밝음으로 들어가지만, 악한 사람은 나쁜 짓을 저질러 괴로움에서 괴로움으로 들어가고, 어두움에서 어두움으로 들어가나니, 누가 이러한 이치를 알 수 있겠는가? 오직 부처님만이 알고 계실 뿐이니라.

불법의 가르침을 열어 보이셨으나, 이를 믿고 행하는 사람은 적어서 쉬지 않고 생사에 윤회하고 끊임없이 악도에 떨어지나니, 이러한 사람이 많고도 많아 이루 다 말할 수 없도다. 그래서 저절로 삼악도가 나타나니 그 가운데 무량한 고뇌를 전전하면서 세세 누겁에 벗어날 기약이 없고 해탈할 수도 없으니, 그 고통은 이루 다 말할 수조차 없느니라.

이와 같은 오악五惡·오통五痛·오소五燒는 비유컨대, 큰불이 타올라 몸을 태우는 것과 같으니라. 만약 스스로 그 가운데 살아감에 일심으로 마음을 제어할지니, 몸을 단정히 하고 생각을 바르게 하며, 언행이 서로 부합하고 범사에 지성심을 다할지라. 오직 여러 선을 짓고 온갖 악을 저지르지 않으면 자신은 홀로 생사를 벗어나 그 복덕을 얻고 장수를 누리며 열반의 도를 성취하게 되리니, 이것이 다섯 큰 선이니라."

제36품 거듭 가르치고 권하시다

부처님께서 미륵보살에게 말씀하시기를, "내가 그대들에게 말한 것처럼 이렇게 오악五惡·오통五痛·오소五燒가 구르고 구르면서 서로 인연하여 생겨나니, 감히 이런 악한 일을 저지르면 삼악도를 겪어야만 하느니라.

혹 어떤 이는 지금 세상에서 중병에 걸리는 재앙을 먼저 받아 죽고 싶어도 죽을 수 없고 살고 싶어도 살 수 없는 참혹한 지경에 처하나니, 이러한 나쁜 과보를 드러내어 대중에게 모두 보여주느니라. 혹 어떤 이는 목숨이 다한 후에 삼악도에 들어가 슬픔과 고통, 지극히 참혹한 과보를 받게 되나니, 자신의 업력에 이끌려 지옥의 불길이 거세게 타오르느니라.

원수들은 함께 모여 서로 해치고 죽이려고 하나니, 이러한 원한은 미세한 업인에서 시작되어 크나큰 곤란과 극렬한 보복으로 바뀌느니라. 이는 모두 재물과 색욕에 탐착하여 보시를 베풀려고 하지 않고, 자신의 잇속과 흡족만 구하여 더 이상 시비곡직을 묻지 않으며, 어리석음과 욕망에 떠밀려 자신만 중히 여기고 싸워서 이익을 취하기 때문이니라."

이렇게 부귀영화를 얻어 당장의 쾌락만을 즐길 뿐, 인욕할 줄 모르고 선을 닦는데 힘쓰지 않아 그 위세는 얼마 가지 않아 악업을 따라서 닳아져 없어지느니라.

자연인과의 도를 시설하고 펼쳐서 저절로 (그러한 죄를) 바로잡고 드러내니, 외로이 어쩔 줄 몰라 하며 응당 죄업 속으로 들어가 윤회하느니라. 예나 지금이나 이러한 일이 있으니, 비통하고 가슴 아프도다!

그대들은 불경의 말씀을 얻었으니, 이를 잘 사유하고 각자 스스로 몸과 뜻을 단정히 하며 가르침을 준수하여 목숨이 다할 때까지 게을리 해서는 안 되느니라. 성인을 존중하고 선지식을 공경하며, 안인安忍하고 널리 이롭게 하는 자비의 마음을 품고, 스스로 해탈을 구하고 세상 사람을 제도하며, 생사에 윤회하는 온갖 악의 근본을 뿌리뽑아 버리고, 삼악도에서 겪는 고뇌와 근심, 공포와 고통의 육도윤회를 여의어야 하느니라.

그대들이 선을 행함에 무엇이 첫째인가? 스스로 마음을 단정히 하여야 하고, 스스로 몸을 단정히 하여야 하며, 이목구비를 모두 스스로 단정히 하여야 할지니라. 몸과 마음을 청결히 하고 선과 상응할지니라. 기호와 욕망을 따르지 말고, 여러 악을 범하지 말며, 말과 얼굴빛을 온화하게 할지니라.

몸으로 짓는 행업을 전일하게 하여야 하고, 동작을 살펴보아 안정되고 천천히 행할지니라. 서둘러서 급하게 일하면 실패하고 후회할 것이며, 진실하게 행하지 않으면 그 수행한 공을 잃어버리게 되느니라."

제37품 가난한 사람이 보배를 얻듯이

"그대들은 덕의 근본(육자명호)을 널리 심으면서 계율을 범하지 말고 인욕하며 정진할지니라. (중생을 널리 이롭게 하겠다는) 자심慈心으로 전일하게 닦고, 팔관재계를 수지하여 청정심으로 하루 밤낮 동안 수행한다면, 무량수불의 국토에서 백 년 동안 선을 닦는 것보다 수승하리라. 왜 그러한가? 저 불국토의 중생은 모두 덕을 쌓고 온갖 선을 닦아서 털끝만큼도 악이 없기 때문이니라.

이 세상에서 열흘 밤낮 동안 선을 닦는다면, 타방세계 제불국토에서 천 년 동안 선을 행하는 것보다 수승하리라. 왜 그러한가? 타방세계 불국토에는 복덕이 저절로 이루어져 악을 지을 곳이 없기 때문이니라.

오직 이 세간만이 선은 적고 악은 많아서 괴로움을 마시고 번뇌를 밥 먹듯이 하면서 한번도 제대로 편안하게 쉬어 본 적이 없느니라.

그래서 내가 그대들을 불쌍히 여겨 애틋한 마음에 가르치고 설명하여 경법을 전수하나니, 모두 다 수지하여 사유하고, 모두 다 봉행할지니라. 지위가 높거나 낮거나, 남자이거나 여자이거나, 친척 친구이거나 누구든지 서로 번갈아가며 이 가르침의 말씀을 전하도록 할지라. 자신에게 약속하고 관리하며, 중생과 화순하며, 세상의 요구에 맞게 불법의 이치에 맞게 살아가도록 할지라. 그리하여 범사에 기뻐하고 즐거워하며, 모든 이에게 자심과 효순의 마음이 가득하도록 할지라.

자신이 행한 일에 과실을 범했다면 스스로 참회하여 악을 없애고 선으로 나아가며, 아침에 들었으면 저녁에 고쳐야 하느니라. 경전을 받들어 지니고 계를 지킴에 마치 가난한 사람이 보배를 얻듯이 소중히 하며 과거의 악행을 고치고 미래의 선행을 닦아야 하느니라. 마음속의 때를 깨끗이 씻고 행동을 바꾼다면 부처님께서 저절로 감응하여 가피를 내리시어 원하는 바를 모두 얻게 되리라.

부처님의 가르침이 작용하는 곳은 국가나 도시나 마을에 이르기까지 교화를 입지 않은 곳이 없나니, 천하는 화순하고, 해와 달이 청명하며, 비바람이 때에 맞추어 불고, 재난이 일어나지 않으며, 나라는 풍요롭고 국민은 편안하여 병사와 무기를 쓸 일이 없느니라. 또한 사람들은 도덕을 숭상하고 인의를 행하며, 힘써 예절과 겸양을 닦아, 나라에 도적이 없고 억울한 일이 없으며, 강한 자가 약한 자를 능멸하지 않아 각자 자신의 자리를 잡느니라.

이처럼 내가 그대들을 불쌍히 여기는 마음은 부모가 자식을 생각하는 것보다 더 하느니라.

나는 이 세상에서 부처가 되어 선으로써 악을 대치하여

생사의 괴로움을 뽑아버리고, 다섯 덕을 얻고 무위의 안락한 경지에 오르도록 하였느니라.

내가 이 세상에서 반열반에 든 후 경전에서 말씀하신 도가 점점 사라지게 되리라. 사람들은 아첨하고 속이며, 다시 온갖 악을 지어서 오소五燒·오통五痛이 오랜 후에 점점 더 심해질 것이니, 그대들은 서로 번갈아가며 가르쳐 주고 일러주어 부처님의 경법대로 행하고 범하는 일이 없도록 할지라."

이에 미륵보살이 합장하고 말씀드리기를, "세상 사람들이 짓는 악과 받는 괴로움은 이와 같고, 이와 같사옵니다. 부처님께서는 저희 모두에게 자비를 베푸시고 불쌍히 여기시어 빠짐없이 다 해탈을 얻게 하시옵니다. 이제 부처님의 간곡하신 가르침을 받았사오니, 감히 거스르거나 잃어버리는 일이 없도록 하겠사옵니다."

제38품 부처님께 정례하니 광명을 나타내시다

부처님께서 아난에게 말씀하시기를, "아난아, 그대들이 무량청정평등각이신 아미타부처님과 여러 보살 아라한 등이 살고 있는 극락국토를 보고자 한다면 마땅히 해가 지는 곳, 서쪽을 향하여 서서 공경하며 머리 조아려 정례하고

「나무아미타불」을 칭념하도록 하라.”

이에 아난은 바로 자리에서 일어나서 서쪽을 향해 합장하고 머리 조아려 정례하며 여쭈기를, “원하옵건대, 제가 지금 극락세계의 아미타부처님을 뵙고, 공양하며 받들어 모시고 여러 선근을 심고자 하옵니다.” 이렇게 머리를 조아려 정례하는 순간, 홀연 아미타부처님을 친견하게 되었나니, 그 용안이 광대하시고 법신 상호가 단정 엄숙하여 마치 황금산이 일체 여러 세계 위로 우뚝 솟아있는 것 같았다. 또 시방세계 제불 여래께서 아미타부처님의 온갖 공덕을 칭양·찬탄하시니, 그 소리가 진허공·변법계에 걸림이 없고 미래제가 다하도록 끊어지지 않고 들렸다.

아난이 아뢰기를, “저 부처님의 청정찰토는 일찍이 없었사옵니다. 저도 또한 즐거운 마음으로 저 국토에 태어나기를 원하옵나이다.” 세존께서 말씀하시기를, “그 가운데 태어나는 자들은 이미 무량 제불을 가까이 하면서 온갖 덕의 근본을 심었던 자들이니라. 그대가 저 국토에 태어나고자 한다면 일심으로 부처님을 우러러 귀의하여야 하느니라.”

이 말씀을 하실 때, 아미타부처님께서 즉시 손바닥에서 무량한 광명을 놓아서 일체 제불세계를 두루 비추시었다. 그때 제불국토가 모두 빠짐없이 다 분명하게 나타나니, 마치 일심의 거리에 있는 것 같았다. 아미타부처님의 수승한 광명이 지극히 청정한 까닭에 이 세계의 모든 흑산과 설산, 금강산과 철위산, 크고 작은 여러 산과 강, 숲과 천인의 궁전 같은 일체 경계에 두루 비추지 않는 곳이 없었다.

비유컨대, 해가 떠올라 세상을 밝게 비추듯이 지옥도·축생도·아귀도까지도 빠짐없이 다 활짝 열어서 하나의 빛깔이 되어, 마치 물의 재앙이 온 세상을 가득 채우고 그 가운데에 만물이 잠겨서 보이지 않으며, 넘실대는 물결이 끝없이 펼쳐진 물바다만 보는 것 같았다. 아미타부처님의 광명도 또한 이와 같아서 성문과 보살의 일체 광명은 모두 다 가려 덮이고, 오직 아미타부처님의 광명만이 밝고 환하게 비추었다.

이 법회에 모인 사부대중과 천룡팔부, 인·비인 등이 모두 극락세계의 갖가지 장엄을 보았고, 아미타부처님께서 저 높은 연화대에 앉아 계시며 드높은 위덕을 드러내시고 상호에서 광명을 비추는 모습을 보았으며, 성문과 보살들이 아미타부처님을 공경히 둘러싸고 있음을 보았나니, 비유컨대 마치 수미산 왕이 바다 수면 위로 솟아올라 밝게 나타나서 찬란하게 비추는 것 같았다. 그 세계는 청정하고 평정하여 온갖 더러운 것들이나 이상한 것들이 전혀 없었고, 오직 온갖 보배로 장엄되어 있는 곳에서 성현들이 같이 머물러 있을 뿐이었다.

아난 존자와 모든 보살성중 등이 다 같이 크게 환희하고 뛸 듯이 기뻐하며, 머리를 땅에 대고 예배하면서 칭념하기를, "나무아미타삼먁삼불타!"라고 하였다.

제천·사람들로부터 기거나 날거나 꿈틀거리는 벌레에 이르기까지 이 빛을 본 자는 누구나 모든 질병의 괴로움이 멈추지 않은 이가 없었고, 일체의 근심과 번뇌 또한 벗어나지 않은 이가 없었으며, 모두 다 자심慈心으로 선업을 지으면서 기뻐하고 즐거워하였다. 종과 경쇠, 거문고와 공후와 같은 악기들을 연주하지 않아도 저절로 모두 오음의 소리가 울려 나왔고, 제불국토에서는 제천·사람들이 각자 꽃과 향을 가지고 와서 허공에 흩뿌리며 공양하였다.

이때 극락세계는 서방으로 백천구지 나유타(십만억) 국토를 지나서 있지만, 부처님의 위신력으로 마치 눈앞에 있는 것처럼 보였고, 마치 청정한 천안으로 일심의 거리에 있는 땅을 보는 것 같았다. 극락세계 보살이 이 땅을 보는 것도 또한 이와 같아서 모두 다 사바세계의 석가여래께서 비구들에게 둘러싸여 설법하시는 모습을 바라보았다.

제39품 미륵보살이 본 경계를 말하다

이때 부처님께서는 아난 존자와 미륵보살에게 말씀하시기

를, "그대들은 극락세계의 궁전과 누각, 연못과 숲 등이 미묘·청정·장엄함을 구족하고 있음을 보았느냐? 그대들은 욕계 제천에서 위로는 색구경천에 이르기까지 여러 향과 꽃이 비 오듯 내려 두루 불찰토를 장엄하는 것을 보았느냐?" 아난이 대답하기를, "예, 그렇사옵니다. 이미 보았나이다."

"그대들은 아미타부처님의 큰 음성이 일체 세계에 두루 퍼져서 중생을 교화하시는 것을 들었느냐?" 아난이 대답하기를, "예, 그렇사옵니다. 이미 들었나이다."

부처님께서 말씀하시기를, "그대들은 저 국토에서 청정한 행을 구족한 성중들이 허공을 노닐 적에 궁전이 몸을 따라다녀 아무런 장애되는 것이 없고, 시방세계를 두루 다니면서 제불께 공양하는 것을 보았느냐? 그들의 염불소리가 계속 이어지는 것을 보았느냐? 또 온갖 새들이 허공계에 머물며 갖가지 소리 내는 것이 모두 다 부처님께서 변화하여 지은 것임을 그대들은 빠짐없이 다 보았느냐?" 미륵보살이 아뢰기를, "부처님께서 말씀하신 대로 하나하나 모두 보았나이다."

부처님께서 미륵보살에게 말씀하시기를, "저 국토의 사람들 중에 태에서 나는 사람을 너희들은 또한 보았느냐?" 미륵보살이 아뢰기를, "세존이시여, 저희들은 극락세계 사람들 중에 태에 머무는 자들이 야마천인처럼 궁전에 있으면서 즐거워하는 모습을 보았나이다. 또 연꽃 안에서 가부좌를 하고 저절로 변화하여 나는 것도 보았나이다. 무슨 인연으로 저 국토의 사람들 중에는 태생인 자도 있고, 화생인 자도 있사옵니까?"

제40품 변지, 의심의 성에 갇히다

부처님께서 미륵보살에게 말씀하시기를, "어떤 중생은 의심하는 마음으로 여러 공덕을 닦아서 저 국토에 태어나기를 발원하지만, 부처님의 지혜가 부사의지(성소작지)·불가칭지(묘관찰지)·대승광지(평등성지)·무등무륜최상승지(대원경지)임을 깨닫지 못하여 이러한 여러 지혜에 대해 의심을 품고 믿지 않지만, 윤회는 죄이고 왕생은 복임을 깊이 믿어서 선근의 근본을 닦고 익혀 그 국토에 태어나기를 발원하느니라.

또한 어떤 중생은 선근을 쌓고 불지·보편지·무등지·위덕광대부사의지를 희구하면서도 자신의 선근에 대해 믿음을 낼 수 없는 까닭에 청정한 불국토에 왕생하고자 하는 의지가 약해서 머뭇거리며 한결같이 지탱하지 못하느니라. 그렇지만 끊임없이 염불이 계속 이어져서 그 공덕으로 선한 발원이 근본이 되어 결실을 맺어서 여전히 왕생할 수 있느니라.

이러한 여러 사람들은 이 인연으로 비록 저 국토에 왕생할지라도 무량수불의 처소 앞에 이르지 못하고, 길이 끊겨 불국토의 경계에 있는 변지·칠보성 가운데 머무느니라. 이는 부처님께서 그렇게 하도록 만든 것이 아니고, 몸으로 행하여 지은 것으로 마음이 저절로 향한 것이니라. 또한 보배 연못에 연꽃이 있어서 저절로 몸을 받아 음식을 먹고 누리는 즐거움은 도리천과 같으니라.

그들은 그 성 안에서 나올 수 없고, 거주하는 궁전은 지상에만 있고 마음대로 크고 작게 할 수 없느니라. 5백세 동안 부처님을 친견하거나 경전 설법을 들을 수 없으며, 보살·성문 성중을 볼 수도 없느니라. 그 사람의 지혜는 밝지 못하고, 경전의 의리도 아는 것이 깊지 않으며, 마음이 열려 이해하지 못하고, 마음이 기쁘거나 즐겁지 못하느니라. 이런 까닭에 그들을 태생이라 부르느니라.

어떤 중생이 부처님의 지혜 내지 수승한 지혜를 명료하게 알고 깊이 믿으면서 의심을 끊어 제거하고, 자신의 선근을 믿으면서 여러 공덕을 지어 지극한 마음으로 회향한다면, 이러한 중생은 모두 칠보연꽃 가운데 저절로 화생하여 결가부좌하여 앉자마자 순식간에 여러 보살들과 같이 상호와 광명, 지혜와 공덕을 구족하여 성취하느니라. 그러므로 미륵이여, 그대들은 알지니, 저 화생으로 왕생한 사람들은 지혜가 수승한 까닭이니라.

저 태생으로 왕생한 사람들은 5백세 동안 삼보를 만나지 못하며 보살의 수행생활과 방법을 몰라 공덕을 닦아 익힐 수 없고, 무량수불을 받들어 모실 수도 없느니라. 그러므로 그대들은 알아야 할지니, 이 사람들은 과거 세상에 있을 때 지혜가 없어 의심의 성에 이르게 된 것이니라."

제41품 의심이 다 끊어져야 부처님을 친견한다

"비유컨대, 전륜성왕이 칠보로 감옥을 지어놓고 왕자들이 죄를 지으면 그 안에 가두는 것과도 같아서 그 감옥에는 여러 층의 누각과 화려한 궁전으로부터 보배 휘장과 황금 침상, 난간과 창문, 의자 등에 이르기까지 모두 진귀한 보배로 미묘하게 장식되어 있으며, 음식과 의복은 전륜성왕과 같이 누리지만 그 두 발은 황금 족쇄로 묶여 있으니, 여러 어린 왕자들이 어찌 그곳에서 즐겁게 지내겠느냐?"

미륵보살이 아뢰기를, "아니옵니다. 세존이시여. 그들이 감옥에 갇혀 있을 때 마음은 자재하지 않아 단지 갖가지 방편을 써서 그곳을 벗어나고자 하고, 여러 가까운 측근 대신들에게 도움을 구하지만 끝내 마음대로 되지 않을 것이옵니다. 전륜성왕이 기뻐할 때 비로소 풀려날 수 있사옵니다.”

부처님께서 미륵보살에게 말씀하시기를, “저 여러 중생도 이와 같으니라. 만약 부처님 지혜인 광대한 지혜를 희구하는 일에 의심하고 후회에 빠지거나 자신의 선근에 대해 믿음을 낼 수 없다면, 부처님의 명호를 듣고서 신심을 일으킨 까닭에 비록 저 국토에 왕생하여도 연꽃 안에서 나오지 못하느니라.

저 연꽃 태 안에 있는 것은 마치 화원과 궁전 안에 있는 것과 같으니라. 왜 그러한가? 그 안에 있어서 어떤 더러움도 악도 없이 청정하지만, 5백세 동안 삼보를 만나지 못하고 제불께 공양을 올리거나 받들어 모실 기회가 없어 일체 수승한 선근을 닦을 수가 없느니라. 이를 괴로움으로 여기니 기뻐하고 좋아하는 마음이 생기지 않느니라.

만약 이 중생이 그 죄의 근본을 알아서 스스로 깊이 참회하고 자책하면서 그곳에서 벗어나길 구한다면 과거세에 지은 과실이 다하고 난 후에야 그곳을 벗어나서 바로 무량수불의 처소로 가서 참예하고 경법을 들을지라도 오래오래 들어야 개오하고 환희하게 되며, 또한 무량무수한 제불께 두루 공양하고 여러 공덕을 닦을 수 있느니라.

그대 아일다여, 의심은 여러 보살들에게 너무나 큰 손해가 되며, 큰 이익을 잃게 된다는 사실을 알아야 할지니, 이런 까닭에 제불의 위없는 지혜를 분명히 이해하고 깊이 믿어야 하느니라."

미륵보살이 아뢰기를, "왜 이 세계, 어떤 부류의 중생은 비록 선을 닦기는 하나 왕생을 구하지 않사옵니까?" 부처님께서 미륵보살에게 말씀하시기를, "그와 같은 중생은 지혜가 미천하여 서방극락세계가 천상세계에 못 미친다고 분별하고, 즐겁지 않다고 여겨 저 정토에 태어나기를 구하지 않느니라."

미륵보살이 아뢰기를, "이러한 중생은 허망한 분별심을 내어서 불찰토를 구하지 않으니, 어떻게 하여야 윤회를 면할 수 있겠사옵니까?"

부처님께서 말씀하시기를, "저들은 자신이 심은 선근에 대해 상을 여의지 못하고, 부처님의 지혜를 구하지 않으며, 세간의 즐거움과 인간의 복보에만 깊이 집착하여서 비록 복을 닦는다 할지라도 인천의 과보만 구하여 과보를 받을 때 일체가 풍족하지만 결코 삼계의 감옥을 벗어날 수 없느니라. 설사 부모와 처자, 남녀 권속들이 서로 구해 주려고 할지라도 삿된 견해와 업력에 휘둘려서 버리고 떠날 수가 없으며, 항상 윤회에 머물러 자재함을 얻을 수 없느니라.

그대는 어리석은 사람들이 선근을 심지 않고, 단지 세간의 총명지혜와 변재만 가지고 삿된 마음을 증장시키는 것을 보았느냐? 이러한 사람들이 어떻게 생사의 큰 어려움을 벗어날 수 있겠느냐?

또한 어떤 중생은 비록 선근을 심어서 큰 복전을 일구었지만, 상에 취착하고 분별하여 감정적인 집착이 깊고 무거워서 윤회를 벗어나길 구해도 끝내 이룰 수 없느니라.

만약 상에 집착하지 않는 지혜로써 온갖 덕의 근본(육자명호)을 심어 몸과 마음이 청정하고 분별 집착을 멀리 여의며, 청정 찰토에 태어나길 구하여 부처님의 무상보리를 향해 나아가면 이번 생에 불찰토(극락정토)에 태어나 영원히 윤회를 벗어나리라."

제42품 많은 보살들이 왕생하다

미륵보살이 부처님께 여쭈기를, "지금 이 사바세계와 여러 불찰토의 불퇴전지 보살들은 얼마나 많이 저 극락국토에 왕생하겠사옵니까?"

부처님께서 미륵보살에게 말씀하시기를, "이 세계에 있는 7백 20억 보살은 이미 일찍이 무수히 많은 제불께 공양을 올린 자들로 온갖 덕의 근본을 심어서 저 부처님 국토에 왕생하리라. 또한 여러 소행보살들로 공덕을 닦고 익혀서 왕생할 수 있는 자들은 이루 다 헤아릴 수 없이 많으니라.

나의 찰토에 있는 여러 보살들이 저 국토에 왕생할 뿐만 아니라, 타방 불국토의 보살들도 또한 이와 같으니라. 원조불의 찰토로부터 18구지 나유타 보살마하살이 저 국토에 왕생하리라. 또한 동북방의 보장불 찰토에서는 90억의 불퇴전지 보살들이 저 국토에 왕생하리라. 또한 무량음불의 찰토·광명불의 찰토·용천불의 찰토·승력불의 찰토·사자불의 찰토·이진불의 찰토·덕수불의 찰토·인왕불의 찰토·화당불의 찰토에서 불퇴전지 보살들로 왕생한 자는 혹 수백 억이거나, 혹 수백천 억이거나 내지 만 억에 이르느니라.

그 열두째 부처님께서는 무상화라고 이름하나니, 저 찰토에는 무수한 여러 보살성중이 있어 모두 다 불퇴전지 보살들로 지혜롭고 용맹하여 이미 일찍이 무량 제불께 공양을 올렸으며, 대정진을 구족하고 발심하여 일승을 향해 나아가서 7일 중에 대보살들이 백천억겁 동안 닦은 견고한 법을 섭취할 수 있으므로 이들 보살은 모두 다 왕생하리라.

그 열셋째 부처님께서는 무외라 이름하나니, 저 찰토에는 7백 90억의 대보살성중들이 있고 여러 소행보살 및 비구 등도 이루 다 헤아릴 수없이 많은데 그들이 모두 다 왕생하리라.

시방세계 제불의 명호와 보살성중으로 왕생할 자들은 다만 그 이름만 말해도 궁겁이 지나도록 말하지 못하리라.”

제43품 홀로 가는 소승이 아니다

부처님께서 미륵보살에게 말씀하시기를, “그대들은 저 여러 보살마하살들이 진실의 이익을 잘 획득하는 것을 보아라.

만약 어떤 선남자 선여인이 아미타부처님의 명호를 듣고서 일념으로 좋아하는 마음이 생겨서 귀의하여 우러러 예를 갖추고 말씀대로 수행한다면 그대는 마땅히 알지니, 그 사람은 큰 이익을 얻게 되고 위에서 말한 공덕을 획득하리라. 어떤 하열한 마음도 없고 또한 잘난 체하지도 않으며, 선근을 성취하고 모두 다 증장시키리라. 그대는 마땅히 알지니, 이러한 사람은 소승이 아니고, 나의 법에서 「제일제자」라 이름하리라.

이런 까닭에 그대들 천인·세간·아수라 등에게 이르노니, 마땅히 이 법문을 좋아하고 수습하여서 희유하다는 마음을 내고, 이 경전 가운데 나를 인도하는 스승이 있다는 생각을 내도록 할지니라. 그리하여 무량 중생이 하루 빨리 불퇴전의 자리에 안온히 머물도록 하고, 저 광대 장엄하고 섭수가 수승한 불찰토를 보고 원만한 공덕을 성취하고자 한다면 더욱 정진심을 일으켜 이 법문을 듣도록 할지니라. 이 법문을 구하고자 하는 까닭에 물러서고 굴복하거나 아첨하고 속이는 마음을 내지 않도록 할지니라.

설사 큰 불길 속에 들어갈지라도 의심하거나 후회해서는 안 되나니, 무슨 까닭인가? 저 무량 억의 여러 보살 등은 모두 다 이 미묘한 법문을 희구하기 때문에 법문을 존중하며 경청하고, 그 가르침에 거스르는 마음을 내지 않느니라. 시방세계 수많은 보살들이 이 경전을 듣고자 하지만 들을 수 없나니, 이런 까닭에 그대들은 이 법을 구할지니라."

제44품 보리수기를 받다

"만약 부처님께서 멸도하신 후 내지 정법이 멸할 때까지 인연 있는 중생은 모든 선근의 근본(육자명호)을 심고 이미 일찍이 무량 제불께 공양하였다면, 저 여래의 위신력 가지로 말미암은 까닭에 이와 같은 광대한 법문(무량수경)을 얻을 수 있느니라. (아미타부처님께서 우리를) 섭취(접인)하시고 (자심으로) 수지한다면 반드시 (여래과지 상의) 광대한 일체지지(一切智智 ; 근본지와 후득지)를 획득할 수 있으리라. 저 정토법문에 대해 광대하고 수승하게 이해하고 진정으로 법희충만하여 다른 사람에게 널리 이 법문을 연설하고 스스로 항상 즐겨 수행하리라.

여러 선남자 및 선여인 중에서 이 법에 대해 이미 구한 이도 있고, 현재 구하는 이도 있으며, 장래에 구할 이도 있으리니, 모두가 수승한 이익을 얻을 수 있느니라. 그대들은 이 법문에 안온히 머물러서 의심하지 말고, 모든 선근의 근본을 심을 것이며, 항상 수습하여 의심과 장애가 없도록 하여 갖가지 진귀한 보배로 이루어진 감옥(천도와 아수라도)에 들어가지 말지니라.

아일다여, 이와 같은 여러 부류의 대위덕을 지닌 사람들이 불법의 광대한 특별법문을 마음속에 일으킬 수 있을지라도 이 법문을 듣지 못한 까닭에 (사바세계) 1억 명의 보살들이 아뇩다라삼먁삼보리에서 물러나게 되느니라.

만약 어떤 중생이 이 경전을 서사(유통) 공양(여설수행 법공양)하고 (진성심·청정심·공경심으로) 수지하며 (소리내어) 독송하거나 잠깐이라도 다른 사람을 위해 이 경전을 연설하고 독송하기를 권하며, 근심과 번뇌를 일으키지 않고 내지 밤낮으로 극락세계 및 무량수불의 공덕을 사유한다면 위없는 도(왕생성불)에서 끝내 물러나지 않으리라.

그 사람은 목숨을 마칠 때 설사 삼천대천세계에 큰불의 재난이 가득할지라도 또한 벗어나서 저 정토에 태어날 수 있느니라. 이 사람은 이미 일찍이 과거에 부처님을 만나 보리수기를 받았고, 일체 여래께서 다 함께 칭찬하셨느니라.

이런 까닭에 마땅히 전일한 마음으로 (무량수경을) 믿고 받아들여 (날마다) 수지·독송하고 (다른 사람에게) 연설하고 (스스로) 여설수행할지니라."

제45품 이 경전만 홀로 남는다

"내가 지금 모든 중생을 위해 이 경법을 설한 것은 그들이 무량수불과 그 국토에 있는 일체 모든 것을 볼 수 있도록 하기 위함이니, 극락에서 마음으로 하려는 것은 모두 다 구할 수 있느니라. 내가 열반에 든 이후에라도 다시는 의심을 품어서는 안 되느니라.

오는 세상에는 경전과 도법이 모두 사라지리라. 나는 대자비심으로 중생을 불쌍히 여겨 특별히 이 경전을 남기어 백 년 동안 머물게 하리니, 그때 어떤 중생이든 이 경전을 만나는 사람은 뜻하고 발원한 대로 모두 제도 받을 수 있으리라.

여래께서 세상에 출현하심은 만나기도 어렵고 뵙기도 어려우며, 제불의 경전과 도법은 얻기도 어렵고 듣기도 어려우며, 선지식을 만나 법을 듣고 수행하기도 또한 어려운 일이니라. 더구나 이 경전을 듣고서 믿고 좋아하며 수지하기는 어려운 것 중에서 어려우니, 이보다 더 어려운 것은 세상에 없느니라.

만약 어떤 중생이 염불하는 소리를 듣고서 자비심과 청정심이 일어나고 뛸 듯이 기뻐하며 온몸에 털이 곤두서거나 혹은 눈물까지 흘리는 사람이 있다면, 모두 다 이전 세상에서 일찍이 불도를 닦았기 때문이니, 이런 까닭에 그는 보통 사람이 아니니라.

만약 부처님 명호를 듣고도 마음속에 여우같은 의심이 일어나서 불경의 말씀에 대해 전혀 믿음이 생기지 않는다면 이런 사람은 모두 다 악도에서 온 사람으로 숙세의 재앙이 아직 다하지 않아 이번 생에 성불할 수 없나니, 이런 까닭에 마음에 여우같은 의심이 일어나서 귀 기울여 믿으려고 하지 않느니라."

제46품 부지런히 닦고 굳게 지켜라

부처님께서 미륵보살에게 말씀하시기를, "제불여래의 위없는 대법(아미타불의 일승원해·육자홍명)과 (여래께서 성취하신) 십력十力·무외無畏·무애無碍·무착無着의 깊고 깊은 법과 육바라밀 등 보살의 법은 (경만심이 있으면) 쉽게 만나기 어려우니라. 능히 법을 설할 수 있는 사람도 또한 이 법은 열어 보이기 어렵고, 이 법에 대해 견고한 깊은 믿음을 지닌 사람도 또한 (망망대해 눈먼 거북이처럼) 때에 맞추어 만나기 어려우니라. 내가 지금 이체(진여)대로 이와 같이 광대하고 미묘한 법문(무량수경)을 선설하니, 일체 제불께서 칭양·찬탄하시느니라. 그대들에게 부촉하나니, (이 법문대로 닦아 여래의 제일제자로) 잘 수호할지어다.

일체 유정이 기나긴 밤을 벗어나는 이익을 얻도록 하고, 중생이 오악취에 떨어져 온갖 위험과 괴로움을 다시는 받는 일이 없도록 부지런히 닦아야 하느니라. 나의 가르침에 수순하여 부처님께 효순·공경하고 스승의 은혜를 항상 생각하며, 이 법이 멸하지 않고 오래 머물 수 있도록 하며, 이 법을 굳게 지켜서 훼손되거나 잃어버리지 않도록 하며, 허망한 일을 하지 말고 마음대로 경법을 더하거나 빼서는 안 되느니라.

요컨대 늘 이 경전을 염송하고 늘 아미타불을 생각하여 중단하지 않는다면 빨리 도를 얻나니, 나의 법은 이와 같아 또한 이와 같이 말하노라(正行). 여래께서 행하신 대로 또한 따라 행하고(學佛), 복을 심고 선을 닦아서(助行) 정토에 왕생하기를 구할지니라(總歸)."

제47품 복덕 지혜 있어야 들을 수 있다

이때 세존께서 게송으로 거듭 말씀하시기를,

과거생에 복과지혜 닦아놓지 않았다면
금생에서 이정법을 들을수가 없지만은
이미여러 부처님께 공양올린 공덕으로
비로소 환희하며 이법문을 믿을수있네

악심교만 해태사견 중생마음 가로막아
여래설한 미묘법문 믿음내기 어려움은
비유컨대 장님이 오래 암흑 속에 있어
다른사람 바른길로 인도할수 없음같네

제불여래 처소에서 온갖선근 심었기에
세상사람 구하는행 바야흐로 능히닦고
듣고나서 깊이믿고 수지하고 사경하며
독송하고 칭찬하고 실천하여 공양하네

이와같이 일심으로 왕생하길 구한다면
누구라도 할것없이 극락세계 갈수있고
삼천대천 모든세상 불바다가 되더라도
부처님의 위신력의 가지받아 왕생하리

여래세존 매우깊은 광대무변 지혜바다
부처님과 부처님만 알수있는 경계라서
성문대중 부처지혜 억겁동안 사유하고
그신통력 다하여도 추측하여 알수없네

여래과지 증득공덕 부처님만 알수있고
세존만이 여래지견 열어보일 수있나니
사람몸 받기어렵고 여래뵙기 어려우며
난중난은 불법믿고 지혜열어 들음이라

일체유정 부처되려면 신원지명 법으로
보현행문 뛰어넘어 저언덕에 오를지라
이러하니 많이듣고 널리배운 여러보살
응당나의 가르침과 여실한말 믿을지라

이와같이 미묘법문 다행히도 들었으니
어느때나 염불하여 환희심을 낼지어다
수지하여 생사윤회 중생널리 제도하니
부처님 말씀하시길 이사람이 참선우라

제48품 이 경을 듣고서 큰 이익을 얻다

이때 세존께서 이 경법을 설하시자 천인·세간의 1만 2천

나유타 억 중생은 먼지와 때를 멀리 여의고 청정한 법안을 얻었으며, 20억 중생은 아나함과를 얻었으며, 6천 8백 비구들은 여러 번뇌가 다하여 마음에 해탈을 얻었다.

또한 40억 보살들은 무상보리에 머물러 물러나지 않고 큰 서원을 세운 공덕으로 스스로를 장엄하였다. 그리고 25억의 중생은 (이 법문에 따라) 물러나지 않고 선정에 머무는 이익을 얻었다.

4만억 나유타 백천의 중생은 무상보리에 대해 일찍이 발심한 적이 없다가 지금 비로소 처음으로 발심하여 여러 선근을 심어서 극락세계에 왕생하여 아미타부처님을 친견하겠다는 서원을 세웠으니, 모두 다 저 여래의 불국토에 왕생하게 될 것이며, 각자 다른 방위의 불국토에서 차례로 성불하여 이름을 똑같이 「묘음여래」라 할 것이다.

또한 시방세계 불찰토에서 혹은 현재 왕생하거나 미래에 왕생하여 아미타부처님을 뵙게 되는 자로 각각의 세계마다 8만 구지 나유타의 사람들이 수기 받아 무생법인을 얻고 무상보리를 성취할 것이다. 저 일체 유정은 모두 아미타부처님께서 옛날 발원한 인연으로 함께 극락세계에 왕생하게 될 것이다.

이때 삼천대천세계가 6종으로 진동하였고, 또한 갖가지 희유하고 신기한 변화가 나타났나니, 부처님께서 대광명을 놓으사 시방세계의 국토를 두루 비추셨고, 또한 천인들은 허공에서 미묘한 음악을 연주하여 수희 찬탄하는 소리를 내었으며, 색계 제천까지도 모두 다 세존께서 이 경을 설하심을 듣고 일찍이 들어본 적이 없는 묘법이라고 찬탄하면서 무량한 미묘한 꽃들을 분분히 내려 공양하였다.

아난 존자와 미륵보살 그리고 여러 보살 성문과 천룡팔부, 일체 대중이 부처님께서 설하신 이 경을 듣고 모두 다 크게 기뻐하면서 신수봉행하였다.

불설대승무량수장엄청정평등각경 終

발일체업장근본득생정토신주

나무아미다바야 · 다타가다야 · 다지야타 ·
아미리도바비 · 아미리다 · 실담바비 ·
아미리다 · 비가란제 · 아미리다 · 비가란다 ·
가미니 · 가가나 · 지다가례 · 사바하
(세 번 칭념)

찬불게

아미타불 청정법신 금빛으로 찬란하고
거룩하신 상호광명 짝할이가 전혀없네

아름다운 백호광명 수미산을 둘러있고
검고푸른 저눈빛은 사해바다 비추시며
광명속에 화신불이 한량없이 많으시고
보살도를 이룬사람 또한 그지없나이다

중생제도 이루고자 사십팔원 세우시고
구품으로 중생들을 피안으로 이끄시네
나무서방 극락세계 대자대비 아미타불
나무아미타불

(염불 수에 따라 백 번 내지 천 번 하고 다시 4자염불로 바꾼다)

아미타불

(백 · 천 번)

나무관세음보살
나무대세지보살
나무청정대해중보살

(세 번)

삼귀의

부처님께 귀의하와 바라노니 모든중생
큰이치 이해하고 위없는맘 내어지이다

법보에게 귀의하와 바라노니 모든중생
삼장속에 깊이들어 큰지혜 얻어지이다

승가에게 귀의하와 바라노니 모든중생
많은대중 통솔해 온갖장애 없어지이다
거룩하신 모든 성중에게 예경하나이다

회향게 廻向偈

원하옵건대 이 공덕으로
불국정토 장엄하여서
위로 사중의 은혜 갚고
아래로 삼악도의 괴로움 건너게 하옵소서.
만약 견문이 있는 이는
모두 보리심을 발하여
이번 보신이 다할 때
함께 극락국토에 태어나지이다

출가자든, 재가자든, 남자든, 여자든 상관없이
모두 이 경전을 독송하지 않을 수 없습니다.
왜냐하면 세 가지 근기를 두루 덮어주기 때문입니다.
온갖 병을 치료할 수 있으며,
고통을 뽑아내고 즐거움을 베풀어 주기 때문입니다.
어둠을 깨뜨리는 밝은 등불이고,
업의 바다를 건너는 자비의 배이기 때문입니다.
실로 일승요의一乘了義이고,
모든 선업·선행(萬善)의 총문總門이기 때문입니다.
그래서 시방세계 제불께서 찬탄하기 때문입니다.
– 하련거夏蓮居 거사 〈무량수경 합찬合讚〉

불설관무량수경

佛說觀無量壽經

관경사첩소 서제序題와 이익

선도대사

[서제]

가만히 생각하건대, 진여는 광대하여 오승五乘도 그 변제를 헤아리지 못하고, 법성은 깊고 높아 십성十聖도 그 변제를 궁구하지 못한다. 진여의 체양, 양성은 중생의 꿈틀거리는 마음에서 벗어나지 않고, 법성은 무변으로 변체는 곧 원래 움직이지 않는다. 무진법계는 범부와 성인에게 나란히 원만하다. 두 가지 물든 때는 여여법성으로 곧 두루 함식을 포용하고 있다. 그 묘체에는 항하사의 공덕을 갖추고 있고, 적멸묘용을 갖추어서 담연하다.

번뇌의 장애로써 깊게 덮여 (보리열반의) 청정본체가 (번뇌의) 현발로 말미암아 비추는 작용이 사라진 까닭에 대비심으로 은밀히 서역에 응화하시어, 화택의 문에 재빨리 들어가 감로를 뿌려 군맹을 적셔주고, 지혜의 횃불을 비추어 기나긴 밤 겹겹이 싸인 어둠을 밝히며, 세 가지 보시로 (중생을) 평등하게 갖추게 하고, 사섭법으로 (중생을) 나란히 섭수하며, 오랜 겁의 고인苦因을 열어 보여주시고 영생의 낙과樂果를 깨달아 들어가게 하신다.

군중이 미혹에 빠져 습성이 달라서 욕락이 같지 않아 비록 실법의 근기가 하나도 없을지라도 평등하게 오승五乘의 작용이 있나니, 삼계에 자비의 구름을 펼쳐서 대비심에 법우가 쏟아지게 하신다.

진로塵勞하는 마음에 등흡等洽하지 않음이 없고, 아직 듣지 못한 법의 이익에 두루 젖나니, 보리종자가 이를 빌어서 마음을 꺼낼 수 있어

정각의 싹이 염념마다 촉촉이 적셔줌으로 인해 자라게 된다. 자기의 마음에 의지해 수승한 행을 일으키니, 정토문 밖의 팔만사천법문이다. 점교와 돈교로 곧 각각 근기에 맞는 바에 칭합하고 인연에 따라 모두 해탈을 받게 한다.

(불효자식의) 인연을 만나 위제희 부인이 지극히 청하길, "저는 지금 안락국에 즐겨 왕생하고자 하오니, 원하옵건대 여래께서 저에게 사유하는 법을 가르쳐 주시고, 정수를 닦는 법을 가르쳐 주시옵소서." 하였다. 그러자 사바세계 화주이신 석존께서 그 청으로 인연한 까닭에 곧 정토의 요법을 널리 여시고, 안락국토 능인能仁의 특별한 밀의인 홍원법문을 분명히 드러내셨다.

그 요문要門이란 곧 《관경觀經》의 정선定善·산선散善 두 문이다. 정선은 곧 사려를 그쳐 마음을 집중함이고, 산선은 곧 악을 폐하여 선을 닦음이다. 이 두 행을 회향하여 왕생을 발원하고 구한다.

홍원弘願이라 함은 《무량수경》에서 설한 바처럼 일체 선악 범부가 왕생할 수 있는 이유는 모두 아미타부처님 대원업력에 올라타 증상연으로 삼지 않음이 없기 때문이다.

또한 부처님의 밀의인 홍원은 깊고, 정토교문은 깨닫기 어려워서 삼현십성도 엿볼 수 있는 바가 아니다. 하물며 나처럼 믿음이 가벼운 털 같은 외범부가 감히 지취旨趣를 알겠는가? 석가모니부처님을 우러러 생각하여 이곳에서 보내고, 아미타부처님께서 저 국토에서 내영來迎하신다. 저곳에서는 부르고 이곳에서는 보내니, 어찌 가지 않을 수 있겠는가? 오직 부지런히 일심으로 법을 받들어 목숨이 마칠 때까지 다할 뿐이다. 이 예토의 몸을 버리면 곧 저 정토 법성신의 상락常樂을 증득하리라.

[이익]

묻건대, 위제희 부인이 이미 무생법인을 얻었다고 말했는데, 어느 때 무생법인을 얻었는지 어떻게 알 수 있는가? 어느 경문에 나오는가?

답하되, 위제희 부인이 무생법인을 얻음은 제7관을 선설하는 첫 부분에 나온다. 경전에 말씀하시길, "부처님께서 위제희 부인에게 이르시길, 나는 그대들을 위하여 고뇌를 없애는 법을 분별하여 해설하겠노라. 이와 같이 말씀하실 때 무량수불께서 허공 중에 머물러 서 계시고, 관세음보살·대세지보살이 좌우로 모시고 서 있었느니라. 이때 위제희 부인은 감응하여 부처님을 친견하고, 부처님의 발을 받들어 머리에 대고 예를 올리고서 기뻐하며 찬탄하였으니, 곧 무생법인을 얻었다."

어떻게 알 수 있는가? 아래와 같이 이익분에서 말씀하시길, 부처님 몸과 두 보살을 친견하고서 환희심이 생겨 미증유를 찬탄하며 활연대오하여 무생법인에 이르렀다. 이는 광명대에서 불국토가 나타날 때 증득함이 아니다.

묻건대, 위 경문에서 말씀하시길, 저 국토의 지극히 미묘하고 즐거운 일을 보고서 마음이 기쁜 까닭에 이때 감응하여 무생법인을 얻는다 하셨다. 이 경문의 뜻을 어떻게 융통하게 해석하겠는가?

답하되, 이러한 경문의 뜻이라 함은 단지 세존께서 앞의 특별한 청에 응수하신 것으로 이익을 권도하는 방편의 유서由序로 들었다.

어떻게 알 수 있는가? 다음으로 아래 경문에서 말씀하시길, 제불여래께서는 특이한 방편이 있어 곧 그대로 하여금 볼 수 있게 하신다. 다음으로 아래 일상관·수상관·빙상관 내지 13관까지를 다 특이한 방편이라 이름한다. 여래께서는 중생으로 하여금 이 관문을 하나하나 성취하여 저 국토의 미묘한 일을 보고 마음이 기쁜 까닭에 곧 무생법인을 얻게 하신다. 이에 바로 여래께서는 말법시대 중생을 자애로 불쌍히 여기시어 이익을 들어 권수·격려하신다.

노향찬 爐香讚

향로에 향을 사루니
법계에 향기가 가득
부처님 회상에 두루 퍼져서
가는 곳마다 상서구름 맺히나이다
저희 정성 간절하오니
부처님 강림하옵소서

나무향운개 보살마하살
나무향운개 보살마하살
나무향운개 보살마하살

연지찬 蓮池讚

연지해회 아미타부처님
관세음보살 · 대세지보살
연화대 앉아계시며
저희들 접인해 황금계단
오르게 하시나이다.

원하옵건대, 큰 서원 널리 여시어
저희들 티끌세상 여의게 하옵소서
나무연지해회 보살마하살
나무연지해회 보살마하살
나무연지해회 보살마하살

나무본사석가모니불

(세번)

개경게 開經偈

위없이 깊고 깊은 미묘한 법문
백천만 겁에도 만나기 어려워라
제가 지금 듣고 보아 수지하오니
여래의 진실한 뜻 알아지이다

불설관무량수경

송원宋元 서역西域 삼장법사 강량야사畺良耶舍 역

제1품 아름다운 영산회상

이와 같이 나는 들었다. 한때 부처님께서 왕사성 기사굴산에 머무르셨다. 큰 비구 대중 1천2백5십인과 함께 계셨고, 또한 보살 3만2천인도 모여 계셨으니, 문수사리법왕자가 상수가 되었다.

제2품 아사세왕이 부왕을 가두다

그때 왕사성에 아사세라고 하는 한 태자가 있었는데, 제바달다라는 나쁜 벗의 가르침에 수순하여 부왕인 빈바사라를 체포해서 일곱 겹으로 된 방에 유폐시켜 놓고, 여러 신하들에게 명하여 한 사람도 가지 못하도록 하였다.

제3품 부인이 몰래 찾아가다

위제희라는 국대부인이 대왕을 공경하여 깨끗이 목욕하고, 꿀과 우유를 밀가루와 반죽하여 몸에 바르고, 모든 영락 구슬 안에 포도즙을 담아서, 몰래 대왕께 바쳤다.

그때 대왕은 꿀과 우유로 반죽된 밀가루를 먹고 포도즙을 마신 후 물을 구해서 입을 행구고 나서, 합장공경하고 기사굴 산을 향해 멀리 세존께 예배하고 나서 아뢰길, "대목건련은 저의 친한 벗이오니, 원컨대 자비를 베푸셔서 저에게 팔재계 를 전수해주옵소서."

이때 목건련 존자는 매처럼 날아서 재빨리 왕의 처소에 이르러, 날마다 이와 같이 왕에게 팔재계를 전수해주었다. 세존께서는 또한 부루나 존자를 보내서 왕을 위하여 설법하도록 하셨다.

이와 같이 하여 21일이 지난 후 왕은 꿀로 반죽한 밀가루를 먹고 법문을 들은 까닭에 얼굴빛에 화색이 돌고 기쁜 표정이 었다.

제4품 모친을 살해하려 하다

그때 아사세가 감옥을 지키는 이에게 묻기를, "부왕은 아직도 살아 있느냐?" 이에 문지기가 대답하기를, "대왕이시여, 국대부인께서 몸에 꿀로 반죽한 밀가루를 바르고 영락 구슬에 포도즙을 담아 오셔서 왕께 올리셨고, 사문인 목건련과

부루나가 허공으로 날아 와서 왕을 위해 설법하니 막을 길이 없었나이다.”

아사세는 이 말을 듣고 나서 격노하여 자기 어머니에게 이르길, “내 어머니는 역적이다. 역적과 한편이 되었으니…. 사문은 악인이다. 남을 홀리는 주술을 써서 이 못된 왕이 여러 날이 지나도록 죽지 않게 하였다.” 즉시 예리한 칼을 뽑아 들어 그의 어머니를 해치려 하였다.

그때 월광月光이라는 총명하고 지혜가 많은 신하가 있었으니, 명의인 기바耆婆와 함께 왕에게 절하고 여쭈길, “대왕이시여, 신들이 듣건대 베다경전의 말씀에 겁초劫初이래 여러 나쁜 왕들이 왕위를 탐한 까닭에 그의 부친을 살해한 자는 무려 1만 8천 명이나 된다고 하오나, 지금까지 무도하게 모친을 시해했다는 말은 듣지 못하였습니다. 대왕께서 지금 모친을 살해하여 도리에 벗어나는 일을 하여 찰리종족을 더럽히려 하시니 신하로서 차마 지켜볼 수 없습니다. 이는 천한 백정이나 하는 짓이오니, 저희들은 여기서 더 이상 머물러 있을 수 없나이다.”

그때 두 대신이 말을 마치고서 손으로 칼을 잡으며 몇 걸음 뒤로 물러서니, 아사세왕은 놀랍고 두려운 마음에 기바 대신에게 말하길, “그대는 나를 위하지 않으려는가?” 기바 대신이 아뢰길, “대왕이시여, 부디 삼가 하시고 어머니를 살해하지 마소서.”

왕은 이 말을 듣고 참회하며 구제를 구하여 곧바로 칼을
버리고 어머니를 해치는 일을 중단하였고, 내관에 명령하여
깊은 궁에 유폐시키고 다시 나오지 못하도록 하였다.

제5품 위제희 부인이 간청하다

그때 위제희 부인은 유폐되어 슬픔과 근심에 초췌해져 멀리
기사굴산을 향해 부처님께 정례하고 아뢰었다. "여래시여,
지난 날 세존께서는 항상 아난 존자를 보내시어 저를 위로하
여 주셨사옵니다. 저는 지금 슬픔과 근심에 잠겨 있사옵고,
위중威重하신 부처님을 뵈올 길이 없사옵니다. 원하옵건대

목건련 존자와 아난 존자를 보내시어 저와 만나게 하옵소서.”

말을 마치고서 슬픔이 복받쳐 하염없이 눈물을 흘리면서 멀리 부처님을 향해 정례하였다.

이때 세존께서는 기사굴산에 머무르사, 위제희 부인의 마음 속 생각을 아시고, 곧바로 대목건련과 아난에게 명하시어 허공에서 가게 하시고, 부처님께서도 기사굴산에서 자취를 감추시어 왕궁에 나타나셨다.

그때 위제희 부인이 정례하고서 머리를 들어 보았더니, 세존이신 석가모니부처님의 자마진금 빛깔의 몸에 갖가지 보배로 합해 이루어진 연꽃 좌대 위에 앉아 계셨고, 목건련 존자는 그 왼편에서 아난 존자는 오른편에서 모시고 있었으며, 제석천왕·범천왕·사대천왕 등 여러 제천이 허공에서 널리 하늘 꽃을 비 오듯 뿌리며 가지고 있는 것을 공양하였다.

이때 세존께서 미간에서 광명을 놓으시니, 그 빛이 금빛으로 시방의 무량세계를 두루 비추고, 다시 돌아와서 부처님의 정수리에 머무른 후 변화하여 수미산과 같은 자금대가 되었나니, 시방세계 제불의 청정미묘한 국토가 모두 그 가운데 나타났느니라. 혹은 어떤 국토는 칠보가 합해서 이루어져 있고, 또 어떤 국토는 순수하게 연꽃만으로 되어 있으며,

또 어떤 국토는 자재천궁과 같고, 또 어떤 국토는 파려 거울과 같아서 시방국토가 모두 그 가운데 나타났느니라. 이와 같이 무량한 제불국토가 장엄하게 나타나 관할 수 있어 위제희 부인으로 하여금 보게 하였느니라.

이때 위제희 부인이 부처님께 아뢰길, "세존이시여, 이 모든 불국토가 비록 또 청정하고 모두 광명이 있지만, 저는 지금 극락세계 아미타부처님의 처소에 즐겨 태어나고자 하오니, 오직 원하옵건대 세존이시여, 저에게 저 국토의 의정장엄을 사유하는 법을 가르쳐 주시고, 선정에 드는 법을 가르쳐 주옵소서."

제6품 극락을 보이니, 사유思惟 정수正受의 법을 청하다

그때 세존께서 미간에서 광명을 놓으시니, 그 광명이 금빛이라 시방의 무량세계를 두루 비추고, 다시 돌아와서 부처님의 정수리에 머무른 후 변화하여 수미산과 같은 자금대가 되었나니, 시방세계 제불의 청정미묘한 국토가 모두 그 가운데 나타났다. 혹은 어떤 국토는 칠보가 합해서 이루어져 있고, 또 어떤 국토는 순수히 연꽃으로 되어 있으며, 또 어떤 국토는 자재천궁과 같고, 또 어떤 국토는 파려 거울과 같아서 시방국토가 모두 그 가운데 나타났다. 이와 같은 등 무량한 제불국토가 장엄하게 드러나 위제희 부인으로 하여금 볼 수 있도록 하였다.

그때 위제희 부인이 부처님께 아뢰길, "세존이시여, 이 모든 불국토가 비록 또한 청정하고 모두 광명이 있지만, 저는 지금 극락세계 아미타부처님의 처소에 즐겨 태어나고자 하오니, 오직 원하옵건대 세존이시여, 저에게 사유(思惟 ; 16관)하는 법을 가르쳐 주시고, 정수(正受 ; 일심불란)에 이르는 법을 가르쳐 주시옵소서."

제7품 세 가지 정업淨業으로 사유思惟에 답하다

그때 세존께서 곧바로 미소를 지으시니, 오색광명이 부처님의 입에서 나와 광명 하나 하나가 갇혀있는 빈바사라 왕의 정수리를 비추었다. 이때 대왕은 비록 유폐되어 있었지만 마음의 눈에는 장애가 없어, 멀리 세존을 친견하고 머리를 땅에 대고 예를 드리니, 저절로 증진되어 아나함과를 성취하였다.

이때 세존께서 위제희 부인에게 이르시길, "그대는 이제 알겠느냐. 아미타불 극락세계는 여기에서 멀지 않다(去此不遠). 그대는 마땅히 생각을 매어서(繫念) 저 국토가 청정한 업으로 이루어진 것을 자세히 관하도록 하라. 내가 지금 그대를 위하여 갖가지 비유를 상세히 말할 것이며, 또한 오는 세상의 일체 범부들로 정업淨業을 닦고자 하는 이로

하여금 서방 극락세계에 왕생할 수 있도록 하리라.

저 극락세계에 태어나고자 하는 이는 마땅히 삼복三福을 닦아야 하느니라. 첫째는 (범부의 복업으로) 부모님께 효도 봉양하고, 스승과 어른을 받들어 모시며, 자비로운 마음으로 살생을 하지 말고, 열 가지 선업을 닦아야 하며, 둘째는 (이승의 복업으로) 삼보를 받아들이고 늘 기억하여, 온갖 계행을 구족하고 위의를 범하지 않아야 하며, 셋째는 (대승의 복업으로) 보리심을 발하고서 인과(염불·성불)를 깊이 믿고 대승경전을 독송하며 수행자들에게 (극락세계에 왕생하자고) 권진勸進하느니라. 이와 같은 세 가지 일을 정업淨業이라 이름하느니라."

부처님께서는 위제희에게 이르시길, "그대는 이제 알겠느냐. 이 세 가지 업은 과거·현재·미래 삼세제불께서 닦는 정업淨業의 정인正因이니라."

부처님께서는 아난 존자와 위제희 부인에게 이르시길, "그대들은 자세히 들어라. 자세히 듣고서, 잘 사유하고 억념하라. 여래께서는 오는 세상의 일체중생으로 번뇌의 도적에게 해를 입는 이들을 위하여 청정한 업을 말하리라. 훌륭하도다! 위제희여, 이 일에 대해 잘 물어주었다."

"아난아, 그대는 마땅히 잘 수지하여 널리 많은 중생을 위하여 부처님의 말씀을 선설할지니라. 여래는 지금 위제희 부인과 오는 세상의 일체중생에게 서방 극락세계를 관하는 법문을 가르쳐 주리라. 불력(佛力 ; 아미타부처님 본원가지)에 의지하는 까닭에 장차 저 청정불토를 볼 수 있나니, 마치 맑은 거울을 들고 자신의 얼굴을 보는 듯하리라. 그리하여 저 국토의 지극히 미묘한 장엄과 즐거운 일들을 보면 환희심이 생기는 까닭에 이때 감응하여 즉시 (팔지보살이 증득하는) 무생법인無生法忍을 얻으리라."

제8품 16묘관을 밝혀 정수正受에 답하다

부처님께서는 위제희 부인에게 이르시길, "그대는 범부라서 그 생각하는 것이 거칠고 하열하여 아직 천안통을 얻지 못하여 멀리 관할 수 없지만, 제불여래께서는 특별한 방편(16관법)이 있어 그대로 하여금 볼 수 있게 하신다."

그때 위제희 부인이 부처님께 아뢰길, "세존이시여, 저와 같은 범부는 지금 불력에 의지한 까닭에 저 국토를 볼 수 있지만, 만약 부처님께서 멸도하신 뒤 모든 중생은 오탁악세에 선하지 않아서 다섯 가지 괴로움에 핍박받게 되리니, 어떻게 하여야 아미타부처님과 극락세계를 볼 수 있겠사옵니까?"

제9품 제1 일상관日想觀 : 지는 해를 걸린 북같다 관하다

부처님께서 위제희 부인에게 이르시길, "부인이여, 그대와 중생들은 마음을 전일하게 하고 생각을 한 곳에 매어두어 서방을 생각할지니라. 그리고 어떻게 생각하는가 하면, 모든 중생들은 태어나면서부터 소경이 아니고 눈이 있는 사람은 누구나 해가 지는 것을 볼 것이니, 서쪽을 향하여 단정히 앉아서 해를 자세히 보도록 하여라. 마음을 단단히 머물러서 생각을 한 곳에 모아 조금도 움직이지 말고, 곧 지려는 해가 마치 서쪽 하늘에 매달린 북과 같다고 보도록 하여라.

그래서 해를 보고 난 후에도 눈을 감으나 눈을 뜨나, 그 영상이 한결같이 분명히 보이도록 할지니라. 이러한 것을 해를 생각하는 「일상관」이라 하고, 「초관」이라고 하느니라.

제10품 제2 수상관水想觀 : 큰 물이 얼었다 관하다

"첫 번째 관을 이루고 나서 그 다음은 수상관을 지어야하니, 서방극락을 생각해 보길 일체가 모두 큰 물이고 그 물이 맑고 투명하며, 또한 분명하고 또렷하게 보아 그 마음이 분산되지 말아야 하느니라.

이미 물을 보고 나서는 마땅히 얼음이라고 생각하여야 하나니 그 얼음이 막힘 없이 비춤을 보고 나서 다시 유리라고 생각하고, 이러한 생각을 이루고 나서는 땅이 유리로 이루어져 안팎으로 막힘없이 비추고 있다고 보아야 한다.

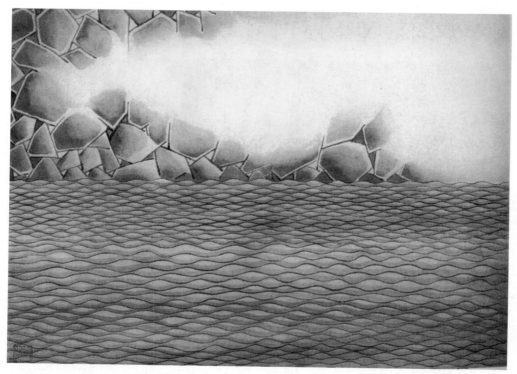

유리보배 땅 아래에는 금강·칠보·황금으로 된 당번이

있어 유리보배 땅을 떠받치고 있으며, 또한 그 당번은 팔면과 팔각이 다 갖추어져 그 하나하나 방면이 백 가지 보배로 이루어져 있고, 하나하나 보배구슬에는 일천 가지 광명이 빛나고, 그 한 줄기 광명마다 8만 4천 가지 색깔이 있어 유리 땅을 비치는 것이 마치 억천 개 태양처럼 빛나서 눈이 부시어 볼 수 없느니라.

유리보배 땅 위에는 황금 줄로 간격지어 여러 갈래 어우러져서 칠보의 경계를 분명하게 나누고 있고, 그 하나하나의 보배에 5백 가지 색깔의 광명이 나오는데, 그 광명은 꽃과 같으며, 또한 무수한 별과 달과 같이 허공에 걸려있어 찬란한 광명대를 이루고 있느니라. 광명대 위에는 천만의 누각이 백가지 보배로 합하여 이루고, 광명대 양편에는 각각 백억의 꽃송이로 꾸며진 당번과 무량한 악기가 있어 장엄하고 있느니라.

여덟 가지 맑은 바람이 찬란한 광명에서 불어와 저 악기를 울려서 고苦·공空·무상無常·무아無我의 법음을 연설하느니라. 이것이 바로 「수상관水想觀」이니, 「제2관」이라 하느니라."

제11품 지상관地想觀 : 유리보배의 땅을 관하다

"이러한 관상觀想이 이루어졌을 때 하나하나 그것을 관하여 지극히 또렷하게 하여, 눈을 감으나 눈을 뜨나 흩어져 잃어버리지 않게 할지니라. 다만 밥을 먹을 때를 제외하고서는 항상 이 일을 억념해야 하느니라.

이와 같이 관상함은 거칠게나마 극락국토의 땅을 보았다고 하겠으나, 만약 삼매를 얻어서 저 국토의 땅을 분명하게 또렷이 본다면 그것을 다 갖추어 말할 수는 없느니라. 이것을 「지상관地想觀」이라 하며, 「제3관」이라 말하느니라."

부처님께서 아난에게 이르길, "그대는 부처님의 말씀을 수지하여 오는 세상 일체 대중의 괴로움에서 벗어나고자 하는 이들을 위하여 이렇게 땅을 관하는 법을 설(勸進)할지어다.

만약 이렇게 땅을 관하는 사람은 팔십억 겁의 생사중죄를 없애고 몸을 버리고서는 다음 세상에서는 반드시 청정국토에 태어날 것이니, 결코 마음에 의심을 품어서는 안 되느니라. 이와 같이 관함을 「바른 관」이라 하고, 달리 관함을 「그릇된 관」이라 하느니라."

제12품 제4 보수관寶樹觀 : 일곱 겹으로 줄지어 선 보배나무를 관하다

부처님께서 아난 존자와 위제희 부인에게 이르시길, "지상 관이 이루어지고서 그 다음은 보배나무를 관할지니라. 보배나무를 관한다 함은 하나하나를 관하되 일곱 겹으로 줄지어 늘어선 나무이고, 하나하나 나무는 높이가 8천 유순이라 생각함이라. 그 모든 보배나무에는 칠보의 꽃과 잎을 구족하지 않음이 없으며 하나하나의 꽃과 잎은 기이한 보배의 색깔을 짓나니, 유리 색깔에서는 황금 빛깔 광명이 나오고, 수정 색깔에서는 붉은 빛깔 광명이 나오고, 마노 색깔에서는 자거의 빛깔 광명이 나오고, 자거 색깔에서는 푸른 진주 빛깔 광명이 나오느니라. 산호와 호박 등 일체 갖가지 보배로 장식되어 있느니라.

기묘한 진주 그물이 나무 위를 두루 덮고 있는데, 하나하나 나무 위에 일곱 겹의 그물이 있고, 하나하나 그물 사이에는

5백억이나 되는 미묘한 꽃의 궁전은 마치 범천왕의 궁전과 같으니라. 제천의 동자들이 저절로 그 가운데 있고, 하나하나 동자들은 5백억이나 되는 석가비릉가 마니보배(여의주)를 영락으로 삼아 걸고 있느니라. 그 마니보배의 광명은 백 유순이나 멀리 비쳐, 마치 백억의 해와 달을 한데 모아 놓은 것과 같아서 (그 아름다움은) 이루 다 말할 수 없느니라.

이와 같이 온갖 보배가 서로 어우러져서 색깔 중에 최상이니라.

이러한 보배나무들이 나란히 줄지어 서 있고, 잎과 잎은 서로 이어져 있으며, 온갖 잎과 잎 사이에 여러 미묘한 꽃들이 피어 있고, 그 꽃 위에는 저절로 칠보의 열매가 열리느니라. 하나하나 나뭇잎은 가로 세로 똑같이 25유순이나 되고, 그 잎은 천 가지 빛깔에 백 가지 무늬가 아롱져 마치 천상의 영락과 같으니라. 아름다운 꽃이 있어 염부단금의 빛깔을 띠고, 마치 불바퀴처럼 잎 사이를 돌고 있으며, 온갖 열매가 나오길 마치 제석천의 보배 병처럼 이 병에 있는 큰 광명이 변화하여 당번과 무량한 보배덮개를 이루나니, 이 보배덮개 가운데 삼천대천세계의 일체 불사가 비치어 나타나고, 시방세계의 불국토 또한 그 가운데 나타나느니라.

이렇게 보배나무를 보고 나서, 또한 마땅히 차례대로 하나하나 관하여 보배나무의 줄기·가지·잎·꽃·열매를 관하되 모두 분명하여야 하니라. 이것이 바로 「수상樹想」이니, 「제4관」이라 하느니라.

제13품 제5 지관池觀 : 보배연못 팔공덕수를 관하다

"(수상관을 이루고 나서는) 다음에는 보배연못의 물을 생각할지니라. 보배 연못의 물을 생각함이란 저 극락국토에는 팔공덕수가 있나니, 하나하나 연못의 물은 칠보로 이루어져 있느니라.

그 보배물은 부드러워서 여의주왕으로부터 생겨나와 열네 도랑으로 나뉘고, 하나하나 도랑은 칠보 빛깔을 띠며, 각각 모여서 황금의 개울을 이루니라. 개울 밑바닥에는 여러 가지 색깔이 뒤섞인 금강으로 된 모래가 깔려 있느니라.
하나하나 물에는 모두 60억 송이 칠보 연꽃이 피어 있는데,
그 하나하나의 연꽃은 둥글고 그 지름은 똑같이 12유순이나
되느니라.

또한 마니보주에서 흘러나온 물은 연꽃들 사이로 흐르며
보배 나무를 따라 오르내리니, 그 물소리는 지극히 미묘하여
고·공·무상·무아·일체 바라밀을 연설하고, 또한 제불
의 상호와 공덕을 찬탄하기도 하느니라.

여의주왕으로부터 금색의 미묘한 광명이 솟아나와 백 가지
보배 빛깔의 새가 되어 평안하고 단아한 소리로 노래하나니,

항상 부처님을 생각하고, 불법을 생각하며, 승가를 생각하는 것을 찬탄하고 있느니라. 이것이 바로 「팔공덕수상八功德水想」이니, 「제5관」이라 하느니라.

제14품 제6 총관總觀 : 극락의 의보장엄을 총관하다

"온갖 보배로 장엄된 국토는 하나하나 경계 위에 5백억 보배 누각이 있고, 그 누각에서는 무량한 제천이 하늘음악을 연주하고 있느니라. 또 그 악기들은 천상의 보배 당번처럼 허공에 매달려 저절로 미묘하게 울리나니, 그 온갖 소리는 모두 부처님을 생각하고, 불법을 생각하며, 승가를 생각하라

설하고 있느니라.

이러한 관상觀想이 이루어지면 극락세계의 보배나무·보배 땅·보배연못을 대강 보았다고 말하느니라. 이것이 바로 「총관상總觀想」이니, 「제6관」이라 하느니라.

그리고 만약 이렇게 보는 사람은 무량억겁 동안에 지은 무거운 악업을 없애고 수명이 다하면 반드시 저 극락세계에 태어나느니라. 그래서 이와 같이 관함을 「바른 관」이라 하고, 달리 관함을 「그릇된 관」이라 하느니라."

부처님께서 아난 존자와 위제희 부인에게 이르시길, "그대 들은 자세히 듣고 자세히 들어서, 잘 사유하여 억념하라.

나는 그대들을 위하여 고뇌를 없애는 법을 분별하여 해설하겠으니, 그대들은 억념·수지하였다가 널리 대중을 위하여 잘 분별하고 해설해 주도록 하여라.”

이와 같이 말씀하실 때 무량수불께서 허공에 머물러 계시고, 관세음보살·대세지보살이 좌우에서 모시고 있었느니라. 그 광명은 활활 타오르는 불길 같아서 그 모습을 바라볼 수 없었고, 백천 염부단금의 빛깔로도 이와 견줄 수 없었느니라.

그때 위제희 부인은 무량수불을 뵈옵고, 부처님의 발에 머리를 대고 예를 드리고 나서는 부처님께 아뢰길, “세존이시여, 저는 지금 불력에 인한 까닭에 무량수불 및 두 보살을 친견할 수 있었지만 오는 세상의 중생들은 어떻게 하여야 무량수불 및 두 보살을 관할 수 있겠사옵니까?”

제15품 제7 좌관坐觀 : 연꽃 보배좌대를 관하다

부처님께서 위제희 부인에게 이르시길, “저 부처님을 관하고자 하면 마땅히 이렇게 관상할지니라. 칠보의 땅 위에 연꽃을 생각하길, 그 연꽃 하나하나 잎에는 백 가지 보배 빛깔을 띠고 있고 8만 4천 줄 잎맥이 있는데, 마치 천상의 그림같이 아름다우며, 하나하나 잎맥에는 8만 4천의 광명이 있음을 또렷이 분명하게 보도록 할지니, 꽃잎은 작은 것도 가로 세로 2백 5십 유순이니라.

이와 같은 연꽃에는 8만 4천의 큰 잎이 있는데 하나하나 잎과 잎 사이에는 백억의 마니보왕으로 장식되어 있고, 하나하나의 마니보왕은 1천 광명을 놓는데 그 광명은 덮개와 같아 칠보로 합하여 이루어져 두루 땅 위를 덮고 있느니라. 석가비릉가 마니보배로 그 연화대를 삼고 있고, 이 연화대는 8만의 금강석·킨슈카보배·범천의 마니보주·미묘한 진주 그물로 장식되어 있으며, 그 연화대 위에는 저절로 보배 당번이 네 기둥 있는데, 하나하나의 당번은 마치 백천만억의 수미산과 같으니라.

당번 위의 보배 휘장은 야마천의 궁전과 같으며, 또한 5백억

개 미묘한 보배구슬로 찬란하게 장식되어 있고. 하나하나의 보배구슬에는 8만 4천의 광명이 있으며, 하나하나의 광명은 또한 8만 4천 다른 종류의 금색을 지니고 있느니라.

하나하나의 금색 광명이 보배 땅 위에 두루 하고 곳곳마다 변화하여 각각 다른 형상을 짓길, 혹 금강대가 되고, 혹 진주 그물이 되고, 혹 갖가지 꽃구름이 되기도 하며, 시방 도처에서 뜻하는 대로 변화하여 불사를 지어 베푸느니라. 이것을 「화좌상華座想」이라 하고, 「제7관」이라 하느니라.”

부처님께서는 아난에게 이르시길, “이와 같은 미묘한 연화대는 본래 법장 비구가 세운 원력으로 이루어진 것이니라. 만약 저 부처님을 염하고자 하면 마땅히 먼저 이 미묘한 연화대를 생각할지니라. 이 관상을 할 때는 이것저것 뒤섞어 관하지 말고 모두 하나하나 잘 관해야 하느니라. 하나하나의 잎 · 하나하나의 구슬 · 하나하나의 광명 · 하나하나의 연화대 · 하나하나의 당번을 모두 분명하도록 하여 마치 거울에 비친 얼굴을 스스로 보듯이 할지니라.

이렇게 관상이 이루어진 사람은 능히 5만겁의 생사 중죄를 없애고, 결정코 극락세계에 왕생할 수 있느니라. 이와 같이 관함을 「바른 관」이라 하고, 달리 관함을 「그릇된 관」이라 하느니라.”

제16품 제8 상상관想像觀 : 세 분 성인의 모습을 관하다

부처님께서 아난 존자와 위제희 부인에게 이르시길, "이미 이 일을 보았으면 그 다음에는 부처님을 생각할지라. 왜 그러한가? 제불여래께서는 그대로 법계신法界身이니, 두루 일체 중생들의 심상心想 가운데 들어와 계시느니라. 그러므로 그대들이 마음으로 부처님을 생각하면 이 마음이 곧 32상과 80수형호를 다 갖춘 부처님이니, 이 마음 그대로 부처가 되고 이 마음 그대로 부처이니라. 제불 정변지正遍知

의 바다는 (중생의) 심상으로부터 생기나니, 이런 까닭에 일심으로 생각을 매어두어 저 부처님의 「다타아가도(여래)·아라하(아라한)·삼먁삼불다(정변지)」를 자세히 관해야 하느니라.

저 부처님을 생각하고자 하는 사람은 먼저 불상을 생각해야 하느니라. 눈을 뜨거나 감거나 하나의 보배 불상이 염부단금과 같은 빛깔의 몸으로 저 연꽃 위에 앉아 계신 모습을 관해야 할지니라. 그리고 이미 (불상이) 앉아계심을 보고 나면 심안이 열려서 또렷하고 분명하게 저 극락세계의 칠보로 장엄된 보배 땅·보배 연못·줄지어 서있는 보배 나무·제천의 보배 휘장이 그 위를 덮고 있으며, 또한 온갖 보배 그물이 허공에 가득함을 보게 될 것이니라. 이와 같은 일을 보는 것이 마치 손바닥을 보듯이 지극히 명료하게 관해야 하느니라.

이러한 일을 보고 나서는 다시 마땅히 큰 연꽃 한 송이가 부처님 왼쪽에 피어있다고 생각할지니, 이는 앞에서 말한 연꽃과 같아서 조금도 다르지 않느니라. 또한 큰 연꽃 한 송이가 부처님의 오른쪽에 있다고 생각할지라. 그리고 한 분 관세음보살 상이 왼쪽 연꽃좌대에 앉아계시니, 또한 앞에서 말한 것과 다름이 없이 금색광명을 놓고 있다고 생각할지라. 또 한 분 대세지보살 상이 오른쪽 연꽃 자리 위에 앉아 계시다고 생각할지라.

이러한 관상이 이루어졌을 때 불보살 상이 모두 미묘한 광명을 놓고 있는데, 그 광명은 금색 빛깔로 모든 보배나무를 비추고, 하나하나의 보배나무 아래에 또한 큰 연꽃 세 송이가 피어 있고, 모든 연꽃 위에는 각각 한 부처님 두 보살의 상이 있어 두루 저 국토에 가득하느니라.

이러한 관상이 이루어졌을 때 수행자는 마땅히 흐르는 물과 광명 및 모든 보배나무, 기러기·오리·원앙이 빠짐없이 다 묘법을 설하고 있음을 들어야 하고, 선정에 들어 있을 때나 선정에서 나올 때나 항상 묘법을 들어야 하리라.

수행자는 들은 바를 선정에서 나왔을 때라도 억념 수지하여 버리지 않아 수다라의 말씀과 맞추어 보아야 하고, 만약 맞지 않으면 이는 망상이라 하고, 맞으면 이는 거친 생각으로 극락세계를 보았다고 할 수 있느니라. 이것이 바로 「상상想像」이니, 「제8관」이라 하느니라. 이러한 관을 짓는 사람은 무량억겁의 생사중죄와 악업을 없애고, 현재 이 몸으로 염불삼매를 얻느니라."

제17품 제9 진신관眞身觀 : 아미타불의 진신을 관하다

부처님께서 아난 존자와 위제희 부인에게 이르시길, "이러한 관상을 이루고 나거든 그 다음에는 마땅히 다시 무량수불의 신상과 광명을 관할지니라. 아난아, 마땅히 알아라. 무량수불의 몸은 백천만 억 야마천의 염부단금 빛깔과 같고 부처님의 키는 60만억 나유타 항하사 유순이니라.

미간의 백호는 오른쪽으로 휘돌아 감겨 다섯 수미산과 같고, 부처님의 눈은 청정하기가 사대해의 바닷물처럼 청백하여 분명히 비치며, 그 몸의 모든 모공에서는 광명이 흘러나와 마치 수미산과 같으니라. 저 부처님의 원광은 백 억 삼천대천세계 같나니, 그 원광 가운데 백만 억 나유타 항하사만큼의 화신불이 계시고, 한 분 한 분의 화신불에 또한 다양하고 많은 무수한 화신보살들이 있어 시자로 삼고 있느니라.

무량수불께서는 8만 4천의 상이 있고, 하나하나의 상 가운데 각각 8만 4천의 수형호가 있으며, 하나하나의 수형호 가운데 또한 8만 4천의 광명이 있으며, 하나하나의 광명이 시방세계를 두루 비추어 염불 중생들을 섭취하여 버리지 않느니라. 그 광명 상호 및 화신불은 이루 다 말할 수 없나니, 다만 마땅히 그 모습을 기억하고 생각하여 심안으로 분명히

보도록 할 뿐이니라.

이러한 일을 보는 사람은 곧 시방세계 일체 제불을 친견하나니, 제불을 친견하는 까닭에 염불삼매라 이름하느니라. 이렇게 관함을 「일체 제불의 몸을 관상함」이라 하고, 부처님의 몸을 관하므로 또한 부처님의 마음도 볼 수 있느니라. 제불의 마음이란 대자비이니, 무연의 자비로써 모든 중생을 섭취하느니라. 이렇게 관하는 사람은 몸을 버리면 다른 세상에서 제불 앞에 (팔지 불퇴전보살로) 태어나 무생법인無生法忍을 얻느니라.

그러므로 지혜로운 자는 마땅히 마음을 매어두고 무량수불을 자세히 관해야 하느니라. 무량수불을 관할 때는 한 가지 상호로부터 들어가야 하나니, 다만 미간 백호를 지극히 분명하도록 관하여 미간 백호를 보는 자는 8만 4천 상호도 저절로 보며, 무량수불을 친견하는 자는 곧 시방세계 무량 제불을 친견하느니라. 무량 제불을 친견할 수 있으므로 제불께서 현전하여 수기受記를 주시니라. 이것이 바로 「일체 색신을 두루 관상함」이니, 「제9관」이라 하느니라. 이렇게 관함을 「바른 관」이라 하고, 달리 관함을 「그릇된 관」이라 하느니라.”

제18품 제10 관음관觀音觀 : 관세음보살의 진신을 관하다

부처님께서 아난 존자와 위제희 부인에게 이르시길, "무량수불을 또렷하고 분명하게 친견한 다음에는 또한 마땅히 관세음보살을 관할지라. 이 보살께서는 키가 80만 억 나유타 유순이고, 몸은 자마진금 빛깔이며, 정수리에는 (상투같이 솟은) 육계肉髻가 있고, 목에는 원광圓光이 있어 방면마다 각각 백 천 유순이나 되느니라. 그 원광 가운데 5백 명의 화신불이 계시나니, 모두 석가모니부처님과 같으니라. 한 분 한 분 화신불마다 각각 5백 명의 화신보살과 무량 제천이 있어

시자로 삼고 있느니라.

몸에서 나오는 광명 가운데 다섯 갈래 중생의 일체 색상이 그 가운데 다 나타나느니라. 정수리 위에는 비릉가마니보배

로 된 천관天冠이 있고, 그 천관 가운데에는 화신불(아미타부처님) 한 분이 계시나니, 높이가 25유순이니라. 관세음보살의 얼굴은 염부단금 빛깔이고, 미간의 백호는 칠보의 빛깔을 지니고 있나니, 그 가운데 8만 4천의 광명이 흘러나오느니라. 하나하나의 광명 속에는 무량무수의 천백 화신불이 계시며, 한 분 한 분의 화신불은 무수한 화신보살을 시자로 삼고 있느니라. 이와 같이 자재로 화현하여 시방세계에 가득하니라.

비유컨대 붉은 연꽃 빛깔의 80억 미묘한 광명으로 영락을 삼고, 그 영락 가운데 일체 장엄한 일들이 두루 나타나느니라. 손바닥으로 5백억의 갖가지 연꽃 빛깔을 띠고 열 개 손가락 끝에는 하나하나의 손가락 끝마다 8만 4천의 그림이 있나니, 마치 무늬를 새긴 것과 같으니라. 하나하나의 그림마다 8만 4천의 빛깔이 있고, 하나하나의 빛깔마다 8만 4천의 광명이 있으며, 그 광명은 유연하여 일체를 두루 비추니라. 이러한 보배 손으로 중생들을 접인하시니라.

또한 관세음보살이 발을 들 때는 발바닥에 일천 개 수레바퀴 자국이 나서 저절로 5백억의 광명대로 변화하고, 발을 디딜 때는 금광마니 보배 꽃이 있어 일체 처에 두루 흩어져 가득하느니라. 그 나머지 몸의 상호는 갖가지로 좋게 갖추어져 부처님과 조금도 다름이 없지만, 정수리에 솟은 육계와 (누구도 볼 수 없는) 무견정상無見頂相만 부처님에 미치지 못하니

라. 이것이 바로 「관세음보살의 진신을 관상함」이니, 「제10 관」이라 하느니라.”

부처님께서 아난에게 이르시길, “만약 관세음보살을 관하고 자 한다면 마땅히 이렇게 관할지니라. 이렇게 관하는 사람은 여러 재앙을 만나지 않고, 업장을 말끔히 제거하며, 무량겁 의 생사중죄를 제거하느니라. 그래서 이러한 보살들은 다만 그 이름을 듣는 것만으로도 무량한 복을 얻을 수 있거늘, 하물며 자세히 관함에랴.

만약 관세음보살을 관하고자 하는 사람은 마땅히 먼저 정수 리 위의 육계를 관하고, 그 다음에는 천관을 관하며, 나머지 갖가지 상도 또한 차례대로 관하여 모두 손바닥을 보듯이 분명히 해야 하느니라. 이렇게 관함을 「바른 관」이라 하고, 달리 관함을 「그릇된 관」이라 하느니라.

제19품 제11 세지관勢至觀 : 대세지보살의 진신을 관하다

다음에는 대세지보살을 관할지니라. 이 보살의 몸 크기는 또한 관세음보살과 같나니, 그 원광은 한 방면으로 각각 2백2십5 유순(넓이)이며, 2백5십 유순(길이)을 비추느니라. 몸에서 발하는 광명은 자마진금 빛깔로 시방세계 일체국토 를 비추는데, 인연이 있는 중생들은 빠짐없이 다 볼 수 있느니라. 다만 이 보살의 모공 하나에서 나오는 광명은 보기만 하여도 곧 시방세계 무량 제불의 청정하고 미묘한 광명을 볼 수 있느니라. 이런 까닭에 이 보살의 명호를 무변광無邊光이라 하느니라. 지혜의 광명으로써 일체를 두루 비추어 삼악도의 고난을 여의도록 하는 위없는 힘을 얻느니라. 이런 까닭에 이 보살의 명호를 곧「대세지」라 하느니라.

이 보살의 천관에는 5백 송이 보배 연화가 있고, 하나하나의 보배 연화에는 5백 받침이 있으며, 그 하나하나의 받침 가운데에는 시방세계 제불과 청정 미묘한 불국토의 넓고 긴 모습이 그 가운데 다 나타나 있느니라. 정수리 위의 육계는 발두마화(붉은 연꽃)와 같으며, 그 위에는 보병 하나가 있나니, 온갖 광명이 가득하여 두루 불사를 나타내 보이고

있느니라. 나머지 모든 몸의 상호는 관세음보살과 같아서 다름이 없느니라.

이 보살이 걸어갈 때에는 시방세계가 일체 진동하고, 땅이 진동하는 곳에는 각각 5백 억의 보배 꽃이 피고, 하나하나 보배 꽃마다 장엄하고 높이 나타난 것이 극락세계와 같으니라. 또한 이 보살이 앉을 때에는 칠보 국토가 일시에 흔들리나니, 하방의 금광불 찰토에서 상방의 광명왕불 찰토까지, 그 중간에 무량 무수한 무량수불의 분신과 관세음보살 · 대세지보살의 분신이 빠짐없이 다 극락세계에 운집하여 비집고 들어갈 정도로(側塞) 허공에 가득하고 연화좌대에 앉아 묘법을 연설하여 고해 중생을 제도하느니라.

이것이 바로 「대세지보살의 색신을 관상함」이니라. 이 보살을 관하는 것을 「제11관」이라 하고, (이렇게 관하면) 무수겁 아승지의 생사중죄가 사라지느니라. 이렇게 관하는 자는 포태胞胎에 들어가지 않고, 언제나 제불의 청정 미묘한 국토에 노니느니라.

이렇게 관이 이루어지면 「관세음보살과 대세지보살의 관상을 구족하였다」 이름하느니라.

제20품 제12 보관普觀 : 자신이 왕생하는 모습을 두루 관하다

부처님께서 아난 존자와 위제희 부인에게 이르시길, "이

일(三觀)을 보았을 때에는 자심을 일으켜서 자신이 서방극락세계에 태어나서 연꽃 가운데 결가부좌를 하고 있다고 보고, 연꽃잎이 닫힌다 생각하고 연꽃잎이 열린다 생각할지니라.

연꽃잎이 열릴 때는 5백가지 빛깔의 광명이 나와 자신의 몸을 비춘다 생각하고, 자신의 심안이 열린다 생각하면 불보살께서 허공에 가득함을 볼 것이며, 물·새·나무·숲과 제불로부터 나오는 소리가 모두 미묘한 법을 연설하되 (그 내용은) 십이부경十二部經과 합치됨을 알 것이니라. 또한 선정에서 나왔을 때에도 그것을 기억하고 지녀서 잃어버리지 않도록 할지니라.

이런 일을 봄을 「무량수불의 극락세계를 관상함」이라 하

느니라. 이것이 바로 「보관상普觀想」이니, 「제12관」이라 하느니라. 무량수불께서는 화신이 수없이 많아 관세음보살·대세지보살과 더불어 당래에 이 수행인의 처소에 오시느니라.”

제21품 제13 잡상관雜想觀 : 서방삼성을 함께 관하다

부처님께서 아난 존자와 위제희 부인에게 이르시길, “만약 지극한 마음으로 서방극락에 태어나고자 하는 사람은 먼저 마땅히 1장 6척의 불상이 보배 연못물 위에 있다고 관할지니라.

앞에서 말했듯이 무량수불의 몸은 끝이 없나니, 범부의 심력으로 미칠 수가 없지만, 저 여래께서 숙세(因地)에 세우신 (48대원의) 원력으로 인해 부처님을 기억하고 생각하는(憶想) 사람은 반드시 (극락왕생을) 성취할 수 있느니라. 다만 불상만 생각해도 무량한 복을 얻을 수 있거늘, 하물며 다시 부처님의 몸이 원만한 상호를 구족하고 있음을 관함이랴.

아미타부처님께서는 신통여의(신족통)로써 시방국토에 자재하게 화현하시니, 혹은 허공을 가득 채울 큰 몸으로 나타나시기도 하고, 혹은 1장 6척의 작은 몸으로 나타나시되, 나타난 형상은 모두 자마진금 빛깔이고, 원광과 화신불 및 보배연화는 위에서 말한 것과 같으니라.

관세음보살과 대세지보살께서 어디서나 몸을 나타나는 것도 같으니라. 중생들이 다만 머리모양(首相)을 관하면 이 분이 관세음보살이라 알고, 이 분이 대세지보살이라 아느니라. 이 두 분 대보살께서는 아미타부처님을 도와 일체중생을 두루 교화하느니라.

이것이 바로 「잡상관雜想觀」이니, 「제13관」이라 하느니라."

제22품 제14 상배관上輩觀 : 상배로 왕생함을 관상하다

상품상생上品上生

부처님께서 아난 존자와 위제희 부인에게 이르시길, "[무릇 서방극락에 태어남에는 구품九品의 사람이 있나니,] 상품상생이란 중생이 저 나라에 태어나기를 원하여 세 가지 마음을 일으키면 곧바로 왕생하리라. 무엇이 세 가지인가? 첫째로 지극히 정성스러운 마음(至誠心)이요, 둘째는 깊은 믿음의 마음(深心)이요, 셋째는 (자신의 선행을 회향하여 극락세계에 태어나기를 바라는) 회향발원심廻向發願心이니라. 이 세 가지 마음을 갖춘 자는 반드시 저 나라에 태어나리라.

또한 세 부류의 중생이면 마땅히 왕생할 수 있으리니, 무엇이 세 부류인가? 첫째 자심慈心으로 살생을 하지 않고 모든 계행戒行을 잘 갖추는 것이며, 둘째는 대승의 방등경전을 독송하는 것이며, 셋째는 (불법승 삼보를 염하고 계율·보시·생천生天

을 염하는) 육념六念을 수행하고 회향하면서 저 불국토에 태어나길 발원하는 것이니라. 이러한 공덕을 갖추면 일일 내지 칠일에 바로 왕생할 수 있느니라.

저 국토에 태어날 때 이 사람은 (사바세계에서) 용맹정진한 까닭에 아미타여래께서 관세음보살과 대세지보살, 무수한 화신불과 백천 비구의 성문 대중, 무량한 제천과 함께 칠보 궁전에서, 관세음보살은 금강대를 가지고 대세지보살과 함께 수행자 앞에 이르고, 아미타부처님께서는 큰 광명을 놓으셔서 염불행자의 몸을 비추시며, 여러 보살들과 함께 손을 건네어 맞이하여 접인하시느니라.

그때 관세음보살과 대세지보살은 무수한 보살들과 함께

수행자를 찬탄하면서 그 마음을 권진勸進하시느니라. 염불행자는 (불보살님께서 맞이하는 모습을) 보고나서는 뛸 듯이 기뻐하며 스스로 그 몸이 금강대를 타고서 부처님의 뒤를 따라가, 손가락 퉁기는 짧은 순간에 저 국토에 왕생함을 보느니라.

저 국토에 태어나서는 부처님의 색신이 온갖 상호를 구족함을 보고, 여러 보살들도 색상을 구족함을 보느니라. 또한 광명이 가득한 보배나무 숲에서 묘법을 연설함을 듣고 나서는 즉시 무생법인을 깨닫느니라. 수유의 짧은 순간에 시방세계에 두루 다니면서 제불을 모시고, 제불 앞에서 차례대로 수기를 받고서는 본국으로 돌아와 무량 백천의 다라니문을 얻느니라. 이것이 바로 「상품상생」이니라."

상품중생上品中生

"상품중생이란 반드시 대승 방등경전을 수지 독송하지 않더라도, 대승의 의취義趣를 잘 이해하여 제일의第一義에 마음으로 놀라거나 동요하지 않으며, 인과를 깊이 믿어 대승을 비방하지 않으며, 이러한 공덕으로 회향하면서 극락국토에 태어나길 발원하고 구하느니라.

이를 행하는 수행자는 목숨이 다하려고 할 때 아미타부처님께서 관세음보살·대세지보살과 무량한 대중 권속들에 둘러싸인 채 자금대紫金臺를 들고 수행자 앞에 나타나서 찬탄하며 말씀하시길, 「법의 아들이여, 그대는 대승을 수행하여 제일의를 이해하였다. 이런 까닭에 내가 지금 내영來迎하여 그대를 접인하노라」 하시며 일천의 화신불과 함께 일시에 손을 내미시느니라.

그때 수행자는 스스로 자신의 몸이 자금대에 앉아 있음을 보고서 합장 차수叉手하고 제불을 찬탄하자 일념의 짧은 순간에 바로 저 국토의 칠보 연못 가운데 태어나리라.

이 자금대는 큰 보배 꽃과 같은데 하룻밤 지나자 열리고, 수행자의 몸은 자마진금 빛깔을 띠게 되고, 발밑에도 또한 칠보의 연꽃이 있느니라.

(이에) 부처님과 보살이 다 함께 광명을 놓아서 수행자의 몸을 비추자, 심안이 곧 밝게 열려 숙세에 훈습한 수행의 공덕으로 인해 (극락세계의) 온갖 소리를 두루 듣고서 깊고 깊은 제일의제를 연설하느니라.

곧 좌대에서 내려와 부처님께 합장 예배하고 세존을 찬탄하며, 7일이 지나면 즉시 아뇩다라삼먁삼보리에서 물러나지 않는 경지를 얻느니라.

이에 시방세계를 두루 날아다니면서 제불을 모시고, 또한 제불의 처소에서 모든 삼매를 닦아서, 1소겁이 지나면 무생법인을 얻고서 현전에서 수기를 받으리라. 이것이 바로 「상품중생」이니라."

상품하생上品下生

"상품하생이란 또한 인과를 믿고 대승을 비방하지 않으며, 다만 무상보리심을 발하고 이러한 공덕을 회향하여 극락세계에 태어나길 발원하고 구하니, 저 수행자가 목숨이 다하려고 할 때 아미타부처님께서 관세음보살·대세지보살을 비롯한 모든 권속들과 함께 금련화를 들고서 5백 화신불을 화작化作하시며, 이 사람을 맞이하러 오시느니라.

그때 5백 화신불이 동시에 손을 내미시며 찬탄하시길, 「법의 아들이여, 그대는 이제 청정하여 무상보리심을 내었기에 지금 내가 와서 맞이하노라.」 수행자가 이러한 일을 볼 때 자신의 몸이 금련화 위에 앉아 있음을 보니, 앉자마자 연꽃잎이 닫히고 세존의 뒤를 따라서 바로 칠보 연못 가운데 왕생하느니라.

밤낮 하루를 지나서 연꽃잎이 다시 열리고, 7일 중에 비로소 부처님을 친견할 수 있느니라. 그러나 부처님의 몸을 친견하였을지라도 온갖 상호가 마음에 분명하지 않다가, 21일이 지난 후 비로소 또렷이 친견하고 온갖 음성을 듣나니 모두 묘법을 연설하느니라.

그리고 시방세계를 다니면서 제불께 공양하고 제불 앞에서 깊고 깊은 법을 듣다가, 3소겁이 지나면 (초지보살의) **백법명문**(百法明門 ; 이일심불란)을 얻고 환희지歡喜地에 머무느니라. 이것이 바로 「상품하생」이니라.

이상 상품삼생의 관상을 「상배생상上輩生想한 행자」라 하고, 또한 「제14관」이라 하느니라."

제23품 제15 중배관中輩觀 : 중배로 왕생함을 관하다

중품상생中品上生

부처님께서 아난 존자와 위제희 부인에게 이르시길, "중품

상생이란 어떤 중생이 오계五戒를 수지하고, 팔재계八齋戒를 지키며, 일체 청정한 계율을 수행하여 오역죄五逆罪를 짓지 않아 온갖 허물과 악이 없는 이러한 선근으로써 회향하여 서방 극락세계에 태어나길 발원하는 사람을 말하느니라.

수행자가 목숨이 마치려 할 때, 아미타부처님께서 여러 비구 권속들에게 둘러싸여, 금색 광명을 놓으며 그 사람 앞에 이르러서 고·공·무상·무아를 연설하시고, 출가자를 찬탄하길 온갖 괴로움을 여의었다 하시니라.

그 수행자는 (이러한 모습을) 보고나서는 마음으로 크게 기뻐하고, 스스로 자기 몸이 이미 연화대에 앉아 있음을 보아 무릎 꿇고 합장하며 부처님께 예배할 새 머리를 들기도 전에 곧바로 극락세계에 왕생하고, 그때 연꽃잎이 잇달아 열리고, 연꽃잎이 활짝 열릴 때 온갖 음성을 듣되 (고집멸도) 사성제四聖諦를 찬탄하나니, 이때 수행자는 곧 아라한과를 얻고 삼명三明·육통六通이 열리며 팔해탈八解脫을 갖추게 되느니라. 이것이 바로 「중품상생」이니라.

중품중생中品中生

"중품중생이란 어떤 중생이 하루 낮 하루 밤만이라도 팔재계八齋戒를 지키거나, 하루 낮 하루 밤만이라도 사미계沙彌戒를 지키거나, 하루 낮 하루 밤만이라도 구족계具足戒를 지니되

그 위의에 흠결이 없고, 이러한 공덕으로써 회향하여 극락국
토에 태어나길 발원하는 사람을 말하느니라.

계의 향기가 몸에 배이도록 닦으면 이와 같은 수행자가
목숨을 마치려 할 때는 아미타부처님께서 여러 권속들과
함께 금색 광명을 놓으시며 칠보 연꽃을 들고서 그 수행자
앞에 이르리라.

그때 행자는 스스로 허공에서 그를 찬탄하는 소리가 들리나
니,「선남자여, 그대처럼 선한 사람은 삼세제불의 가르침에

수순한 까닭에 내가 와서 그대를 맞이하노라」하시느니라.
행자는 스스로 연꽃 위에 앉아 있음을 보고, 연꽃잎이 이내

닫혔다가 서방 극락세계의 보배 연못 가운데 태어나고, 7일이 지나면 연꽃은 피어나리라.

연꽃이 이미 피어나면 심안이 열리고 합장하여 세존께 찬탄하고 법문을 듣고서 기뻐하여 수다원과를 얻고 반 겁이 지난 뒤에 아라한을 이루리라. 이것이 바로 「중품중생」이니라.”

중품하생中品下生

“만약 선남자 선여인이 부모에게 효도 봉양하고 세상 사람에게 인의仁義를 행하면 이러한 사람이 목숨이 다하려 할 때

선지식을 만나서, 선지식이 그를 위해 아미타부처님 국토의 즐거운 일에 대해 자세히 설하고, 또한 법장 비구의 48대원에 대해 설하리라.

이 일을 듣고 나면 곧 목숨이 다하니, 비유컨대 힘센 장사가 팔 한 번 굽혔다 펴는 잠깐 동안에 곧바로 서방극락세계에 태어나서 7일이 지나면 관세음보살과 대세지보살을 만나 법문을 듣고 기뻐하며 수다원과를 얻고 다시 1소겁이 지나면 아라한과를 이루리라. 이것이 바로 「중품하생」이니라.

이상 중품삼생의 관상을 「중배생상中輩生想한 행자」라 하고, 또한 「제15관」이라 하느니라."

24품 제16 하배관下輩觀 : 하배로 왕생함을 관하다

하품상생下品上生

부처님께서 아난 존자와 위제희 부인에게 이르시길, "하품상생이란 어떤 중생이 온갖 악업을 지어서 비록 대승의 방등경전을 비방하지는 않는다 할지라도, 이처럼 어리석은 사람은 악법을 수많이 지으면서도 부끄러워하는 마음(慙愧心)이 없다가 목숨이 다하려고 할 때 선지식을 만나 그를 위해 대승 12부 경의 제목이름을 찬탄하나니, 이와 같이 제경의 이름을 들은 까닭에 천겁 동안 지은 지극히 무거운 악업을 없애느니라.

또한 지혜로운 분이 합장 차수叉手하고 「나무아미타불」을 부르도록 가르치면 부처님의 명호를 부른 까닭에 50억 겁의 생사중죄를 없애느니라.

그때 저 부처님께서는 곧 화신불과 화신 관세음보살과 화신 대세지보살을 보내어 행자 앞에 이르러 찬탄하길, 「착하도다! 선남자여, 그대는 부처님의 명호를 부른 까닭에 일체 죄업이 소멸되고 내가 그대를 맞이하러 왔노라.」 하시느니라. 이렇게 말씀하시자 수행자는 곧 화신불의 광명이 그의 방안에 두루 가득함을 보았느니라.

보고 나서 기쁨에 차서 곧바로 목숨이 다함에 보배연꽃을 타고 화신불의 뒤를 따라 보배연못 가운데 태어나고 49일이 지나면 그 연꽃이 피어나리니, 연꽃이 필 때면 대자대비하신 관세음보살과 대세지보살께서 큰 광명을 놓으며 그 사람 앞에 와서 그를 위하여 깊고 깊은 12부경을 설하리라.

법문을 듣고 나서 신해(信解 ; 안심)하여 무상보리심을 발하고 10소겁이 지나면 백법명문百法明門을 갖추어 보살초지에 들어갈 수 있으리라. 이것이 바로 「하품상생」이니라. 이와 같이 부처님의 이름·불법의 이름·승가의 이름을 들을 수 있고, 삼보의 이름을 들어 곧 왕생을 하게 되느니라.”

하품중생下品中生

부처님께서 아난 존자와 위제희 부인에게 이르시길, “하품 중생이란 혹 어떤 중생이 (출가재가의 근본계인) 오계, (사미승의) 팔계 및 (출가승의) 구족계 등 모든 계율을 허물고 범하나니, 이와 같은 어리석은 사람은 승가에 속하는 부동산(僧祇物)을 훔치거나 살면서 필요한 승가의 물건을 훔치며, 또는 청정하지 않게(不淨) (밥벌이[邪命]로) 설법하면서도 부끄러워하는 마음이 없으며, 온갖 악법으로써 자신을 장엄하느니라.

이와 같은 죄인은 악업의 과보로 마땅히 지옥에 떨어지며, 목숨이 마치려 할 때는 지옥의 온갖 불길이 일시에 몰아닥치

겠지만, 선지식을 만나 선지식이 대자비로써 곧 그를 위하여
아미타부처님의 십력·위덕을 찬탄하고 저 부처님의 광명
·신통력을 상세히 말해주고, 또한 계정혜와 해탈·해탈지
견解脫知見을 찬탄하느니라.

이 사람은 그 법문을 듣고 나서 80억 겁의 생사중죄를
없애어 지옥의 맹렬한 불길이 청량한 미풍으로 변하고,
제천의 꽃을 날리고 그 꽃 위에 모두 화신불·보살들이
있어서 이 사람을 맞이해 접인하느니라. 일념의 짧은 순간에
바로 극락세계에 왕생하여 칠보 연못의 연꽃 속에 왕생할
수 있느니라.

이 법문을 듣고 나면 곧바로 무상보리심을 발하리니, 이것이 바로 「하품중생」이니라."

하품하생下品下生

부처님께서 아난 존자와 위제희 부인에게 이르시길, "하품 하생이란 혹 어떤 중생은 온갖 죄업(不善業)을 지어 오역五逆과 십악十惡의 중죄를 짓고 또한 갖가지 불선不善을 갖추느니라. 이처럼 어리석은 사람은 악업으로 인해 마땅히 악도에 떨어 져 다생다겁을 거치며 (무간지옥의) 괴로움을 받아 궁진함이 없으리라.

이 같은 어리석은 사람도 목숨이 다하려 할 때 선지식을 만나, 선지식이 갖가지 말로 위안하고 그를 위해 (대승의) 묘법을 선설하여 그에게 부처님을 억념하도록 가르쳐 주지만, (지옥의 과보가 현전하여) 저 사람은 괴로움이 핍박하여 부처님을 억념할 겨를이 없느니라.

선지식이 그에게 이르기를, "그대가 만약 저 부처님을 억념할 수 없다면 마땅히 무량수불의 명호를 부르도록 하라." 하느니라. 이렇게 이 사람은 지극한 마음으로 소리가 끊어지지 않고 십념을 구족하도록 「나무아미타불」을 부르나니, 부처님 명호를 칭념한 연고로 염념 중에 80억겁의 생사중죄가 사라지느니라. 목숨이 마치려 할 때 태양처럼 큰 황금색 연꽃이 그 사람 앞에 머무는 모습이 보이고, 일념의 짧은 순간에 곧바로 극락세계에 왕생하느니라.

연꽃 가운데 기다려 12대 겁을 채우면 연꽃이 비로소 피어나리라. (연꽃이 피어날 때) 관세음보살과 대세지보살께서 대비의 음성으로 곧 그 사람을 위해 (일념심성의 진여리眞如理와 무생의 지혜로써 업성본공業性本空을 관하도록) 제법실상을 광설하여 생사중죄(罪法)를 소멸시키느니라. 이 사람이 듣고 난 후 크게 기뻐하며, 이때 바로 보리심을 발하느니라. 이것이 바로 「하품하생」이니라.

이상 하품삼생의 관상을 「하배생상下輩生想한 행자」라 하고, 또한 「제16관」이라 하느니라."

제25품 부인이 도를 깨치다

부처님께서 이렇게 극락세계를 관하는 16관법 법문을 선설하셨을 때, 위제희 부인은 5백 시녀들과 함께 부처님의 설법을 듣고 당하에 모두 극락세계의 드넓은 모습이 펼쳐져 있음을 보았느니라. 그리고 아미타부처님과 관세음보살·대세지보살 두 분 대보살의 장엄한 몸을 보고 모두 환희심이 생겨서 "일찍이 없었던 일입니다!" 찬탄하였다. (위제희 부인은) 확연히 크게 깨닫고 당하에 무생법인을 얻었다.

제26품 시녀가 보리심을 발하다

또한 5백 시녀들이 모두 아뇩다라삼먁삼보리심(무상보리심)을 발하고 극락국토에 태어나겠다고 발원함에 세존께서 빠짐없이 다 수기하시길, "그대들은 마땅히 극락세계에 왕생하리라. 저 국토에 태어난 후 (선정 중에 언제나 부처님을 친견하고 불법을 듣는) 제불현전삼매(諸佛現前三昧 ; 염불삼매)를 획득하리라."

이때 무량한 제천들도 (부처님의 설법을 듣고 모두) 무상보리심을 발하였다.

제27품 왕궁에서 유통을 부촉하다

그때 아난 존자는 곧 자리에서 일어나 부처님 전에 나아가서 부처님께 아뢰길, "세존이시여, 이 경을 어떻게 이름(하여 유통)하오리까? 이 법문을 수행하는 강요(인지因地의 수학과 과지果地의 공덕)를 응당 어떻게 수지受持하여야 하옵니까?"

부처님께서 아난 존자에게 이르시길, "이 경의 이름은 「극락 국토·아미타불 관세음보살·대세지보살(體)을 (마음으로) 관함(宗)」(인지의 수학)이라 하고, 또는 「(현생에서) 업장을 깨끗이 제거하고, (당래에) 부처님 전에 태어남」(과지의 공덕)이니라. 그대는 마땅히 수지하여 망실함이 없도록 하라. (16관에 의지해) 이 삼매(염불삼매)를 행하는 사람은 현생에서 무량수불

및 관세음보살·대세지보살 두 대보살을 (마음으로) 친견할 수 있느니라. 만약 선남자 선여인이 부처님 명호와 두 대보살의 명호만 들어도 무량겁의 생사중죄가 사라질 것인데, 하물며 부처님을 억념함이랴. 마땅히 알아야 할지니, 염불(관불)하는 사람은 바로 인간 가운데 분다리화(백련화)이며, 관세음보살과 대세지보살이 그의 수승한 법우가 되리라. (부처님께서 수기하사, 이 사람은 반드시 성불하고) 보리도량에 앉으며, 또한 제불의 집에 태어나 여래의 가업을 계승하리라."

부처님께서는 아난 존자에게 (부촉하여) 이르시길, "그대는 이 말을 잘 수지하여야 하느니라. 이 말을 수지함이란 바로 무량수불의 명호를 수지하는 것이니라." 부처님께서 이 말

쓸을 하실 때 목건련 존자·아난 존자·위제희 부인 등이 부처님께서 말씀하시는 것을 듣고 모두 다 크게 환희하였다.

제28품 허공을 걸어서 돌아가네

이때 세존께서는 (아난 존자에게 부촉을 마치신 후) 큰 걸음으로 (빠르게) 허공에서 기사굴산으로 돌아오셨다.

제29품 기사굴산에서 유통을 부촉하다

이때 아난은 대중을 위하여 이상의 일을 자세히 설하였나니, 무량한 제천과 용 야차 등 중생은 부처님께서 설하신 법어를 듣고, 모두 다 크게 환희하며 부처님께 정례하고 물러갔다.

관무량수경 종終

발일체업장근본득생정토신주

나무아미다바야 · 다타가다야 · 다지야타 · 아미리도바비 · 아미리다 · 실담바비 · 아미리다 · 비가란제 · 아미리다 · 비가란다 · 가미니 · 가가나 · 지다가례 · 사바하

(세 번 칭념)

찬불게

아미타불 청정법신 금빛으로 찬란하고
거룩하신 상호광명 짝할이가 전혀없네

아름다운 백호광명 수미산을 둘러있고
검고푸른 저눈빛은 사해바다 비추시며
광명속에 화신불이 한량없이 많으시고
보살도를 이룬사람 또한 그지없나이다

중생제도 이루고자 사십팔원 세우시고
구품으로 중생들을 피안으로 이끄시네
나무서방극락세계 대자대비 아미타불
나무아미타불

(염불 수에 따라 백 번 내지 천 번 하고 다시 4자염불로 바꾼다)

아미타불

(백 · 천 번)

나무관세음보살
나무대세지보살
나무청정대해중보살

(세 번)

자운참주慈雲懺主 정토문

극락세계 아미타부처님께 일심으로 귀명하옵나니, 바라옵건대 저희들을 청정한 광명으로 비추어 주시고, 자비로운 서원으로 섭수하여 주시옵소서.

저희들이 지금 정념正念으로 여래의 명호를 불렀사오니, 보리도를 위하여 정토에 태어나길 구하옵니다.

부처님께서 옛적에 본원으로 서원하시길, 만약 중생이 있어 나의 국토에 태어나고자 지극한 마음으로 믿고 기뻐하며, 내지 십념에 왕생하지 못한다면 정각을 성취하지 않겠노라 하셨나이다.

이 본원에 의지하여 염불한 인연으로 여래의 큰 서원 바다 가운데 들어가서 아미타부처님의 자비로 위신력의 가지를 받아 온갖 죄를 소멸하고, 선근이 증장하게 하옵소서.

목숨이 마칠 때를 스스로 알아 몸에는 병의 고통이 없고, 마음은 탐욕과 연민에 빠지지 않으며, 뜻은 뒤바뀌지 않아 선정에 든 듯하며, 부처님과 극락 성중들께서 금대를 잡고 오시어 저를 맞이해 주시고 일념의 짧은 순간에 극락국토에 왕생하게 하시며, 연꽃이 피어 부처님 뵈옵고 일불승의 가르침을 듣고는 문득 부처님의 지혜가 열려 널리 중생을 제도하고 보리원을 만족하게 하옵소서.

시방삼세일체불 일체보살마하살 마하반야바라밀

삼귀의

부처님께 귀의하와 바라노니 모든중생
큰이치 이해하고 위없는맘 내어지이다

법보에게 귀의하와 바라노니 모든중생
삼장속에 깊이들어 큰지혜 얻어지이다

승가에게 귀의하와 바라노니 모든중생
많은대중 통솔해 온갖장애 없어지이다
거룩하신 모든 성중에게 예경하나이다

회향게 廻向偈

원하옵건대 이 공덕으로
불국정토 장엄하여서
위로 사중의 은혜 갚고
아래로 삼악도의 괴로움 건너게 하옵소서.

만약 견문이 있는 이는
모두 보리심을 발하여
이번 보신이 다할 때
함께 극락국토에 태어나지이다

화엄경 보현행원품
華嚴經 普賢行願品

화엄경 보현행원품 서문[15)]

정공淨空 큰스님

대장경은 석가모니부처님께서 49년 동안 설하신 일체법입니다. 부처님께서 구경에 우리들을 위해 무엇을 설하셨습니까? 부처님께서는《무량수경》에서 진실의 궁극(眞實之際)·진실의 지혜(眞實智慧)·진실의 이익(眞實的利益), 이 세 가지 진실을 말씀하셨습니다. 세존께서는 49년 동안 우리들을 위해 설하신 일체경에서 말씀하신 것은「제법실상諸法實相」으로 현대말로 바꾸면 우주와 인생의 진상입니다. 인생은 우리들 자기 본인의 삶이고, 우주는 우리들의 생활환경입니다. 세존께서 세간에 나타나셔서 49년 동안 우리 자신과 우리의 생활환경에 대한 진상을 설하셨습니다. 불교의 본질은 석가모니 부처님께서 설한 십법계 일체중생에 대한 가르침이기에 불교는 종교가 아니라 교육입니다. 부처님의 교육은 구경 원만하여 우리들이 미혹을 타파하고 깨달아서 괴로움을 여의고 즐거움을 얻도록 도와줍니다. 미혹을 타파하고 깨닫는 것이 바로 진실의 지혜이고, 괴로움을 여의고 즐거움을 얻는 것이 진실의 이익입니다.

허운虛雲 노화상께서는 우리에게 "학불學佛을 하려면 인과를 깊이 믿고 계율을 엄정히 지켜서, 신심을 견고히 하고 행문行門을 결정해야 한다."고 가르쳐주셨습니다. 불교교육은 넓고 심오하여 어떠한 학술 종교도 그것과 견줄 수가 없습니다. 우리들은 일생에 한정된 시간과 노력으로 어떻게

---

15) 정공 법사께서 1992년 3월 싱가포르 불교 거사림에서 강연한 『보현대사 행원의 계시(普賢大士行願的啟示)』 도입부 말씀을 간추린 것이다.

수학해야 하겠습니까? 반드시 정선하여 선택하고 그 뜻을 잘 이해하여야 합니다. 부처님께서 설하신 도리와 부처님께서 가르친 방법을 매우 또렷하게 이해하고서 그것을 일상생활 가운데 응용해야 합니다. 불법의 교학은 우리에게 진실의 이익을 선사합니다. 구체적으로 말해 일생동안 행복하고 즐겁게 살아가길, 가정에 행복이 가득하길, 사업이 순조롭길, 국가가 부강하길, 세계가 평화롭길, 이 모든 소원을 불타교육은 모두 다 이룰 수 있습니다. 이러한 것들은 현세의 화보花報라 하는데, 곧 지금 살고 있는 세상에서의 과보입니다. 후세의 과는 과보果報라 하는데, 이는 더욱 수승합니다. 특별히 화엄회상에서 얻는 그 과보의 수승함은 상상할 수조차 없습니다.

《화엄경》은 불문 제일의 경으로 세존께서 굴리신 원만한 법륜입니다. 《화엄경》은 불법 전체의 강령이자 불학 전체의 개론입니다. 일체 경전은 모두 화엄의 권속이자 모두 《화엄경》의 일부분을 강설한 것입니다. 우주와 인생 전체를 설하고 있는 것이 바로 이 경입니다. 이 경은 어떻게 원만할까요? 최후에 이르러 보현보살 십대원왕十大願王께서 우리를 극락으로 인도하여 돌아가십니다. 그래서 이 경은 비로소 구경원만합니다. 도은道隱대사께서는 일체 경을 비교하면 《화엄경》이 제일이고, 《화엄경》과 《무량수경》을 비교하면 《무량수경》이 제일이라고 말씀하셨습니다. 《화엄경》은 처음부터 끝까지 글자마다 문구마다 서방극락세계를 강설하고 있습니다. 그래서 《무량수경》은 화엄의 귀의처(歸宿)라고 합니다. 당나라 선도善導대사께서는 일체 제불여래께서 인간에게 강경・설법하여 보여주신 것은 바로 서방 극락세계의 진실한 공덕・이익을 여러분들에게 소개하여 주기 위함이라고 말씀하셨습니다.

《화엄경》은 3종의 역본이 있습니다. 즉 진晉나라 역 60화엄, 당唐나라 역 80화엄, 당나라 덕종德宗 정원貞元 년간에 번역된 40화엄이 그것입니다. 40화엄은 바로 보현보살행원품의 전문이 있는 경으로 청량淸涼대사께서 화엄경을 「일곱 곳에서 아홉 번 법회(七處九會)」를 연 것으로 판석하신

경입니다.

본경의 내용은 청량대사가 분류한 신해행증信解行證의 4대과大科를 따라 이해됩니다.

그 함의는 4대과 이외에도 오주인과五周因果가 있습니다. 앞 11권은 소신인과所信因果를 가리킵니다. 중간 41권의 전면은 차별인과差別因果를, 후면은 평등인과平等因果를 강설합니다. 7권은 성행인과成行因果를 강설하는데, 이것은 「이세간품離世間品」으로 완전히 수행의 방법에 대해 강의합니다. 마지막 21권(40화엄에서는 제 40권)은 증입인과證入因果를 강설합니다.

그 다음으로는 육상六相, 십현문十玄門, 사법계四法界를 설합니다. 이것들은 우리를 위해 우주와 인생의 진상眞相 즉, 우리 자신과 생활환경의 진상에 대해 강설합니다.

삼천대천대세계와 우주에 대해 부처님께서는 20겹의 화장세계華藏世界에 대해 강설하시는데, 이는 곧 지금의 우주관을 말합니다. 행문行門의 방면에서 본경은 특별히 일을 통해 마음을 단련하는 것을 중시합니다.

수행은 어디서 닦아야 할까요? 일상생활에서 옷 입고 밥 먹을 때, 일하고 사람을 만나고 사물을 접하는 곳에서 자기의 청정심·광대심·평등심·대자비심을 단련하여 누릴 때 비로소 진실한 것입니다.

선재동자 53참參은 화엄경의 특색입니다. 화엄은 원만한 이론이고 주도면밀한 방법일 뿐만 아니라 선재동자와 문수·보현 등 53위 보살께서 우리들에게 모범으로 표연表演하여 주시고 어떻게 수행할지 가르쳐주십니다.

53위의 선지식은 현대사회의 각종 직업을 가진 남녀노소를 대표합니다. 대승불교에서는 각자 배울 수 있고, 각자 수행할 수 있으며, 각자

성취할 수 있습니다. 진정으로 발심하여 학불하면 학생은 바로 자기 한 사람입니다.

선재동자에게는 도반도, 동학도 없었습니다. 그가 만나는 사람은 모두 선지식입니다. 요즘 말로 모두 스승입니다. 공자께서 이르시길, "세 사람이 길을 가면 반드시 나의 스승이 있다(三人行 必有吾師)." 하였습니다. 좋은 사람과 나쁜 사람 모두 자기의 스승입니다.

좋은 사람은 좋은 일을 합니다. 우리는 그를 섬기고 배웁니다. 그는 우리의 스승입니다. 우리는 악인이 저지르는 일에 대해 경계하고 배워서는 안 되지만, 그 또한 우리의 스승입니다. 선재동자가 참방한 제9 주위住位 보살인 승열勝熱 바라문은 어리석었지만, 선재동자는 그의 어리석음을 배우지 않습니다. 제7 행위行位보살 감로화왕甘露火王은 진에瞋恚심이 위중했습니다. 제5 회향위迴向位보살 벌소밀다녀伐蘇蜜多女는 기녀로서 탐애貪愛를 대표합니다. 이 3위의 보살은 탐진치 삼독의 번뇌를 대표합니다.

현대사회에서는 탐진치를 구족한 선지식들이 적지 않습니다. 만약 우리에게 선재동자와 같은 지혜와 능력이 있다면 우리는 그들과 함께 지내며 능히 무상도를 성취함에 있어 방해하지 않을 것입니다. 이 경은 항포문(行布門)16)이 원융문圓融門을 장애하지 않고, 원융문이 항포문을 장애하지 않음을 가리킵니다.

대승 불법의 수학은 국가와 종족·종교를 초월할 뿐만 아니라 선악·십법계(十法界)까지도 초월합니다. 이 모든 것들은 화엄경에서 인식하고 체득할 수 있습니다.

한 위차 단계마다 한 명의 선우가 대표하지만, 오직 덕생동자德生童子와

---

16) 화엄종에서 수행하는 계급에 10주, 10행, 10회향, 10지 등을 세워서 이 차례를 지내서 마지막의 이상경理想境인 불지佛地에 이른다고 보는 관찰방법

유덕동녀有德童女 두 사람은 한 곳에 있습니다. 덕생동자는 지혜를 대표하고 유덕동녀는 자비를 대표하여 자비와 지혜를 함께 운용하여야만 비로소 구경원만한 경계에 빨리 도달할 수 있습니다. 이것은 우리가 생활하는 가운데 사람 일 사물을 대함에 있어 지혜가 있어야 하고, 선교방편善巧方便이 있어야 함을 가르칩니다.

선재동자가 미륵보살을 참방합니다. 미륵누각(彌勒樓閣)을 참관하였는데, 요즘 말로 하자면 도서관과 같습니다. 장서가 많을 뿐만 아니라, 녹음테이프와 비디오테이프도 무척 많습니다. 왜 그렇습니까? 왜냐하면 누각에서는 마치 은막에 영상이 나타나는 것처럼 시방세계 무량무변 제불 찰토를 볼 수 있어 미륵보살의 도서관은 시청각도서관이기 때문입니다. 선재동자는 이 땅에 이르러 원만한 지혜가 크게 열렸습니다.

마지막 제53위의 선지식은 보현보살로 선재동자에게 행문行門의 원만을 대표하는 십대원왕을 가르쳐 줍니다. 미륵보살의 도서관은 학문의 원만을 대표하고, 보현보살의 십대원왕十大願王은 덕행의 원만을 대표합니다. 학문과 덕성이 모두 원만하면 성불하고, 위없는 불도를 성취합니다. 이것이 화엄경이 우리에게 주는 너무나 위대하고 구경원만한 계시啓示입니다.

부처님께서는 《화엄경》에서 우리에게 보현행원을 배우지 않고서는 불도를 원만히 성취할 수 없다고 일러 주십니다. 선재동자가 미륵보살을 참방한 이후 비로소 보현보살의 가르침을 받아들입니다. 이로써 보현행원은 보통사람이 닦는 것이 아니라 등각보살等覺菩薩이 닦는 것이고, 척도를 넓히면 화엄회상 41위 법신대사가 닦는 것임을 알 수 있습니다. 41위 법신대사에서 그 지위가 가장 낮은 것은 원교圓敎의 초주初住보살입니다. 원교의 초주 이전에는 보현행원을 발심·수학하지만 결코 완전히 해낼 수 없습니다. 그래서 "보현보살은 서방극락세계에 왕생하여야 비로소 십대원왕이 원만하다(普賢菩薩生到西方極樂世界 十大願王才圓滿)." 하였습니다. 이 문구의 말은 자세히 생각할만한 가치가 있습니다. 문수보살과 보현보살께서는 모두 서방극락세계에 태어나길 발원하고 구하였습니다. 보현보살은 화장세계華藏世界 비로자나불의 법왕자이고, 원교圓敎의 등각보살입니다. 그는 서방극락세계에 이르러 무엇을 하였습니까? 우리는 《화엄경》에서 그 답을 얻습니다. 그는 그곳에 가서 십대원왕을 원만하게 닦았습니다.

정종학인淨宗學人의 유일한 목적은 정토에 태어나길 구하는 것입니다. 정토에 태어나 물러남 없이 성불하는 것이 정종의 진실한 이익입니다. 정종의 해문解門은 《정토오경 일론》에 의지하고, 행문行門은 곧 한마디 아미타불입니다. 육근을 모두 거두어 들여 정념을 이어가는 것(都攝六根 淨念相繼), 이것이 바로 정행正行입니다. 정행 이외에도 조행助行이 있어 정행과 조행을 쌍수雙修하여야 합니다. 정종의 조행에는 삼복三福·육화경六和敬·삼학三學·육도六度·보현십대원왕普賢十大願王의 다섯 과목이 있습니다.

보현행의 기초는 삼복三福입니다. 삼복의 제1조는 인천의 복보입니다. 성불하고 보살이 되려면 먼저 사람 노릇을 잘 하여야 합니다. 어디서부터 공부를 해야 할까요? 첫째 복은 "부모님께 효양하고 스승과 어른을 받들어 봉양하며, 사랑하는 마음으로 살생하지 않고 열 가지 선업을 닦는다."입니다. 학불은 여기서부터 배움이 일어납니다. 전체 불법은 바로 효경孝敬 두 글자일 따름입니다.

「부모님께 효양하고 스승과 어른을 받들어 봉양한다.」 오직 성불해야만 비로소 효친孝親과 존사尊師를 원만히 실천할 수 있습니다. 부모님을 공경하지 않음이 불효이며, 스승에게 공경하지 않음도 불효입니다. 형제와 불화하여 부모에게 걱정을 끼침도 불효입니다.

일을 함에 있어 책임지지 않고 대인관계에서도 성의가 없으며, 직업에 노력을 기울이지 않으며 신체가 건강하지 않아 병에 걸리며, 스스로 매일 번뇌에 휩싸여 한마디 아미타불도 잘 염하지 않는다면, 이는 모두 불효입니다. 어느 한 가지 일도 효경에서 벗어나는 것이 없습니다. 그래서 부처님께서는 우리에게 인간세상의 대근본은 효친 존사라고 정해 주셨습니다. 우리 자신이 성불하면, 금생의 부모님을 제도할 뿐 아니라 과거 세세생생의 부모님들도 제도할 수 있습니다. 이것이야말로 큰 효를 다하는 것입니다.

「사랑하는 마음으로 살생하지 않는다.」 효경의 이러한 기초로부터 대자대비, 일체중생에 대한 사랑으로 발전합니다. 살생하지 않음은 사랑(慈)입니다. 도둑질 하지 않고 삿된 음행을 하지 않으며 거짓말을 하지 않고 술을 마시지 않음도 사랑입니다. 이런 사랑하는 마음은 계정혜 삼학을 포괄하고 전개되면 전체 법계가 모두 그 가운데 포섭됩니다. 살생하지 않음은 단지 한 가지 사례에 불과합니다. 무릇 중생에게 번뇌가 생기게 하면 우리의 마음은 사랑하지 못합니다. 자신에게 번뇌가 생겨도 사랑하지 못합니다.

「열 가지 선업을 닦는다.」 십선은 금계禁戒가 아니라 선업善業입니다. 몸으로는 살생하지 않고 도둑질 하지 않으며 삿된 음행을 하지 않아 세 가지 선업입니다. 입으로는 거짓말을 하지 않고(남을 속이지 않고), 이간질하는 말을 하지 않으며(이간질하고 시비를 붙이지 않으며), 꾸미는 말을 하지 않고(감언이설을 하지 않고), 험한 말을 하지 않아(말이 거칠지 않아) 네 가지 선업입니다. 뜻으로는 탐하지 않고 성내지 않으며 어리석지 않아 세 가지 선업입니다. 불타께서 우리에게 몸과 말과 뜻의 세 가지 범주의 선행을 수학하라고 가르치셨습니다. 이렇게 사람 노릇을 잘 해야 호인好人이라 합니다. 첫째 복은 기초입니다. 효친 존사·사랑하는 마음·십선이 있어야 불법에 들어 학불할 자격이 있고 석가모니부처님의 학생이 될 수 있습니다.

둘째 복은 "삼귀의를 수지하고, 온갖 계행을 구족하며, 위의를 범하지 말아야 한다(受持三歸 具足衆戒 不犯威儀)."입니다. 둘째 복은 이승인이 닦는 것으로 진정 불문에 들어갑니다.

「삼보를 수지한다.」 불문에 들어가면 먼저 불문을 수학하는 이론 방법을 당신에게 접수하여 주는데, 이를 삼귀三歸를 전수함이라 합니다. 삼귀의三歸依에서 귀歸는 고개를 돌림이고, 의依는 의지함으로 곧 불법승 삼보에 귀의함입니다. 삼보는 자성 가운데 있습니다. 육조대사께서 이르시길, "어찌 자성이 본래 스스로 갖추어 있음을 알지 못했는가(何其自性本來具足)?" 하셨습니다. 자성은 본래 삼보에 갖추어져 있으니, 나는 지금 자성삼보에 의지하여야 한다. 삼귀는 첫째 귀의불歸依佛로 불佛은 자성각自性覺입니다. 일체 미혹 · 전도에서 회귀하여 자성각에 의지함을 귀의불이라 합니다. 둘째 귀의법歸依法으로 법法은 자성의 정지정견正知正見입니다. 《법화경》에 이르시길, "불지견에 들어간다(入佛知見)." 하셨습니다. 불지불견佛知佛見은 바로 정확한 사상과 정확한 견해로 우주와 인생의 진상에 대해 완전히 이해하여 조금도 잘못 보고 잘못 생각하지 않습니다. 이전에는 잘못 생각하고 잘못 보며 잘못 이해하였지만 현재는 이런 잘못에서 고개를 돌려 자성의 정지정견에 의지함을 귀의법이라 합니다. 셋째 귀의승歸依僧으로 승僧은 자성청정입니다. 즉 육근이 청정하여 티끌 하나에도 물들지 않은 마음입니다. 육조대사께서는 이르시길, "어찌 자성이 본래 스스로 청정함을 알지 못했는가(何其自性本來淸淨)?" 하셨습니다. 일체 오염으로부터 고개를 돌려서 본래 청정한 그 마음에 의지함을 귀의승이라 합니다. 귀의불은 각覺으로 미혹하지 않음이고, 귀의법은 정正으로 삿되지 않음이며, 귀의승은 정淨으로 물들지 않음입니다. 학불하여 닦는 것은 각정정覺正淨입니다. 《무량수경》(회집본)의 경전 제목은 「불설대승무량수장엄청정평등각경佛說大乘無量壽莊嚴淸淨平等覺經」입니다. 삼보가 이 경전제목에 있는데, 각은 불보이고 평등은 법보이며 청정은 승보입니다. 「청정평등각.」 이 다섯 글자가 바로 자성삼보입니다. 우리는 이 다섯 글자에 의지해 수행하여 비로소 진정으로 삼귀를 수지하고, 진정한 불제자가 됩니다. 수행강령이 명료해진 후 불보살 상 앞에서 깊은 서원을 발합니다. "원하옵건대 부처님의 학생이 되고자 하고, 원하옵건대 부처님의 가르침을 받아들이겠나이다. 지금부터 저는 반드시 각정정을 닦겠나이다." 스님에게 증명을 청하고 삼귀의 의식을 거행합니다. 진정으로 중요한 것은 자성삼보에 귀의함입니다. 삼귀의 의식을 거행한 후 불타께서 우리에게 온갖 계를 구족하고 위의를 갖추라고 가르치십니다.

「온갖 계를 구족한다.」 지계持戒는 바로 법을 지킴입니다. 부처님께서 설하신 오계·십계·비구계·보살계 등 계조戒條뿐만 아니라 무릇 부처님께서 일체경론에서 우리에게 베푸신 가르침도 모두 교계教誡입니다. 헌법 법률 규칙에서 계율의 범위에 있는 것은 모두 준수하여야 하고 각국의 풍속 습관 및 도덕 이념도 준수하여야 합니다.

「위의를 범하지 않는다.」 위의는 바로 예절 및 태도입니다. 우리는 법을 지키고 예의를 알아야 대중에게 찬탄과 공경을 받아 불법이 세계 각지에 널리 보급될 수 있습니다.

셋째 복은 "보리심을 발하고, 인과를 깊이 믿으며, 대승경전을 독송하고, 권면하고 이끌어주는 것(發菩提心 深信因果 讀誦大乘 勸進行者)"으로 대승보살의 선업입니다.

「보리심을 발한다.」 : 보리는 범어로 그 뜻은 각覺입니다. 육도윤회는 매우 괴롭고 결코 자재하지 않다고 진정으로 깨닫습니다. 불타의 교육은 우리가 일체 문제를 해결하도록 돕는다고 진정으로 깨닫습니다. 즉 현전의 문제나 장래의 문제, 자신의 문제나 가정의 문제, 사업상 문제나 사회상 문제, 내지 사후에 어떤 세계에 가는가의 문제 모두를 해결할 수 있습니다. 우리가 살아 있는 동안 서방극락세계에 결정코 갈 수 있다고 진정으로 깨닫습니다. 이와 같이 깨달은 후 비로소 보리심을 발한다고 합니다. 진정으로 깨달아야 윤회를 벗어날 희망이 있습니다.

「인과를 깊이 믿는다.」 여기서 인과는 선업에는 선한 과보고 있고 악업에는 악한 과보가 있다는 인과를 가리키는 것이 아닙니다. 부처님께서 보살에게 인과를 깊이 믿으라고 말씀하신 것은 「염불이 인이고 성불은 과임(念佛是因 成佛是果)」을 가리킵니다. 이 인과를 무수한 보살들은 모르고 믿지 않습니다. 아미타불을 염불함은 인이고, 왕생하여 물러나지 않고 성불함은 과보입니다. 이는 수승한 수학방법입니다. 우리가 이를 깊이 믿어 의심하지 않고 결정코 수지하면 이번 생에 반드시 성불합니다.

염불법문은 만인이 닦아 만인이 갑니다. 당신이 진실로 믿고 간절히 발원하여 이 한마디 부처님 명호를 이번 생 동안 제일의 큰 일로 삼아 하루종일 마음속에 이 한마디 부처님 명호를 잃어버리지 않고, 의심하지 않고 중단하지 않고 뒤섞지 않으면서 진정으로 해낼 수만 있다면 한 사람도 성공하지 않은 사람이 없습니다. 이를 인과를 깊이 믿음이라고 합니다.

「대승경전을 독송한다.」 : 저는 동수 여러분에게 번뇌를 끊는데 의도를 두고 단지 무량수경만 독송하길 권합니다. 경전을 염하지 않을 때에는 쓸데없는 생각에 번뇌가 생기게 마련입니다. 부처님께서는 중생에게는 번뇌장煩惱障·소지장所知障의 두 가지 장애가 있다고 하셨습니다. 《화엄경출현품華嚴經出現品》에 이르시길, "일체중생은 모두 여래의 지혜·덕상이 있지만 망상·집착으로 증득할 수 없다(一切衆生皆有如來智慧德相 但以妄想執著而不能證得)." 하셨습니다. 부처님께서는 우리가 지닌 병의 뿌리를 한마디로 잘라 말씀하셨습니다. 망상이 발전하여 소지장을 이루고 집착이 발전하여 번뇌장을 이룹니다. 독경하는 목적은 이 두 가지 장애를 깨뜨려 심지를 청정하게 회복하고, 그런 후에 청정심淸淨心·진성심眞誠心·공경심恭敬心·자비심慈悲心으로 명호를 집지하면 이 한마디 부처님 명호는 비로소 감응이 있습니다. 근성이 예리한 사람은 오년 십년이면 청정심을 얻고, 그런 후에 "무량한 법문을 다 배우겠나이다." 서원할 수 있고 다른 대승경론을 섭렵할 수 있습니다. 중하의 근성은 십년에도 마음이 청정하지 않아 일생에 경전 하나를 염송하고 무량한 법문은 서방극락세계에 가서 다시 배워도 늦지 않습니다. 이번 일생의 시간에 정력을 집중하여 마음을 절대 나누지 않고 서방정토를 전일하게 구하면 됩니다. 서방극락세계에서는 수명이 무량하고 게다가 시방제불께서 설하신 일체경전을 원만구족하여 하나도 빠뜨리지 않습니다. 그곳에서는 아미타부처님께서 스승이시고 관세음 대세지 문수 보현보살이 당신과 동학 동수하므로 반드시 성취합니다. 진실로 자비심이 있으면 서방극락세계에 왕생하여 보증을 얻은 후에 다시 다른 대승경론을 섭렵할 수 있습니다. 그러나 왕생할 자신이 없고 홍법하여 중생을 이롭게 하는 일을 조금만 하면 왕생을 그르칩니다. 《무량수경》에 이르시길, "항하사 수의 성인께 공양하여도 굳은 결의로 용맹정진하여서 위없는 정각 구하는 것만 못하옵니다(假令供養恆沙聖 不如堅勇求正覺)." 하셨습니다. 이는 스스로 제도하여 왕생을 구하는 것이 중요함을 설명합니다. 자신이 왕생할 자신이 있어야 중생을 널리 제도하겠다는 마음을 낼 수 있습니다. 왕생할 자신이 없으면 염불을 많이 하는 것이 중요합니다. 중생을 제도하는 것은 연분과 능력이 있어야 합니다. 삼복三福·육화경六和敬·삼학三學(계정혜)·육도六度의 기초가 있고 보현십원을 수학하여야 비로소 이익을 얻을 수 있습니다.

무엇이 보현행원普賢行願입니까? 여래의 원만한 과덕은 반드시 대행大行을 닦아야 비로소 복덕이 원만합니다. 한 가지 행문行門마다 자성과 모두 상응할 뿐만 아니라 하나하나 행문이 법계에 두루 합니다. 또한 어떠한 행도 모두 일체 행을 널리 포섭할 수 있고, 일체 행도 모두 하나의 행 가운데 함섭含攝될 수 있습니다. 이것이 보현행의 본체이고, 이것이 바로 보현보살께서 행하신 것입니다. 바꾸어 말하면 이러한 수행 방법으로 보현보살을 성취합니다. 징관(澄觀; 화엄종 4조) 대사께서는 구체적으로 10개 조항으로 이를 귀납하셨습니다.

1. **구하는 대상이 두루하다(所求普)** : 일체 여래의 평등한 증득을 구해야 하는 까닭입니다. 우리들이 장래에 성불하려면 시방삼세 일체 제불과 평등하여야 하고, 실오라기 하나의 차별이 있어서도 안 됩니다. 이것이 바로 우리가 구하는 것입니다. (보충) 즉 사홍서원 중에서 가없는 법문을 다 배우고, 무상보리를 다 이루겠다고 서원함으로 수행하는 사람의 역량이 비록 곧장 실천할 수 없을지라도 모름지기 항상 이 같은 마음상태를 지키고 염념이 이어가며 자신을 업신여겨 물러나려는 마음을 내지 말고 바로 부처님의 일체 지를 구하길 희망하고 응당 수승한 원망을 일으켜야 한다.

2. **교화하는 대상이 두루하다(所化普)** : 화化는 중생교화입니다. 제불여래 께서는 법계의 무량무변한 중생을 교화하십니다. 우리들도 이 원을 발해야 합니다. (보충) 즉 사홍서원 중에서 가없는 중생을 다 구제하겠다고 서원함이고 십대원왕에서 항상 중생에 수순하겠다는 아홉째 문이다. 난卵 · 태 胎 · 습濕 · 화化와 유색有色 · 무색無色 · 유상有想 · 무상無想 · 비유상비무상 非有想非無想의 사생구류四生九類의 중생을 미래시간 변제에 궁진하도록 모두 영원히 구제하여야 한다.

3. **끊어야 하는 대상이 두루하다(所斷普)** : 번뇌를 끊어야 합니다. 견사見思 번뇌 · 진사塵沙번뇌 · 무명번뇌를 모두 끊어서 실오라기 하나라도 번뇌 를 남겨서는 안 됩니다. (보충) 즉 사홍서원 중에서 가없는 번뇌를 다 끊겠다고 서원함이다. 3문 중에서 제1, 제3문은 지혜로 즉 자신을 이롭게 하는 행위이고, 제2문은 자비로 즉 타인을 이롭게 하는 행위이다.

4. **사상의 수행이 두루한다(事行普)** : 일상생활에서 큰일이든 작은 일이든 상관없이 떨어지는 한 방울 한 방울도 법계에 칭합하여 보살과 같을 수 있어야 합니다. (보충) 즉 사상법문 중에서 미세한 법문에 수순하는 행지行持이다.

5. **진리의 수행이 두루하다(理行普)** : 하나하나 사를 행함에 모두 자성과 상응하여야 합니다. (보충) 바로 이理 법문의 무상수행이다.

6. 장애가 없는 수행이 두루하다(無礙行普) : 이사理事에 걸림이 없어야 합니다. (보충) 사(相)와 이(性) 두 가지 법문 간에 (서로 번갈아 꿰뚫어) 장애가 없는 수행이다.

7. 원융통달한 수행이 두루하다(融通行普) : 사사事事에 걸림이 없어야 합니다. (보충) 즉 사의 법간에 장애가 없는 수행이다. 왜냐하면 하나의 수행법문에 따라 반드시 법성을 함섭하고 법성을 융회하여 하나의 법행으로 거두어 들어가는 까닭에 이 하나의 법행이 법성대로 일체 법행을 두루 거두어 포섭하여 하나의 법행도 구족하지 않음이 없다. 응당 말하길, 이성과의 차이가 없는 하나의 법행이 완전히 이성을 가질 때 그것은 이성과의 차이가 없는 일체 법행으로 하여금 그것이 의지하는 바 이성에 따라 모두 하나의 법행 가운데 나타나게 할 것이다. 즉 하나의 법행이 이미 이와 같은 이상 나머지 일체 법행도 이와 같으니 이것이 바로 일행 가운데 일체행이 있고 일체행 가운데 일행이 있는 도리이다.

8. 일어나는 바 큰 작용이 두루하다(所起大用普) : 덕용이 법계에 두루 해야 합니다. (보충) 즉 법계에 두루 미칠 수 있는 작용을 일으킴이다. 즉 앞에서 말한 제4문은 바로 사법의 법계이고, 제5문은 이성의 법계이며 제6문은 사법과 이성에 걸림이 없는 법계이며 제7문은 사법의 사이에 걸림이 없는 법계이다. 현재 이 제8문은 곧 이 네 가지 문을 두루 거둔다.

9. 수행하는 처소가 두루하다(所行處普) : 공간상으로 진허공·변법계에 일체 제불찰토와 자기 신심 사이에 차이가 없어야 합니다. (보충) 수행하는 처소를 설명한다. 《행원품》의 게송에서 이르시길, "시방세계 제불찰토의 바다를 두루 궁진토록 (시방찰토의) 털끝 하나하나 모두 삼세시간의 바다에 나타난 일체제불의 바다 및 가없는 국토의 바다를 함섭하니, 저는 무수 대겁의 바다가 지나도록 두루 수행하겠나이다(普徧窮盡十方世界諸刹土海 每一毛端都含攝三世時間海 一切諸佛海以及無邊國土海 我周徧修行經歷無數大劫海)." 하셨다. 이는 모두 수행의 처소를 설명한다. 앞의 여덟 가지 문은 모두 닦는 바

수승한 도행을 드러내 보이고 이 제9문은 앞의 여덟 가지 문의 도행을 겸하여 거두어 포섭하니 마치 체석천궁 보배그물의 찰토에서 수행함과 같아 즉 하나의 찰토마다 무릇 하나의 법문을 수지하여 일체법문을 구족한다.

１０. 수행하는 시간이 두루하다(修行時普) : 시간상으로 말해 일념·억겁에 원용하여야 합니다. (보충) 이는 바로 화엄원교에서 설명하는 바로 진성眞性에 계합할 수 있는 수행방법이다. 마음은 은밀히 위없는 불리佛理에 맞아 옛날부터 지금까지 혼연일체로 법계에 생함이 없고 멸함도 없나니, 시간은 단지 방편상의 용어로, 본래는 시간이 없는 진실한 존재이다. 시간에 근거하여 불변의 자성을 이루는 것은 하나도 없고 과거 현재 미래 삼세에 궁진토록, 짧게는 일념 길게는 대겁에 상호간에 원용무애하다. 일념에 즉하여 대겁에 두루 들어 갈 수 있고 대겁 또한 일념으로 나아가 들어갈 수 있으니, 일념은 과거 미래 현재 삼세의 일체겁으로 두루 들어간다. 일념이 이미 이와 같을 수 있으니 염념마다 모두 이와 같다. 그래서 본경의 게송에서 이르시길, "나의 심념은 미래의 세간에 깊이 들어 갈 수 있나니, 일체 대겁에 궁진토록 모두 일념으로 포섭하여 들어가고, 과거 현재 미래의 모든 일체 대겁을 모두 다 일념의 짧은 순간에 거두어 포섭하여 나는 모두 들어갈 수 있다(我的心念能深入未來的時間 窮盡一切大劫都能攝入一念 過去現在未來所有一切大劫 全收攝在一念之間我都能入)." 하셨다. 이는 바로 생각마다 모두 원용무애하여 영원히 결속한 때가 없음을 가리킨다.

보현보살께서는 매 원마다 모두 허공계가 다하도록 중생계가 다하도록 나의 원이 다하도록 발원하신다. 그리고 허공계·중생계·중생업이 궁진함이 없듯이 보현보살의 행원도 궁진함이 없고 지치거나 싫증냄이 없다고 하셨습니다. 이것이 보현행으로 행문에서 오르는 최고봉의 경지입니다.

세존께서 옛날 성불을 시현하실 때 최초로 보리수 아래에서 선정에 들어 《대방광불화엄경》을 설하시면서 이사무애理事無礙·사사무애事事無礙·염겁원융念劫圓融의 경계를 강설하셨습니다. 바꾸어 말하면 시간과 공간을 모두 뛰어 넘어 시간의 장단도 없고 공간의 원근도 없습니다. 이는 제불과 대보살들께서 증득하신 부사의해탈경계입니다. 부처님께서 이 경전을 설하실 때 제목은 범문에 의거하여 그 원 뜻은 「대방광각자잡화장엄경大方廣覺者雜華莊嚴經」입니다. 이를 간단히 줄이면 각자覺者는 불佛로 잡雜자와 장莊자는 없애어 현재의 제목 「대방광불화엄경大方廣佛華嚴經」으로 바뀌었습니다. 경전 제목에서 뜻을 살피면 부처님께서 설하신 이 경은 실제로는 일체경입니다. 「대방광大方廣」은 법으로 말하자면 대승경전에서 말하는 진여자성眞如自性의 체상덕용體相德用입니다. 「불佛」은 증득하는 주체(能證)인 사람으로 자성의 체상작용을 원만히 증득한 사람을 성불成佛하였다 하고 우리는 그를 불타佛陀라 부릅니다. 「화엄華嚴」은 비유입니다. 잡화雜華에서 잡은 잡색으로 갖가지 품종이 있습니다. 이는 마치 큰 정원에는 모든 꽃이 반드시 있어야 하고, 하나도 모자라서는 안 되는 것과 같습니다. 화엄은 아름답다는 뜻입니다. 부처님께서 증득한 일체 법은 온갖 꽃으로 장엄한 것과 같고, 부처님께서 설하신 일체법도 온갖 꽃으로 장엄한 것과 같습니다. 따라서 이 경전제목은 경전의 제목이 아니라 부처님께서 설하신 일체경의 총 제목임을 알 수 있습니다. 세존께서 성불하신 후 27일 동안 증득하신 원만한 경계를 전부 설해 보살에게 들려주셨습니다. 청경한 보살들은 화엄회상의 41위 법신대사로 보통사람이 아닙니다. 보통사람이 어찌 세존의 선정에 이르는 능력이 있어 경전을 들을 수 있겠습니까? 선정의 힘이 없으면 연분이 없습니다. 부처님께서 이 경을 설하셨지만 권교보살과 성문연각은 봉사 같고 귀머거리 같아 보지도 못하고 듣지도 못하였습니다. 이 경전을 강설해 마치신 후 대용大龍보살이 이 경전을 용궁에 수장收藏하였습니다. 부처님께서 멸도하신 후 6백년에 세간에는 아무도 화엄경을 본 사람이 없었습니다. 용수龍樹보살은 더없이 총명하여 세간의 불법경전과 인도 96종 외도경전을 두루 열람하여 오만심이 생겼습니다. 이때 대용보살의 화신이 용수보살을 제도하고자 용궁에 그가 본적이 없는 경전이 여전히 많이 있다고 일러주었습니다. 용궁에 이르자 대용보살이 수장해둔 《대본화엄경大本華嚴經》을 보았는데, 삼천대천세계 미진수의 게송(한 수의 게송에는 4구가 있다), 사천하 미진수의 품이 있었습니다. 용수보살이 넋을 잃고 바라보고서 오만한 습기를 항복받았습니다.

삼천대천세계는 실제로 일대천세계이고, 대천세계는 한 분 부처님의 교화구역입니다. 지구는 태양을 돌고 태양을 중심으로 삼아 태양계로 불립니다. 태양계는 또한 은하계를 돌며 공전합니다. 과거 수많은 사람은 태양계가 한 개의 단위세계이고, 한 개의 대천세계에는 일백억 개의 단위세계가 있다고 생각하였습니다. 최근 황념조 거사께서는 새로운 관점을 내놓았는데, "한 개의 은하계는 한 개의 단위세계이다. 단위세계는 수미산을 중심으로 삼는다. 수미산은 지구상에 있지도 태양계에도 있지 않는데, 이로 말미암아 수많은 행성이 선회한다. 수미산은 바로 천문학자들이 발견한 블랙홀이다. 이것이 은하계의 중심이다."라고 생각하였습니다. 이 설법에 따르면 한 개의 대천세계는 일백억 개의 은하계로 조성된 것입니다. 부처님께서는 우주에 무량무변의 대천세계가 있다고 말씀하셨습니다.

지금 일백억 개 은하계의 항성이 마모하여 미진이 될지라도 한 개의 미진이 한 수의 게송을 대표하고 이 경전에는 열 개의 대천세계 미진수의 게송이 있으니, 그 분량이 어마어마하여 지구에 다 드러낼 수 없습니다. 부처님께서 《화엄경》을 강설하시는데 단지 2주일을 들였으니, 부처님의 지혜신통은 위대하여 우리로 하여금 오체투지할 정도로 감탄하게 합니다. 중본화엄中本華嚴에는 49만8천8백 게송, 1천2백 품이 있습니다. 중본은 대본의 골자를 제시한 것으로 그 분량은 매우 많습니다. 하본화엄下本華嚴은 목록과 골자의 대상大綱으로 총 십만 게송(48만구), 48품입니다. 용수보살께서는 하본화엄을 가지고 용궁에서 나왔습니다. 이로부터 세간에 비로소 화엄경이 있습니다. 동진東晉 시대에 이르러, 즉 용수보살께서 원적에 드신지 3, 4백년 후 이 경전이 중국에 전래되었습니다. 옛날에는 경전은 패엽貝葉에 기록되어 유실되기 쉬웠습니다. 화엄경은 단지 3만6천 게송만 잔결殘缺된 채 전해졌습니다. 진晉 나라 불타발타라佛陀跋陀羅가 중문 60권으로 나누어 번역해 「육십화엄」이라 불립니다. 당나라 무측천武則天이 사람을 인도에 파견해 이 경을 구하여 실라난타實叉難陀에게 중국에 와서 화엄을 번역하도록 청하니 60화엄에 비해 90송이 늘어 총 4만5천 게송으로 「팔십화엄」이라 불립니다. 당나라 덕종德宗 정원貞元 년간에 오도국烏茶國 국왕이 중국 황제에게 「보현행원품普賢菩薩行願品」을 바쳤습니다. 이는 화엄경의 최후 일품으로 이 일품은 매우 완전하여 흠결이 없는데, 총 40권으로 번역되어 「사십화엄」이라 불립니다. 사십화엄은 바로 보현행원품으로 전품의 경문이 사십권입니다. 사십화엄의 번역에 청량대사께서 역장譯場에 참가하였습니다. 번역을 완성한 후 황제는 청량대사에게 주해를 지을 것을 청했습니다. 청량대사는 화엄을 전공하여 한평생 50편을 강설하였습니다. 화엄경 80과 40을 합쳐서 중복된 부분을 제거하면 총 99권입니다.

고인께서 이르시길, "화엄을 읽지 않으면 불가의 부귀를 알지 못한다." 하셨습니다. 바꾸어 말하면 화엄을 읽지 않으면 성불의 잇점을 깨닫지 못합니다. 성불의 잇점을 알면 성불하지 않으면 안 됩니다. 불법수학에 있어 그것은 매우 중요한 경전입니다. 저는 정토종의 신앙에 대해 화엄경으로부터 얻었습니다. 일찍이 저의 스승이신 이병남 거사께서는 정토를 전홍專弘하셨습니다. 저는 경전 강설에 대해서는 매우 흥미가 있었지만 염불에 대해서는 그다지 관심이 크지 않았습니다. 스승님께서 저에게 격려하시길, "자고이래로 수많은 조사·대덕께서도 염불법문을 수학하셨으니, 해보아도 괜찮을 걸세. 설사 성취할 수 없을지라도 여태껏 그렇게 수많은 사람이 모두 속아 넘어갔으니 한번 속아 봐도 상관없네." 스승님께서 고구정녕 노파심에 하신 말씀이었습니다. 그 당시 저는 정토종에 대한 인식이 철저하지 못해 신심이 생기지 않았습니다. 민국 60년(1971

년)에 이르러 저는 화엄경을 강설하기 시작하여 17년 동안 강설하였습니다. 문득 어느 날 저는 하나의 문제가 생각났습니다. 화엄회상에서 보현보살은 장자이고 문수보살은 서남庶男으로 두 분 등각보살은 비로자나부처님의 조수가 되니, 그들은 어떤 법문을 닦습니까? 원래 이 두 분 보살은 아미타불을 염하여 서방극락세계에 태어나길 구하였습니다. 이 발견으로 저는 매우 놀랐습니다. 게다가 선재동자가 닦은 것도 염불법문이었습니다. 화엄은 최후에 이르러 보현보살 십대원왕은 극락으로 인도하여 돌아갑니다. 저는 화엄회상에서 이 일을 또렷이 깨달았고 정종에 대해 비로소 진정한 신심이 생겼습니다. 화엄경은 저에게 있어 가장 큰 은덕恩德이 있었습니다.

이번에 보고 드리는 것은 사십화엄 최후의 일권입니다. 이 경전은 전체 화엄경에서 매우 중요하여 청량대사께서는 그것을 「화엄의 관건」이라 부르셨습니다. 화엄수학의 강령은 전부 이 일권에 있습니다. 이는 전체 경의 총결론입니다. 청량대사께서는 이 일 권을 별행경으로 유통할 것을 제의하셨습니다. 이 일권을 염송함은 전체 경을 독송하는 것과 마찬가지입니다.

노향찬 爐香讚

향로에 향을 사루니
법계에 향기가 가득
부처님 회상에 두루 퍼져서
가는 곳마다 상서구름 맺히나이다
저희 정성 간절하오니
부처님 강림하옵소서

나무향운개 보살마하살
나무향운개 보살마하살
나무향운개 보살마하살

연지찬 蓮池讚

연지해회 아미타부처님
관세음보살 · 대세지보살
연화대 앉아계시며
저희들 접인해 황금계단
오르게 하시나이다.
원하옵건대, 큰 서원 널리 여시어

저희들 티끌세상 여의게 하옵소서
나무연지해회 보살마하살
나무연지해회 보살마하살
나무연지해회 보살마하살

나무본사석가모니불

(세번)

개경게 開經偈

위없이 깊고 깊은 미묘한 법문
백천만 겁에도 만나기 어려워라
제가 지금 듣고 보아 수지하오니
여래의 진실한 뜻 알아지이다

대방광불화엄경 입부사의해탈경계보현행원품

대당大唐 계빈국罽賓國 삼장반야三藏般若 역

[장행문長行文]

1. 십대원왕十大願王

그때 보현보살 마하살께서 여래의 수승한 공덕을 칭양·찬탄하여 마쳤다. 일체 보살들과 선재동자에게 말씀하시길, "선남자여, 여래의 공덕은 비록 시방세계 일체 제불께서 불가설 불가설 불찰토 극미진수의 겁이 지나도록 이어서 연설할지라라도 궁진하지 못할 것이니라.

만약 이 공덕문을 성취하고자 한다면 열 가지 광대한 행원을 닦아야 하느니라. 무엇이 열 가지인가? 제불께 예배하고 공경함이 그 하나요, 여래의 공덕장엄을 칭양·찬탄함이 그 둘이요, 널리 닦아 부처님께 공양함이 그 셋이요, 스스로의 업장을 참회함이 그 넷이요, 남의 공덕을 따라 기뻐함이 그 다섯이요, 법륜을 굴려주시길 청함이 그 여섯이요, 부처님께서 세상에 오래 머무시길 청함이 그 일곱이요, 항상 부처님을 따라 배움이 그 여덟이요, 항상 중생을 수순함이 그 아홉이요, 모든 공덕을 중생에게 널리 회향함이 그 열이니라."

제1원왕 예경제불禮敬諸佛

선재동자가 아뢰길, "거룩하신 이여, 어떻게 예배하고 공경하오며, 내지 어떻게 회향하오리까?"

보현보살께서 선재동자에게 이르시길, "선남자여, 제불께 예경한다 함은 모든 진법계·허공계 시방삼세 일체 불찰토 극미진수 제불세존을 나는 보현행원의 법력과 (자심의) 깊은 믿음과 이해의 자력으로 눈앞에 대하듯이 (친견하고) 빠짐없이 청정한 몸과 말과 뜻 삼업으로써 항상 예경하느니라.

부처님의 처소 한 곳 한 곳마다 불가설 불가설 불찰 극미진수의 몸을 나타내고, 한 몸 한 몸마다 불가설 불가설 불찰 극미진수 부처님께 두루 예배하니, 허공계가 다하여야 나의 예배도 다하려니와, 허공계가 다할 수 없으므로 나의 이 예경도 다함이 없느니라.

이와 같이 하여 중생계가 다하고, 중생의 업이 다하고, 중생의 번뇌가 다하여야 나의 예배도 다하려니와, 중생계 내지 중생의 번뇌가 다함이 없는 까닭에 나의 이 예경도 궁진함이 없어서 염념마다 이어져서 끊어짐이 없고, 몸과 말과 뜻 삼업에 지치거나 싫증내는 마음이 없느니라.

제2원왕 칭찬여래稱讚如來

또한 선남자여! 여래를 칭찬한다 함은 모든 진법계 허공계 시방삼세 일체 찰토의 모든 극미진, 티끌 하나하나마다 일체 세계 극미진수 부처님께서 계시고, 부처님의 처소 한 곳 한 곳마다 모두 무량한 보살해회가 둘러싸고 있나니, 나는 모두 높고 깊은 수승한 이해와 현전하는 지견을 일으켜 각각 변재가 천녀보다 나은 미묘한 설근을 내밀어 설근 하나하나마다 다함없는 음성의 바다를 내고, 그 음성 하나하나마다 일체 말씀의 바다를 내어서 미래제가 궁진하도록 이어져서 끊어지지 않고, 법계에 다하여 두루 미치지 않음이 없도록 일체여래의 모든 공덕의 바다를 칭양·찬탄하는 것이니라.

이와 같이 하여 허공계가 다하고, 중생계가 다하고, 중생의 업이 다하고, 중생의 번뇌가 다하여야 나의 찬탄도 다하려니와, 허공계 내지 중생의 번뇌가 다함이 없는 까닭에 나의 찬탄도 궁진함이 없어서, 염념마다 이어져서 끊어짐이 없고, 몸과 말과 뜻 삼업에 지치거나 싫증내는 마음이 없느니라.

제3원왕 광수공양廣修供養

선남자여, 공양을 널리 닦는다 함은 모든 진허공·변법계 시방삼세 일체불찰 극미진 가운데 하나하나 각각 일체 세계 극미진수 부처님께서 계셔서, 부처님의 처소 한 곳 한 곳마다 갖가지 보살대중이 모여서 둘러싸고 있으니, 나는 보현행원의 원력에 의지하는 까닭에 깊은 신해와 현전하는 지견을 일으켜 모두 상등의 미묘한 일체 공양구들로 공양하나니, 이른바 화운·만운·천음악운·천산개운·천의복운이며, 갖가지 하늘향인 도향·소향·말향이며, 이와 같은 공양구가 하나하나 수미산만하며, 또한 갖가지 등을 켜되 소등·유등·일체 향유등이며, 하나하나의 등심지가 수미산 같고, 하나하나의 등유는 큰 바닷물 같나니, 이와 같은 일체 공양구들로 항상 공양하느니라.

선남자여, 일체 공양 가운데 법공양이 으뜸이니, 이른바 부처님 말씀대로 수행하는 공양·중생을 이롭게 하는 공양·중생을 거두어 주는 공양·중생의 괴로움을 대신하는 공양·선업을 닦는 공양·보살의 할 일을 버리지 않는 공양·보리심을 여의지 않는 공양이 그것이니라.

선남자여, 앞에서 말한 여러 가지로 공양한 무량공덕은 일념의 짧은 순간에 법으로 공양한 공덕에 비하면, 그 백분의 일에도 못 미치고, 천분의 일에도 못 미치며, 백천 구지 나유타분의 일, 가라분·산분·수분의 일, 유분·우파니사

타분의 일에도 못 미치느니라. 무슨 까닭인가? 모든 여래께서 법을 존중하시는 까닭이며, 말씀대로 수행함으로 인해 제불께서 출생하시는 까닭이며, 또한 일체 보살들이 법공양을 행하여 곧 여래께 공양을 성취하는 것이며, 이와 같은 수행이 참공양인 까닭이니라.

이 광대하고 가장 수승한 공양은 허공계가 다하고, 중생계가 다하고, 중생의 업이 다하고, 중생의 번뇌가 다하면 나의 공양도 다하려니와, 허공계와 내지 중생의 번뇌가 다함이 없는 까닭에 나의 공양도 또한 궁진함이 없어서 염념마다 이어져서 끊어짐이 없고, 몸과 말과 뜻 삼업에 지치거나 싫증내는 마음이 없느니라.

제4원왕 참회업장懺悔業障

선남자여, 업장을 참회한다 함은 보현보살이 스스로 생각하길, '제가 과거 무시겁 동안 탐·진·치로 말미암아 몸과 말과 뜻으로 지은 일체 악업은 무량무변하여 만일 그 악업이 형체가 있다면 허공계가 다하여도 다 담을 수 없습니다. 저는 이제 청정한 삼업으로 법계에 두루 미쳐 극미진수 찰토의 일체 제불보살 앞에 지성심으로 참회하며 이후로 다시는 업을 짓지 않고, 항상 청정한 계율에 안온히 머물러 일체 공덕을 성취하겠나이다.'

이와 같이 하여 허공계가 다하고, 중생계가 다하고, 중생의 업이 다하고, 중생의 번뇌가 다하면 나의 참회도 다하려니와, 허공계와 내지 중생의 번뇌가 다함이 없는 까닭에 저의 참회도 궁진함이 없어서 염념마다 이어져서 끊어짐이 없고, 몸과 말과 뜻 삼업에 지치거나 싫증내는 마음이 없느니라.

제5원왕 수희공덕隨喜功德

선남자여, 공덕을 따라 기뻐한다 함은 모든 진허공·변법계 시방삼세 일체 불찰 극미진수 제불께서는 처음 발심하실 때 일체지를 위하여 신명을 돌보지 않고 부지런히 일체 복덕 닦기를 불가설 불가설 불찰 극미진수의 겁을 지내고, 하나하나의 겁마다 불가설 불가설 불찰 극미진수의 머리와 눈과 수족을 버리며, 이와 같은 일체 난행·고행으로 갖가지 바라밀문을 원만히 닦아서 갖가지 보살지위의 경계를 증득하고, 제불의 무상보리와 반열반을 성취하며, 사리를 분포하시나니, 나는 이러한 모든 선근을 따라 기뻐하느니라. 그리고 저 시방 일체 세계의 육취·사생의 일체 부류 중생들이 짓는 모든 공덕을 내지 한 티끌만한 것이라도 나는 모두 따라 기뻐하고, 시방삼세의 모든 성문들과 벽지불인 유학·무학들이 짓는 모든 공덕을 내가 따라 기뻐하며, 일체 보살들이 무량한 난행·고행을 닦아서 무상정등보리를 구한 광대한 공덕을 내가 모두 따라 기뻐하느니라.

이와 같이 하여 허공계가 다하고, 중생계가 다하고, 중생의 업이 다하고, 중생의 번뇌가 다할지라도 내가 이렇게 따라 기뻐함도 궁진함이 없어서 염념마다 이어져서 끊어짐이 없고, 몸과 말과 뜻 삼업에 지치거나 싫증내는 마음이 없느니라.

제6원왕 청전법륜請轉法輪

"선남자여, 법륜을 굴려주시길 청한다 함은 모든 진허공·변법계 시방삼세 일체 불찰 극미진 가운데 각각 불가설 불가설 불찰 극미진수의 광대한 불찰이 있고, 이 불찰 하나하나 가운데 염념마다 불가설 불가설 불찰 극미진수 일체 제불께서 계셔서 등정각을 성취하시고, 일체 보살 연지해회 대중이 둘러싸고 있나니, 내가 빠짐없이 다 몸과 말과 뜻 삼업의 갖가지 방편으로써 미묘한 법륜을 굴려주시길 은근히 권청하느니라.

이와 같이 하여 허공계가 다하고, 중생계가 다하고, 중생의 업이 다하고, 중생의 번뇌가 다할지라도 나는 일체 제불께 늘 법륜을 굴려주시길 청함도 궁진함이 없어서, 염념마다 이어져서 끊어짐이 없고, 몸과 말과 뜻 삼업에 지치거나 싫증내는 마음이 없느니라."

제7원왕 청불주세請佛住世

선남자여, 부처님께서 세상에 오래 머무시기를 청한다 함은 모든 진허공·변법계 시방삼세 일체 불찰 극미진수 제불여래께서 장차 반열반을 시현하시고자 할 적에 모든 보살·성문·연각과 유학·무학 내지 일체 모든 선지식과 더불어 나는 빠짐없이 다 「열반에 드시지 말고 일체불찰 극미진수의 겁이 지나도록 일체중생을 이롭게 하여 안락하게 하옵소서」라고 권청함이니라.

이와 같이 하여 허공계가 다하고, 중생계가 다하고, 중생의 업이 다하고, 중생의 번뇌가 다할지라도 나의 권청하는 일도 궁진함이 없어서 염념마다 이어져서 끊어짐이 없고, 몸과 말과 뜻 삼업에 지치거나 싫증내는 마음이 없느니라.

제8원왕 상수불학常隨佛學

선남자여, 부처님을 따라서 배운다 함은 이 사바세계 비로자나여래처럼 처음 발심하실 적부터 정진하여 물러나지 아니하고, 불가설 불가설의 신명을 바쳐 보시하시되 피부를 벗기어 종이로 삼고, 뼈를 쪼개어 붓으로 삼으며, 피를 뽑아 먹물로 삼아서 경전을 서사하여 수미산만큼 쌓아올리더라도 법을 중시하는 까닭에 신명을 아끼지 아니하거늘, 하물며 왕위나 성읍·촌락이나 궁전·정원 산림이나 일체 소유물 및 나머지 갖가지 난행의 고행이겠는가. 내지 보리수아래 대보리를 이루시던 일이나, 갖가지 신통을 보이셔서 갖가지 변화를 일으키시던 일이나, 갖가지 부처님 몸을 나타내어 온갖 대중이 모인 곳에 계시며, 혹은 모든 보살대중이 모인 도량이나 찰제리·바라문·장자, 거사들이 모인 도량이나, 천룡팔부 신중과 인·비인들이 모인 도량에 이르기까지 이와 같은 갖가지 대중에 모든 곳에 계시며 원만한 음성을 천둥소리 같이 하여 그들의 욕망에 따라 중생의 근성을 성숙시키던 일이나, 내지 세간에 시현하시어 열반에 드는 팔상성도의 일이나 이와 같은 온갖 일을 나는 모두 따라 배우니라. 지금 세존이신 비로자나 부처님처럼 이와 같이 진허공·변법계 시방삼세 일체 불찰의 모든 미진 중에 계시는 일체 여래께서도 모두 이와 같나니, 염념마다 나는 따라 배우니라.

이와 같이 하여 허공계가 다하고, 중생계가 다하고, 중생의 업이 다하고, 중생의 번뇌가 다할지라도 내가 따라 배우는 이 일은 궁진함이 없어서 염념마다 이어져서 끊어짐이 없고, 몸과 말과 뜻 삼업에 지치거나 싫증내는 마음이 없느니라.

제9원왕 항순중생恒順衆生

선남자여, 항상 중생에 수순한다 함은 모든 진허공·변법계, 시방 찰해에 있는 모든 중생에 갖가지 차별이 있으니, 이른바 알로 나는 것·태로 나는 것·습기로 나는 것·화해서 나는 것 혹 지수화풍을 의지해 살기도 하고, 혹 허공과 모든 초목들에 의지하여 살기도 하며, 저 갖가지 태어나는 부류와 갖가지 색신, 갖가지 형상과 갖가지 얼굴, 갖가지 수명과 갖가지 종족, 갖가지 명호와 갖가지 심성, 갖가지 지견과 갖가지 욕락, 갖가지 행동과 갖가지 위의가 있으며, 갖가지 의복을 입고 갖가지 음식을 먹으며 갖가지 마을이나 성읍이나 궁전에서 살며, 내지 일체 천룡팔부와 인·비인 등, 발 없는 것과 두 발 달린 것 여러 발 달린 것이며, 빛깔이 있는 것과 빛깔이 없는 것, 생각이 있는 것, 생각이 없는 것과 생각 있는 것도 아니요 생각 없는 것도 아닌 것 이와 같은 등 부류의 중생에게 나는 모두 수순하여 갖가지로 받들어 모시고 갖가지로 공양하길, 부모님과 같이 공경하고 스승이나 어른 및 아라한 내지 여래 등과 조금도 다름없이 받들어 모시며, (신심의) 병고에 시달릴 때 좋은 의사가 되어주고, 바른 도를 잃어 버렸을 때 바른 길을 보여주며, (무명의) 캄캄한 밤에 방황할 때 마음에 광명을 밝혀 주고, 공덕의 재산이 부족할 때 자성의 공덕장(자심의 대방광)을 개발시켜주느니라. 보살은 이와 같은 평등심으로 일체중생을 고루 이롭게 하느니라.

왜 그러한가? 보살이 중생에게 수순할 수 있으면 곧 제불께 수순하여 공양함이 되며, 중생을 존중하여 받들어 모시면 곧 여래를 존중하여 받들어 모심이 되며, 중생으로 하여금 환희심이 나게 하면 곧 일체여래로 하여금 환희심이 나게 하느니라.

왜 그러한가? 제불여래께서는 대비심을 체로 삼는 까닭에 중생으로 인하여 대비심을 일으키고, 대비심으로 인하여 보리심을 발하며, 보리심으로 인하여 등정각을 성취하니라. 비유건대 넓은 벌판 모래밭 가운데 큰 나무 왕이 있어 만약 그 뿌리가 물을 만나면 나뭇가지와 잎, 꽃과 열매가 모두 무성함과 같으니, 생사 광야의 보리수왕도 또한 이와 같으니, 일체중생은 뿌리가 되고, 제불보살은 꽃과 열매가 되어, 자비의 물로 중생을 두루 이롭게 하면 제불보살의 지혜의 꽃과 열매를 성취하느니라.

왜 그러한가? 만약 보살이 대비의 물로 중생을 두루 이롭게 하면 곧 아뇩다라삼먁삼보리를 성취하는 까닭이니라. 이런 까닭에 보리는 중생에 속하나니 만약 중생이 없으면 일체 보살도 끝내 무상정각을 성취하지 못하느니라.

선남자여, 그대는 이 뜻을 이와같이 이해할지니, 「중생심이 평등한 까닭에 원만한 대비를 성취하고, 대비심으로 중생에게 수순하는 까닭에 여래께 공양함을 성취하느니라.」

보살은 이와 같이 중생에게 수순하나니 허공계가 다하고, 중생계가 다하고, 중생의 업이 다하고, 중생의 번뇌가 다할지라도 내가 이렇게 수순함은 궁진함이 없어서 염념마다 이어져서 끊어짐이 없고, 몸과 말과 뜻 삼업에 지치거나 싫증내는 마음이 없느니라.

제10원왕 보개회향普皆廻向

또한 선남자여, 모든 공덕을 중생에게 회향한다 함은 처음 부처님께 예배하고 공경함에서부터 중생에게 수순함에 이르기까지 그 모든 공덕을 진법계 허공계의 일체 중생에게 빠짐없이 다 회향함이니라.

원하옵건대 중생으로 하여금 늘 안락하고 일체 병고가 없고, 악법을 행하고자 하면 빠짐없이 다 이루어지지 않고, 선업을 닦고자 하면 모두 속히 이루어지게 하옵소서.

일체 악취의 문을 닫아걸고 인간과 제천에게 열반에 이르는 바른 길을 열어 보이게 하고, 모든 중생이 쌓아올린 온갖 악업들로 인해 감득하게 되는 일체 지극히 무거운 고의 과보를 제가 모두 대신 받고자하오니, 저 중생으로 하여금 모두 해탈케 하여 구경에 무상보리를 성취하게 하옵소서.

보살들은 이와 같이 닦은바 공덕을 회향하나니, 허공계가 다하고, 중생계가 다하고, 중생의 업이 다하고, 중생의 번뇌가 다할지라도 나의 이 회향은 궁진함이 없어서, 염념마다 이어져서 끊어짐이 없고, 몸과 말과 뜻 삼업에 지치거나 싫증내는 마음이 없느니라.

2. 경의 수승한 공덕을 드러내다

/ 십대원왕으로 극락으로 인도하여 돌아가다

선남자여, 이것이 보살 마하살의 십종대원을 원만히 구족함이니, 만약 모든 보살들이 이 대원에 대해 수순하여 향해 들어가면 능히 (법계의) 일체 중생을 성숙시킬 수 있고, 아뇩다라삼먁삼보리에 수순할 수 있으며 바다 같은 보현행원을 원만히 성취할 수 있느니라. 이런 까닭에 선남자여, 너희들은 이 (보현원왕의) 뜻을 이와 같이 알아야 하느니라.

만약 어떤 선남자 선여인이 시방세계 무량무변 불가설 불가설 불찰 극미진수 일체 세계에 충만한 상등의 미묘한 칠보와 모든 인간과 천계에서 가장 수승한 안락(공양물)으로 저 일체 세계에 있는 모든 중생들에게 보시하고 저 일체 세계에 계시는 불보살께 공양하기를, 저 불찰 극미진수의 대겁(공양시간)을 지내도록 이어져서 끊어지지 아니하여 얻는 공덕과 다시 어떤 사람이 이 원왕을 잠깐 동안 듣고 얻는 모든 공덕을 비교하면 앞에서 말한 공덕은 백분의 일에도 미치지 못하며, 천분의 일에도 미치지 못하며, 내지 우바니사타분의 일에도 또한 미치지 못하느니라.

1. 수지독송의 오종과

또 어떤 사람이 깊은 신심으로 이 대원의 사구게 한 게송만이라도 수지·독송 내지 서사(십법행위)하면 속히 오무간업五無間業이 소멸하며, 세간에 있는 심신의 모든 병과, 갖가지 고뇌와 내지 불찰 극미진수 일체 악업이 모두 소멸하며, 또한 일체 마군, 야차와 나찰, 혹 구반다와 혹 비사사나(당정기귀噉精氣鬼) 부다(대신귀大身鬼) 등 피를 빨고 살을 먹는 모든 악한 귀신들이 다 멀리 여의거나 혹 발심하여 가까이 지내며 수호할 것이니라.

이런 까닭에 이 원왕을 (수지) 독송하는 사람들은 (첫째 증상과增上果) 이 세간을 지냄에 조금도 장애가 없어 마치 공중의 달이 구름 밖으로 나온 듯하니, 제불보살께서 칭찬하시며 일체 인간이나 천상이 마땅히 예배·공경하며, 모든 중생들이 마땅히 공양할 것이니라. (둘째 등류과等流果) 이 선남자는 훌륭한 몸을 받아서 보현보살의 모든 공덕을 원만히 하고, 마땅히 오래지 않아 보현보살과 같은 미묘한 색신을 성취하여 32대장부상이 구족할 것이며, (셋째 이숙과異熟果) 만약 인간이나 천상에 태어나면 머무는 곳마다 수승한 종족 가운데 살 것이며, (넷째 사용과士用果) 일체 악취를 모두 파괴시킬 수 있고, 일체 악한 벗을 모두 멀리 여읠 수 있으며, 일체 외도를 모두 조복 받을 수 있을 것이니라. (다섯째 이계과離系果) 일체 번뇌에서 모두 벗어날 수 있는 것이 마치 사자왕이 뭇 짐승들을 항복시키듯 할 것이며, 모든 중생들의 공양을 받을 것이니라.

2. 왕생정토의 수승한 과

1) 행원의 공능

또 이 사람이 목숨을 마치는 마지막 찰나에 일체 모든 육근이 모두 다 흩어지며, 일체의 친척 권속들이 모두 떠나며, 일체 위엄과 세력이 모두 다 사라지며, 정승 대신과 궁성 내외와 코끼리나 말이나 모든 수레와 보배나 재물 등 이러한 모든 것들이 일체 따라오는 것이 없지만, 오직 이 원왕만은 서로 떠나지 아니하여 어느 때나 늘 앞길을 인도하여, 일찰나 중에 극락세계에 왕생할 것이니라.

2) 왕생후 과보

(첫째) 극락세계에 이르러 아미타불·문수사리보살·보현보살·관자재보살·미륵보살 등을 친견하리니, 이 모든 보살들의 법신상호가 단정하고 엄숙하며, 장엄을 구족하고 함께 둘러싸고 있나니, 그 사람은 제 몸이 절로 연꽃 위에 태어나

서 부처님의 수기 받음을 스스로 볼 것이니라.

(둘째) 수기를 받고는 무수 백천만억 나유타 겁을 지내도록 시방 불가설 불가설 세계에 두루 다니며 지혜의 힘으로써 중생들의 마음을 따라 이롭게 할 것이며,

(셋째) 오래지 않아서 보리도량에 앉아서 마군들을 항복받고, 등정각을 성취하여 미묘한 법륜을 굴리시며, 능히 불찰 극미진수 세계의 중생으로 하여금 보리심을 발하게 하고, 그 근기 성향에 따라 교화 성숙시키며, 내지 한량없는 미래겁의 바다에 다하도록 널리 모든 중생들을 이롭게 할 것이니라.

3. 수지독송을 권유하고 부촉하다

선남자여, 저 모든 중생들이 이 십대원왕을 듣거나 믿고, 수지·독송하며 널리 남을 위하여 설한다면 이 사람이 지은 모든 공덕은 불세존을 제외하고는 아무도 알 사람이 없느니라.

이런 까닭에 너희들은 이 십대원왕을 듣고 의심을 내지 말아야 하느니라. (오만·비하하지 말고 여실상응하여) 마땅히 꼼꼼히 이해하여 받아들이고, 받아들이고는 능히 독경하고, 독경한 후 능히 염송하며, 염송하고는 능히 수지 내지 서사하고

널리 남을 위하여 설해야 하느니라.

이러한 (수지 독송) 등을 행하는 사람들은 일념 중에 모든 행원을 다 성취할 수 있고, 그 얻은 복의 무더기는 무량무변이나니, (보현행원을 수학하여 대원력으로) 번뇌의 고해에서 일체중생을 건져내어 생사를 멀리 여의게 하고 빠짐없이 아미타불의 극락세계에 왕생하게 할 수 있느니라.

[게송]

이때 보현보살 마하살은 이 뜻을 거듭 펴려고 시방을 두루 관하면서 게송으로 말하였다.

1. 십대원왕을 노래하다

제1원 예경제불禮敬諸佛을 노래하다

모든 시방세계 제불찰토에 계신
과거 현재 미래 삼세 일체 제불께
저는 청정한 신구의 삼업으로써
한 분도 빠짐없이 두루 예경합니다.

보현행원 닦아서 위신력이 가지하여
두루 일체 제불여래 앞에 나타나고,
한몸이 다시 찰토 미진수의 몸으로 화현해
한몸 한몸 찰토 미진수 부처님께 예경합니다.

제2원 칭찬여래稱讚如來를 노래하다

미진 하나에 (일체불찰) 미진수 제불께서
각각 보살회중에게 둘러싸여 계시고
무진법계 미진마다 또한 이와 같아
일체제불께서 다 충만하심을 깊이 믿습니다.

(제불께서) 각각 일체 음성의 바다로써
두루 다함없는 묘언의 말씀을 내어
미래 일체 겁이 다하도록
부처님의 깊고 깊은 공덕의 바다를 찬탄합니다.

제3원 광수공양廣修供養을 노래하다

가장 수승한 미묘한 화환,
가무 음악, 바르는 향 및 보배일산
이와 같은 가장 수승한 장엄구로써
저는 일체여래께 공양합니다.

가장 수승한 옷과 가장 수승한 향,
가루 향과 사르는 향, 등불과 촛불을
하나하나 모두 수미산처럼 모아서
저는 빠짐없이 일체여래께 공양합니다.

저는 광대하고 수승한 이해를 갖춘 마음으로써
시방삼세 일체 제불을 깊이 믿고,
빠짐없이 보현행원의 위신력으로
두루 일체여래께 공양합니다.

제4원 참회업장懺悔業障을 노래한다.

제가 과거에 지은 일체 악업은
모두 무시이래 탐진치로 말미암나니
몸과 말과 뜻으로부터 생겨난 것을
일체 저는 지금 빠짐없이 참회합니다.

제5원 수희공덕隨喜功德을 노래하다

시방세계 일체 육도중생과
성문연각의 유학 및 무학,
일체 여래와 51위 보살의
모든 공덕을 빠짐없이 수희찬탄합니다.

제6원 청정법륜請轉法輪을 노래하다

시방세계 모든 세간의 등불이신 부처님과
가장 처음 보리를 성취한 초주 보살님(선지식)께
위없는 미묘한 법륜을 굴리시길
저는 지금 일체 빠짐없이 권청합니다.

제7원 청불주세請佛住世를 노래하다

시방제불께서 열반에 드시려 하면
저는 (화현하여) 빠짐없이 지성으로 권청하오니,
오직 원컨대 불찰 미진수 겁에 오래오래 머무시어
일체 중생을 (미래에) 이롭게 하고 (현전에서) 안락케 하소서.

예경제불 · 칭찬여래 · 광수공양의 복덕과
청불주세 · 청전법륜 ·
수희공덕 · 참회업장의 제선근을
(실제實際와) 중생 및 불도(보리)에 회향합니다.

제8원 상수불학常隨佛學을 찬탄하다

저는 일체여래(아미타불)를 따라 배우고
보현대사의 원만한 염행(전념아미타불)을 수습하여
과거 일체여래 및 현재 시방제불께 공양합니다.

미래 천인사(일체중생)의
일체 뜻과 즐거움이 빠짐없이 원만하니,
저는 널리 삼세제불을 따라 배워서
속히 대보리(무상정등정각)를 성취하겠나이다.

제9원 항순중생恒順衆生을 노래하다

모든 시방 일체제불 찰토
(극락처럼) 광대 · 청정 · 미묘장엄하고
그 가운데 보살회중이 일체여래를 둘러싸고서
빠짐없이 보리수왕 아래 모여 있나니, (수순하겠나이다.)

시방세계 모든 중생들이
(신심의) 우환을 여의고 항상 안락하며
깊고 깊은 정법의 이익을 얻어
남김없이 일체번뇌를 없애도록 하겠나이다.

제10원 보개회향普皆回向을 노래하다

1) 불법을 호지하겠나이다

저는 보리를 위해 수행할 적에
인천 등 일체 취(십법계)에 태어나 숙명통을 얻어
항상 출가하여 보살삼취정계를 닦아

때 묻지도 파계하지도 새지도 않겠나이다.

천·룡·야차·구반다 팔부중생
내지 인·비인 등에게
모든 일체중생 각자의 말로
빠짐없이 온갖 음성으로써 설법하겠나이다.

2) 자리이타를 수행하겠나이다

청정 바라밀을 부지런히 닦고
항상 보리심을 수지하여 잃지 않겠나이다.
번뇌장과 소지장을 남김없이 없애고
일체 묘행을 빠짐없이 성취하겠나이다.

모든 미혹·업장 및 마군의 경계에서
세간도에 머물며 해탈을 얻겠나이다.
마치 연꽃이 (물위에 나와) 물에 집착하지 않고
해와 달이 허공에 (운행하되) 머물지 않듯이

3) 중생을 도와 성숙시키겠나이다

빠짐없이 삼악도의 일체 고통을 없애고
평등하게 일체 중생에게 안락을 베풀며
이와 같이 찰토 미진수의 겁이 지나도록
시방세계 중생을 항상 이롭게 하여 궁진함이 없도록 하겠나이다.

저는 항상 일체중생에 수순하여
미래 일체 겁이 다하도록 (지치거나 싫증냄이 없고)
항상 보현보살의 광대한 행을 닦아서
위없는 대보리를 원만히 증득하겠나이다.

4) 선지식을 여의지 않겠나이다

모든 저와 보현행을 함께 닦는 분께서
일체 처에서 함께 모여 수행하시며
몸과 말과 뜻 삼업이 모두 동등하고
일체 행원을 함께 수학하시기를 원합니다.

저를 이롭게 하는 모든 선지식께서
저를 위해 보현행을 드러내 보이시고
항상 저와 함께 모여 수행하시며
저에게 항상 즐거운 마음 내시기를 원합니다.

5) 불보살에게 공양하겠나이다

저는 항상 면전에서 시방세계 일체여래 및
보살회중이 저를 둘러싸고 있음을 보고
저들에게 빠짐없이 광대한 공양을 일으킴에
미래겁이 다하도록 지치거나 싫증내는 마음이 없도록 하겠나이다.

제불의 미묘한 법을 수지하여
반야지혜의 광명으로 일체 보리행을 드러내며
구경청정의 보현도를
미래겁이 다하도록 항상 수습하겠나이다.

6) 일체중생을 이롭게 하겠나이다.

저는 일체 삼계육도에 이르러
닦는 복과 지혜가 항상 궁진함이 없고
선정·지혜로 교화방편이 해탈(자재)에 이르러
그지없는 공덕장을 획득하겠나이다.

한 알의 미진에 미진수의 불찰(대천세계)이 있고,
불찰 하나하나에 헤아리기 어려운 부처님이 계시고
부처님 한분 한분 보살회중이 둘러싼 가운데 계시어
저는 항상 보리행 표연하심을 보겠나이다.

7) 미묘한 법문 굴리는 말씀의 바다에 들어가겠나이다

시방세계 제불찰토의 바다를 두루 궁진토록
(시방찰토의) 털끝 하나하나 모두 삼세시간의 바다에 나타난
일체제불의 바다 및 가없는 국토의 바다를 함섭하니,
저는 무수 대겁의 바다가 지나도록 두루 수행하겠나이다.

(업장을 제거하기 위해) 일체 여래의 말씀은 청정하시니

한 말씀에 온갖 음성의 바다를 갖추고
일체중생의 의요(意樂; 근성)에 따라
음성 하나하나 부처님의 변재바다에서 흘러나옵니다.

삼세 일체 여래께서 현전하시어
저 무궁무진한 말씀의 바다로부터
항상 진리에 취입하도록 미묘한 법륜 굴리시나니,
저는 깊은 지혜의 힘이 있어야 (이 바다에) 두루 들어갈 수 있나이다.

8) 일념에 정토에 들어가겠나이다

저는 미래(일체겁)에 깊이 들어갈 수 있나니,
일체겁이 궁진토록 일념을 짓고
삼세의 모든 일체겁에 일념제—念際를 지어서
저는 모두 (이러한 염겁이 원융한 경계에) 들어가겠나이다.

삼세, 일체 제불을
저는 일념(현량現量)에 친견하고,
또한 부처님의 경계 중에 취입趣入하여
여환해탈如幻解脫 및 위덕능력을 갖추겠나이다.

9) 제불여래를 가까이 모시겠나이다

털끝 하나, 극미의 미 가운데
삼세의 장엄찰토가 출현하며

시방세계 미진수 찰토의 모든 털끝마다
저는 빠짐없이 깊이 들어가 장엄하겠나이다.

모든 미래, 세간을 비추는 등불(부처님)께서는
성도하신 후 법륜을 굴리시어 온갖 중생 깨치시고
불사를 원만하게 마치신 후 열반을 보이시니,
내가 빠짐없이 나아가 참예하고 가까이 모시겠나이다.

10) 무상정각을 이루겠나이다

(불가사의한) 신통력을 얻어 (일념의 순간에) 재빨리
(시방세계에) 두루 도달하겠나이다.

(일체 시, 일체 처에) 두루 무량법문으로
대승에 들어갈 수 있는 역량을 성취하겠나이다.

지혜의 힘으로 결단하고 행의 힘으로 임운하며
중생을 이롭게 하여 공덕을 두루 닦겠나이다.

대자비의 힘으로 시방중생계를 두루 덮고
위신력으로 두루 들어가 중생을 이롭게 하겠나이다.

(보리심을 발하고 대승법을 수지독송하여 성취한)
수승한 복덕의 힘으로 일체 경계를 두루 청정 장엄하겠나이다.

(일체 소지所知를 요달한) 지혜의 힘으로
일체에 집착함도 의지함도 없이 수행하고 교화하겠나이다.

선정의 위신력과 지혜의 위신력과
방편의 위신력을 성취하여 중생을 이롭게 하겠나이다.

무상보리를 증득하는 힘을
(적시, 적소에) 두루 쌓고 모으겠나이다.

(악을 깨뜨리고 회복하며, 대치하고 의지하는 힘을 갖추어)
일체 (유루) 선업의 힘을 깨끗이 제거하겠나이다.

(무량중생의 마음과 행위를 전도케 하는)
일체 번뇌의 힘을 모두 꺾어 없애겠나이다.

(보리행 등을 닦는데 장애가 되는)
천마 등 모든 마의 힘을 항복시키겠나이다.

(세 가지 대치하는 수승한 힘을 수습하여)
원만한 일체 보현행의 역량을 갖추겠나이다.

과거 현재 미래 일체 여래께서
가장 수승한 보리를 성취하기 위해 발한 일체 행원을

저는 빠짐없이 공양하고 원만히 닦아
(일체선을 원만히 갖춘) 보현행으로 무상보리 증득하겠나이다.

11) 결귀 : 문수보살 보현보살 두 성인처럼 되겠나이다

일체 여래에게는 장자가 있으니
그 명호 이르길, 보현존자라
저는 이제 모든 선근으로 회향하여서
지혜와 행위가 빠짐없이 그와 같아지겠나이다.

몸과 말과 뜻이 항상 청정하고
일체 행위와 찰토 또한 그러하나니
이와 같은 지혜로 명호가 보현이라
저는 그와 빠짐없이 같아지겠나이다.

저는 두루 일체 보현행을 청정 장엄하고
문수사리보살의 일체 대원을 이루기 위해
두 성인의 모든 사업을 남김없이 원만하게 하고자
미래제 일체 겁이 다하도록 항상 싫증 내지 않겠나이다.

저는 무량한 행을 닦고
무량한 일체 공덕을 획득하여
무량한 일체 행과 공덕에 안온히 머물면서
일체 신통력을 요달하겠나이다.

문수사리보살의 지혜력은 용맹하고
보현보살의 방편지혜 행 또한 그러하나니
저는 이제 모든 선근을 회향하여서
두 성인을 따라 모두 항상 수학하겠나이다.

삼세 일체 제불께서 칭찬하시는
이와 같이 수승한 일체 대원이여,
저는 이제 모든 선근을 회향하여
보현보살의 수승한 행 증득하겠나이다.

2. 수승한 공덕을 찬탄하다

1) 극락세계에 태어나도록 하겠나이다

저는 목숨을 마치려고 할 때
(보현행원의 힘으로) 일체 장애를 다 없애고
저 아미타부처님을 친견하옵고
(일찰나에) 곧 안락찰토에 왕생하겠나이다.

저는 저 국토에 이미 왕생한 후
현전에서 이 보현십대원을 성취하나니,
(제불 여래처럼) 일체 남김없이 원만하여
일체 중생계를 이롭고 안락하게 하겠나이다.

저 부처님의 보살중 모두 청정해라
저는 이때 수승한 칠보연꽃에 화생하여
무량광 여래를 친견하고
현전에서 보리수기를 받겠나이다.

저 여래에게 보리수기를 받고서
무수 백억화신으로 나타나고,
반야지혜의 힘이 광대한 시방세계에 두루 가득해
일체 중생계를 두루 이롭게 하겠나이다.

2) 보현보살 대원은 다함이 없다

내지 허공 및 (허공속) 세계가 다하고
(세계 속) 중생 및 (중생의) 업과 번뇌가 다하면
이와 같이 일체가 다함이 없거니와
저의 원도 마침내 항상 다함이 없습니다.

3) 경을 듣는 이익을 겨루다

시방의 모든 무량무변 제불찰토에 계신
일체 여래께 온갖 보배로써 장엄 공양하고,
일체 찰토 미진수의 겁이 지나도록
천인에게 가장 수승한 안락을 보시하더라도

어떤 사람이 이 수승한 원왕을

잠깐 동안 듣고서 청정한 믿음을 내어
수승한 보리의 인과를 간절한 마음으로 우러러 구하면
저 공덕보다 나은 수승한 공덕을 얻으리라.

4) 보현행의 이익을 드러내 보이다

　　첫째, 증상과增上果 : 증상작용이 일어난다

곧 항상 악지식을 멀리 여의고
일체 악도를 영원히 여의며
무량광 여래를 빨리 친견하옵고
이 보현보살의 가장 수승한 원을 갖추리라.

　　둘째, 등류과等流果 : 과는 인과 동등한 흐름이다

이 사람은 (청정법신으로) 무량수를 얻고
이 사람은 원을 타고 다시 인간 세상으로 오며
이 사람은 오래잖아 당생성불하리니,
저 보현보살의 행과 같으니라.

　　셋째, 이계과離系果 : 얽매임으로부터 벗어나다

과거에는 지혜의 힘이 없어
극악한 오무간죄를 지었더라도
이 보현보살 십대원왕을 독송하면
일념에 재빨리 모두 소멸하리라.

넷째, 이숙과異熟果 : 다음 생에 선과가 무르익는다

(원만하게 인을 닦아 다음 생에)

좋은 가문·신분 및 용모·색상으로 태어나고,
상호와 지혜가 모두 원만하리라.

다섯째, 사용과士用果 : 보현행원을 수지한 작용

(보현행원을 수지하면 어떤 선근을 닦든지)

마군의 장애로도 외도의 사견으로도 꺾을 수 없고
삼계 인천으로부터 응당 공양을 받게 되리라.

여섯째, 구경과究竟果

빨리 보리수왕에 이르러
(사자좌에) 앉아서 모든 마군을 항복시키고,
무상정등정각을 성취하며 법륜을 굴려서
일체 모든 중생을 두루 이롭게 하리라.

3. 수지하길 권유하고 부촉하다

1) 수지하길 권하다
누구든지 이 보현행원품을
독송 수지 및 연설하는 사람의
과보는 (불가사의하여) 오직 부처님만이 깨달아 아시니

결정코 무상 보리도의 수승한 방편을 얻게 되리라.

누구든지 이 보현행원품을 독송하면
저는 말하노니, 적은 연분의 선근으로도
일념에 (상응할 때 문득) 일체 행원이 다 원만하고
(극락에 왕생한 후) 일체중생의
(선법에 상응하는) 청정원을 성취하리라.

2) 총괄해 회향하다

저는 이 보현행원품의 (문사수 등) 수승한 법행으로 얻은
무량무변한 수승한 복덕을 빠짐없이 회향하오니,
두루 원하옵건대, 모든 생사윤회에 빠져있는 일체중생이
무량광불의 수승한 찰토에 빨리 왕생하게 하소서.

[결귀 結歸]

이때 보현보살 마하살이 여래 앞에서 이 넓고 큰 보현보살의 광대한 십대원왕의 청정한 게송을 선설해 마치니, 선재동자는 뛸 듯이 기뻐하였고, 일체 보살도 모두 크게 환희하였다!

여래께서 찬탄하여 말씀하시길, "훌륭하다, 훌륭하다."

그때 세존께서는 거룩하신 여러 보살마하살과 더불어 이와

같이 불가사의 해탈 경계의 수승한 법문을 연설하실 적에 (첫째) 문수사리보살을 상수로 하는 대보살과 (그 보살이) 성숙시킨 6천 비구들과 (둘째) 미륵보살을 상수로 하는 현겁 중의 일체 대보살, (셋째) 무구 보현보살을 상수로 하는 일생보처─生補處, 십지 관정위에 안온히 머무시고 곧 성불할 여러 대보살 및 (넷째) 여타의 시방 갖가지 세계에서 두루 와서 모이신 일체 찰해 미진수의 여러 보살마하살과 대지혜 사리불·마하목건련 등을 상수로 하는 여러 대성문과 인천의 일체 세주, 천룡 야차와 건달바 아수라, 가루라 긴나라와 마후라가, 인·비인 등 일체 대중이 부처님의 말씀을 듣고 빠짐없이 크게 환희하고 신수봉행하였다.

입부사의해탈경계 보현행원품   종終

회향게 廻向偈

원하옵건대 이 공덕으로
불국정토 장엄하여서
위로 사중의 은혜 갚고
아래로 삼악도의 괴로움 건너게 하옵소서

만약 견문이 있는 이는
모두 보리심을 발하여
이번 보신이 다할 때
함께 극락국토에 태어나지이다

능엄경 대세지보살염불원통장
楞嚴經 大勢至菩薩念佛圓通章

능엄경 대세지보살염불원통장 서문[17]

정권精權 법사

『대세지염불원통장勢至菩薩念佛圓通章』은 『능엄경楞嚴經』의 한 장입니다. 『능엄경』 25원통圓通 중에서 제24원통 즉 대세지보살 근대원통根大圓通입니다. 근대원통의 의의는 본문 후단에서 해석할 것입니다. 이른바 25원통이란 곧 안·이·비·설·신·의의 5근五根, 색·성·향·미·촉·법의 6진六塵, 안식·이식·비식·설식·의식의 6식六識 , 지·수·화·풍·공·근·식의 7대七大 및 최후 이근耳根으로 합쳐서 25법法, 즉 25원통입니다.

다만 이근원통耳根圓通은 아나율타阿那律陀 존자의 안근원통 다음에 있어야 하나, 이 경은 대중 가운데 다문제일多聞第一인 아난 존자에게 근기를 맞추어 그로 하여금 쉽게 들어가고 쉽게 행하게 하고자 하는 까닭에 24명의 성자들이 각자 원통을 간략히 설명한 후에 곧 관세음보살께서 이근수증법문耳根修證法門을 자세히 설명하여 아난 존자에게 보여줌으로써 그로 하여금 공부에 착수하도록 하였습니다.

관세음보살은 본래 오래 전에 성불하신 고불古佛로 명호가 정법명여래正法明如來이지만, 현재 관세음보살로 나타나 계십니다. 25명의 대사께서는 각자 원통을 이루는 일법一法을 말씀하여 부처님의 물음에 답하셨습니다. 일법을 통달하면 나머지 24법을 통달함은 물론 일체 제법에 대해 통달할

---

17) 정권精權법사(1881-1960, 중국) 『능엄경 대세지보살염불원통장 강의楞嚴經大勢至菩薩念佛圓通章講義』, (『염불원통』, 박병규 역, 삼보제자) 참조하여 번역하였다.

수 있기에 25분 대사의 일법을 모두 원통圓通이라 부릅니다.

이를테면 화두금강火頭金剛이 이르길, "저는 과거에 음욕이 아주 무거웠습니다. 그때 공왕불空王佛을 알현하였을 때, 부처님께서 저에게 인체의 모든 뼈들과 손발, 사지의 모든 차갑고 뜨거운 기운을 두루 관찰하라고 가르치시기에 신령스런 마음의 빛을 안으로 응시하여 많은 음욕의 마음을 지혜의 불로 변화시켰나이다." 하셨습니다. 이는 화대火大로 말미암아 깨달았다는 경우입니다. 또한 지지보살持地菩薩께서 이르시길, "저는 과거 보광여래 재세 시에 땅을 고르는 고행을 닦았으며, 사람들을 위하여 다리를 고치고 도로를 포장하는 것을 수행으로 삼았습니다. 나중에 비사여래를 알현하였는데, 비사여래께서는 저에게 마정수기를 내리시며, 「너는 마땅히 심지를 평탄하게 하라. 그러면 세계의 땅과 일체 모든 것들도 평탄하게 될 것이다.」 하시어 저는 이 말씀을 듣고 바로 마음이 열렸나이다." 하셨다. 이는 지대地大로 말미암아 깨달음에 이른 경우입니다.

대세지보살의 근대원통은 25법의 순서에 따르면 23위에 있어야 하지만, 지금 24위에 있는 것은 대세지보살의 염불원통이 미묘 심원하고, 이미 말한 관세음보살의 이근원통과 더불어 막상막하이므로 23위를 뛰어넘어 제24위에 배치한 것입니다. 능엄회상에서 석가모니 세존께서 문수보살에게 명하여 원통법을 선택하라고 하시자 보살께서는 이근원통을 선택하셨는데, 그 목적은 아난 존자의 근기에 맞추어 설법하기 위함입니다. 왜냐하면 아난 존자는 늘 많이 듣는 것을 좋아하여 듣는 성품(聞性)을 되돌려 듣는 것을 몰랐기에 마등가 음녀에 포섭되는 것을 피할 수가 없었습니다.

그러나 지금 보리菩提를 성취하기 위해 거문고 줄을 고치고 수레바퀴를 갈아 끼울 필요 없이 안성맞춤으로 길을 나서 고향집에 돌아갈 수 있습니다. 곧 "날마다 동쪽을 향해 달리더라도 머리만 돌리면 바로 서쪽이듯이,

듣는 자성을 되돌려 들을 수만 있다면 자성 그대로 위없는 도를 성취한다.” 하셨습니다. 이것이 바로 이른 바 깨달음의 성품은 본래 두루 하여 안과 밖이 없다는 이치입니다. 다만 일념에 마음의 빛을 돌이키면 선 자리에서 원만히 성취할 수 있으며, 삿된 경계를 돌려 부처님의 경계를 이룰 수 있으니, 어찌 마등가에 포섭될 수 있겠습니까? 문수보살은 아난의 근기에 맞추기 위하여 이근원통을 선택하였습니다.

그러나 오늘날 사람들의 근기에 맞추자면, 대세지보살의 염불원통이 가장 근기에 맞습니다. 왜 그렇습니까? 지금 말법 중생은 근기와 성품이 둔하고 하열하여, 자성을 원만히 깨달아 미혹을 끊고 진여를 깨달아서 생사윤회를 벗어나고, 범부를 넘어 성류에 들어갈 수 없습니다.

그런 까닭에 세존께서는 『대집경大集經』에서 3천 년 전 일찍이, “말법시대에는 무수 억의 수많은 사람들이 수행한다 하더라도 도를 이루는 사람이 드무나니, 오직 염불법문에 의지하여야 생사윤회를 벗어날 수 있느니라(末法億億人修行 罕有一人得道 惟依念佛法門 得度生死).”라고 설파하셨습니다.

지금 대세지보살 염불원통장을 살펴보면 순수하게 염불법문입니다. 이것은 바로 우리들의 때와 근기(時機)에 잘 부합합니다. 염불법문은 여래의 과각果覺을 빌려 자성의 원통을 드러내는 것입니다. (관세음보살의) 이근원통으로 깨달음에 들어가는 것은 근기가 예리한 수행자라야 비로소 수습할 수 있고, 둔한 근기의 수행자는 이근원통으로 법익을 얻을 수 없습니다.

오직 염불하여 서방정토에 태어나길 구하는 정토법문만이 위로는 상상근기의 사람도 그 문지방을 넘어 바깥에 있을 수 없으며, 아래로는 하하근기의 사람도 그 권역에 이를 수 있는 법문입니다. 이체理體에 비추어 말하자면, 구법계 중생들은 모두 아미타부처님의 과각果覺의 마음 한가운데 있습니다. 사상事相에 비추어 논하더라도, 비록 사토四土·9품 왕생의 품위가 높고 낮아 각기 다르지만, 구경에 함께 정토로 돌아감은 모두 동일합니다.

이런 까닭에 위로는 문수보살, 보현보살, 마명보살, 용수보살과 혜원법사, 천태지자대사, 영명연수대사, 연지대사 등 모든 대보살들과 모든 대조사께서 모두 다 염불하여 서방극락에 왕생하길 발원하셨습니다. 아래로는 보통사람들로부터 오역십악의 중죄를 저지른 사람과 원숭이, 성성이, 앵무새와 구관조 등 동물에 이르기까지 기꺼이 발심하여 염불하고 서방극락에 태어나길 구하면 또한 업을 짊어진 채로 왕생할 수 있습니다.

임종 시 상서가 뚜렷함은 『정토성현록』 등 여러 서적에 무수히 실려 있어 일일이 다 설명할 수 없습니다. 『아미타경』에 이르길, "극락에 왕생한 중생들은 모두 아비발치의 지위에 있느니라(衆生生者 皆是阿鞞跋致)."라고 말씀하셨다. 범어 「아비발치」는 영원히 물러서지 않는다는 뜻입니다.

모든 일체 염불중생이 서방정토에 태어나면 바로 영원히 물러남 없이 일생에 성불하여 곧 원만한 불과에 이르러 일대사를 마칩니다. 그러므로 대세지보살 염불원통의 성취속도는 원만하고 단박에 곧장 질러감에 있어 관세음보살 이근원통과 조금도 다르지 않고 같습니다. 그러나 중생의 근기를 두루 섭수함에 있어서는 염불원통이 이근원통을 능가합니다.

왜 그렇습니까? 이근원통은 오로지 근기가 예리한 사람만을 섭수하지만, 염불원통은 상중하 모든 근기를 널리 섭수하여서 둔한 중생과 예리한 중생을 전부 거두어들이기 때문입니다.

염불원통장 대의[18]

1. 염불의 근본 뜻을 설명하다

크도다! 염불을 법문으로 삼아, 대승과 소승을 모두 섭수하고 이근과 둔근을 나란히 포섭하며, 사事와 이理에 원용하고 성性과 상相에 걸림이 없다.

부처에 즉함이 그대로 마음이니 한 마음도 마음부처 아님이 없고, 마음에 즉함이 그대로 부처이니 한 부처도 부처마음 아님이 없다.

마음을 전일하게 억념함에 불불이 모두 드러나고 부처님을 전일하게 칭념함에 마음마음 문득 드러나니, 마음 바깥에 부처가 없어 마음의 억념하는 바가 되고, 또한 부처 밖에 마음이 없어 부처의 칭념하는 바가 된다.

중생이 부처님을 염하니 부처님께서 중생의 마음 안에 있고, 부처님께서 중생을 염하니 중생이 부처님의 마음 가운데 있다.

이 마음 그대로 부처가 되니 마음으로 염하지 않으면 부처가 되지 않고, 부처님에 즉하여 마음을 드러내니 부처님의 명호를 칭념하지 않으면 마음은 드러나지 않는다. 즉 염불일문은 지성심으로 견성성불하는 묘법임을 알지라.

---

18) 《능엄경세지염불원통장소초楞嚴經勢至念佛圓通章疏鈔》 통서대의 부분을 번역하여 게재하였다

2. 염불원통장의 말씀을 드러내다

그래서 12여래는 호를 삼매라 하고, 대세지보살께서는 원통이라 표명하였다.

삼매는 곧 일체 선정을 총섭하고, 원통은 곧 만행을 구족한다. 일심으로 돈교와 실교를 배움에 또한 마땅하지 않은가!

3. 수승한 이익을 인취하여 수행을 권하다

부처님 명호를 말하는 소리를 듣고 그 위덕 광명으로 다함없는 법문을 증득한다. 부처님 경계를 억념하고 덕운 비구는 수많은 법문으로 해탈을 얻었다. 이러한 수승한 이익이 있으므로 응당 믿고 행해야 하니, 어떻게 자심을 해치고 자심을 버리며, 발원하지 않고 수행하지 않는가!

노향찬 爐香讚

향로에 향을 사루니
법계에 향기가 가득
부처님 회상에 두루 퍼져서
가는 곳마다 상서구름 맺히나이다
저희 정성 간절하오니
부처님 강림하옵소서

나무향운개 보살마하살
(세번)

나무본사석가모니불
(세번)

개경게 開經偈

위없이 깊고 깊은 미묘한 법문
백천만 겁에도 만나기 어려워라
제가 지금 듣고 보아 수지하오니
여래의 진실한 뜻 알아지이다

대불정수능엄경 대세지보살염불원통장

당천축唐天竺 사문 반자밀제般刺密諦 역

대세지 법왕자께서는 그 뜻이 같은 52보살과 함께 하셨으니, 곧 자리에서 일어나 부처님 발에 정례하고 부처님께 아뢰었느니라.

"제가 기억하옵건대, 과거 항하사 겁 전에 한 부처님께서 세상에 오셨나니, 그 명호가 무량광이었습니다. 열두 분의 아미타여래께서 일 겁씩 이어오셨고, 그 마지막 부처님의 명호가 초일월광이었습니다. 그 부처님께서 저에게 염불삼매를 가르쳐주시길,

「비유컨대 한 사람은 오로지 그리워하고 한 사람은 오로지 잊어버리니, 이와 같은 두 사람은 만나도 만나지 못하고, 혹 보아도 보지 못하느니라. 두 사람이 서로 그리워하고, 두 사람이 그리워하고 생각함이 깊어져서 이와 같이 내지 세세생생토록 그림자가 형상을 따르듯 서로 떨어져 여의질 않느니라.

시방세계 여래께서는 중생을 가엽게 생각하시길 어머니가

자식 생각하듯 하느니라. 만약 자식이 어머니로부터 도망쳐 달아나버리면 비록 어머니가 그리워한들 무슨 소용이 있겠는가? 자식이 어머니를 그리워하길 어머니가 자식을 그리워하듯 한다면, 어머니와 자식은 여러 생을 지내면서 서로 어긋나거나 멀어지지 않느니라.

만약 중생이 마음으로 부처님을 그리워하고 부처님을 생각하면 현전이나 당래에 반드시 결정코 부처님을 친견할 것이니라. 부처님과 멀리 떨어져 있지 않아, 방편을 빌리지 않고도 자성본연에서 마음이 열릴 것이니라.

이는 마치 향기를 묻힌 사람의 몸에 향기가 나는 것과 같나니, 이것을 일러 향광장엄이라 하느니라.」하셨습니다.

저는 본래 인지에서 염불심으로 무생법인에 들어갔나니, 지금 이 사바세계에서 염불하는 이들을 모두 섭수하여 서방정토로 돌아가게 하겠나이다.

부처님께서 저에게 원통의 방법을 물으시니, 저는 다른 선택을 하지 않고, 오로지 육근을 모두 거두어 들여 정념이 서로 이어져서 삼마지를 얻는 것을 제일로 삼겠나이다."

대세지보살염불원통장 終

발일체업장근본득생정토신주

나무아미다바야 · 다타가다야 · 다지야타 ·
아미리도바비 · 아미리다 · 실담바비 ·
아미리다 · 비가란제 · 아미리다 · 비가란다 ·
가미니 · 가가나 · 지다가례 · 사바하
(세 번 칭념)

찬불게

아미타불 청정법신 금빛으로 찬란하고
거룩하신 상호광명 짝할이가 전혀없네

아름다운 백호광명 수미산을 둘러있고
검고푸른 저눈빛은 사해바다 비추시며
광명속에 화신불이 한량없이 많으시고
보살도를 이룬사람 또한 그지없나이다

중생제도 이루고자 사십팔원 세우시고
구품으로 중생들을 피안으로 이끄시네
나무서방극락세계 대자대비 아미타불
나무아미타불

(염불 수에 따라 백 번 내지 천 번 하고 다시 4자염불로 바꾼다)

아미타불

(백 · 천 번)

나무관세음보살
나무대세지보살
나무청정대해중보살

(세 번)

발원 회향게

제가 지금 아미타부처님 진실공덕인 부처님 명호를 칭념하오니, 오직 원하옵건대 자비로 불쌍히 여겨 섭수하여 주시고, 참회와 소원을 증득해 알게 하여 주시옵소서.

과거에 지은 모든 악업은 다 무시이래 탐진치로 말미암고 신구의를 좇아 생겨난 것이니, 저는 지금 빠짐없이 다 참회하옵나이다.

원하옵건대 제가 목숨을 마치려 할 때 일체 모든 장애를 다 제거하고 저 아미타부처님을 친견하고 즉시 안락찰토에 왕생하게 하옵소서.

원하옵건대 이 공덕으로 불국정토 장엄하여 위로 사중의 은혜를 갚고 아래로 삼악도의 괴로움 건너게 하옵소서. 만약 견문이 있는 이는 모두 보리심을 발하여 이번 보신이 다할 때 함께 극락국토에 태어나게 하옵소서.

일체보살마하살 마하반야바라밀
(한번 염송)

[자운향엄행자慈雲香嚴行者 권수문權修文]

게송에 이르시길, "하루 무상한 죽음 찾아와야 비로소 꿈속 사람임을 아나니, 그 무엇도 가져갈 수 없지만 오직 업보만은 그 몸을 따르리라." 하셨다. 관직·재산, 가옥·전답, 의복·음식 내지 처자·권속은 죽음이 도래하면 모두 가지고 갈 수 없는 것이다. 오직 업보만 몸을 따른다 함은 한평생 살면서 지은 탐진치 교만과 오역五逆 십악의 악업, 계정혜 보시와 오계五戒 십선의 선업은 무상한 죽음이 도래하면 빠짐없이 다 바짝 당신을 따른다는 뜻이다.

《능엄경》에 이르시길, "임종시 아직 따뜻한 감촉을 버리지 못하는 동안 일생의 선악이 한꺼번에 문득 나타난다." 하셨다. 이에 악한 자는 바로 삼악도의 괴로운 과보를 감득하고, 선한 자는 바로 인천의 즐거운 과보를 감득한다. 만약 선한 마음에 믿음과 발원으로 염불하여 왕생을 구하면 바로 극락불토의 경계상이 나타난다.

《보현행원품》에 이르시길, "이 사람이 목숨을 마치는 마지막 찰나에 일체 모든 육근이 빠짐없이 다 흩어지면 일체의 친척 권속들이 모두 떠나고, 일체 위엄과 세력이 모두 다 물러나 잃으며, 고관대작이나 궁성 안팎과 코끼리·말이나 모든 탈 것과 보배나 모든 묻힌 보물 등 이와 같은 일체가 다시 따라오는 것이 없지만, 오직 이 원왕願王만은 여의지 아니하여 어느 때나 늘 앞길을 인도하여, 일찰나 중에 즉시 극락세계에 왕생하여 아미타부처님과 모든 성중을 친견하게 되리라." 하셨다. 이미 이와 같은데, 어떻게 이렇게 몸이 건강할 때 틈내어 노력하여 부지런히 닦지 않겠는가.

선도대사께서 이르시길, "비록 금은보화가 집안에 가득해도 쇠약해지고 늙고 병들어 감은 면하기 어렵도다. 그대 천만가지 쾌락 누린다 해도 무상한 죽음은 끝내 찾아오고야 말리라." 하셨다. 오직 곧장 질러가는 수행이 있으니, 아미타불 부처님 명호를 염할 뿐이라. 임종에 이르러 후회하여도 되돌릴 수 있는 일이란 없다. 모든 사람에게 받들어 권하오니, 때맞춰 닦고 부지런히 정진하라. 생사는 가장 큰 일이거늘 덧없는 세월은 빨리 가버리니, 삼가 이를 분수 밖이라 여기지 말라. 노력하고 또 노력할지라.

또한 정업淨業을 닦는 사람은 삼자량三資糧을 갖추어야 한다. 첫째는 신信으로 윤회는 가장 괴로운 일임을 믿고, 염불이 가장 미묘한 일임을 믿는다. 이 사바세계의 수행으로 도과를 이루기 어렵다고 믿는다. 저 극락세계에 태어나길 발원하고, 내지 십념에 결정코 왕생한다고 믿는다. 과보로 인천에 태어나 복이 다하면 여전히 삼악도에 떨어진다고 믿는다. 일생에 극락정토에 태어나, 영원히 퇴전하지 않고 마땅히 정각을 이룬다고 믿는다. 부처님 명호를 한번만 불러도 능히 십억겁 생사중죄가 사라진다고 믿는다. 아미타부처님께서는 염불인을 섭취하여 병 중에 보살펴주시고 목숨이 마칠 때 내영하심을 믿는다.

둘째는 원願으로 업장이 사라지길 발원하고, 온갖 괴로움이 사라지길 발원한다. 심안이 열리길 발원하고, 부처님을 친견하길 발원한다. 정업淨業이 이루어지길 발원하고, 안양(극락)국토에 태어나길 발원한다. 수기 받기를 발원하고, 중생을 제도하길 발원한다.

셋째는 행行으로 몸으로 예불하고, 입으로 칭명하며, 마음으로 관상함에 모두 전일하여 결코 산란함이 없어야 한다. 이해하여 알아 믿고 발원할 때 연꽃의 종자가 심어지고, 전일하게 염할 때 연꽃이 물 위로 솟아난다. 공功이 이루어질 때 연꽃이 허공에 피고, 의심하여 물러나는 마음이 일어나면 연꽃 또한 시든다.

이로 말미암아 낮과 밤 여섯 때 한 생각도 사바세계에 미련이 없어 무릇 일어날 때나 머물 때나, 옷을 입을 때나 식사할 때나, 말할 때나 침묵할 때나, 움직일 때나 고요히 있을 때나 일체 행함에 있어 모두 극락정토를 잊지 않는다. 목숨을 마치려할 때 이르러 응당 염불하고 발원하여 죽음을 두려워하지도 생을 탐하지도 않는다. 항상 스스로 생각하길, 나의 현재 몸은 온갖 괴로움에 번갈아 얽히고 더러운 것들이 흘러넘친다. 만약 이 몸을 버리고 극락의 연못에 의탁하면 무량한 즐거움을 받고 일은 지극히 뜻에 맞다. 이는 냄새나고 헤어진 옷을 벗고 비단 옷을 입는 것과 같다.

수많은 반연을 내려놓고 몸과 마음이 해탈하여 잠시라도 병환이 가볍든 무겁든 상관없이 곧바로 무상을 생각하고 일심으로 죽음을 기다리며, 곧 모든 사람에게 부탁하길, "모두 내 앞에 오거든 나를 위해 염불해 주시오. 세상일과 집안 인연의 길고 짧은 것을 잡스레 말하지 마시오. 거듭 스님을 청하여 자주 와서 권고 훈계하며 경전에 의지해 지시하시오. 병이 위중하여 육신을 버릴 무렵에 이르러 집안사람과 친척들에게 소리내어 울지 말고 결코 슬퍼하고 괴로워하는 소리를 내지 말게 하시오. 심신이 흐려지고 어지러우며 정념正念을 잃어버릴까 두려우면 아미타불 부처님명호를 고성으로 낭낭하게 염하시오. 기가 끊어지고 신식이 편안하게 떠나가는 모습을 지켜보고 비로소 애도하시오." 만약 이렇게 실천하는 자는 만인이 구하여 만인이 왕생하니, 반드시 의심이 없다. 그러나 장애와 난관을 만나는 자는 정념 왕생을 얻을 수 없다. 이를 테면 편풍偏風으로 말을 잃고 광란으로 마음을 잃으며, 물과 불의 난과 벼락을 맞고 독충과 짐승·귀신에게 잡아먹히며, 독약과 전쟁터에서 죽고 원수와 도적, 왕의 난을 겪더라도 또한 응당 미리 참회를 한다면 반드시 부처님의 보호를 받을 수 있다.

대개 염불은 여섯 가지 수승한 이익이 있다. 첫째 제불·보살이 호념하고 아미타부처님이 정수리에 머물러 광명을 놓으며 제천신장이 밤낮으로 명훈가피를 내려주신다. 둘째 악귀와 독약이 모두 해칠 수 없고, 삼재팔난이 모두 다 사라진다. 셋째 숙세의 업장이 얼음처럼 맑아지고 운명을 탓하는 삶에서 벗어난다. 넷째 기력이 충만해지고 모든 뜻하지 않은 병에 걸리는 일이 없다. 다섯째 길상한 꿈을 꾸고 부처님의 색상色像을 친견하며 비인非人이 그 정기를 뺏는 일이 없다. 여섯째 현세에 일체 예경을 받고 임종시 세 분 성인의 접인을 받는다.

그래서 일상에서 한 뜻으로 염불하면 바로 뜻밖의 일을 예비할 수 있음을 알라. 사람이 성에 들어가 일을 주관하면 반드시 먼저 머무는 곳을 찾아야 하고, 저녁이 되어서 어두워지면 투숙할 땅이 있어야 한다. 먼저 머무는 곳을 찾음이란 미리 정업을 닦음이고, 저녁이 되어서 어두워짐이란 수명의 끝(大限)이 도래함이며, 투숙할 땅이 있어야 함은 극락세계의 연꽃에 태어나 장애와 곤란을 맞닥뜨리지 않음이다. 이것에 의지해 마음을 쓰면 임종시 결정코 왕생극락할 수 있다. 이 또한 정토를 닦는 사람을 위해 드리는 간곡한 부탁이다.

돌아오라 고향으로 극락정토

크도다! 염불을 법문으로 삼아,
대승과 소승을 모두 섭수하고
이근과 둔근을 나란히 포섭하며,
사事와 이理에 원융하고
성性과 상相에 걸림이 없다.
부처에 즉함이 그대로 마음이니
한 마음도 마음부처 아님이 없고
마음에 즉함이 그대로 부처이니
한 부처도 부처마음 아님이 없다.
마음을 전일하게 억념함에 불불이 모두
드러나고 부처님을 전일하게 칭념함에
마음마음 문득 드러나니, 마음 바깥에
부처가 없어 마음의 억념하는 바가 되고
또한 부처 밖에 마음이 없어 부처의
칭념하는 바가 된다.
- 능엄경 대세지보살염불원통장 소초

무량수경 우바제사 원생게
無量壽經 優婆提舍 願生偈

왕생론往生論 서문

인광印光 대사

생사윤회는 우리들에게 제일 큰일로 정토법문은 생사윤회를 벗어나는 위없는 묘법입니다. 석가모니부처님의 일대시교一代時敎는 바다처럼 깊고 넓습니다. 부처님께서 중생을 두루 제도하겠다는 본회本懷를 구경에 펼친 법문은 정토일법이 유일합니다. 아래로 범부가 믿음과 발원으로 염불하면 업을 짊어진 채로 왕생할 수 있고, 위로 성인도 회향하면 깨달음의 도를 원만히 성취할 수 있습니다. 부처님의 자비력에 의지하는 것과 오직 자력에 의지하는 것은 그 어렵고 쉬운 차이가 실로 하루와 겁처럼 서로 비교가 되지 않습니다.

천친天親보살19)께서 여러 논서를 널리 지으셔서 불승佛乘을 크게 천양하셨습니다. 또 무량수경을 높이 우러러 보아 원생게와 논을 지으셨습니다. 중생으로 하여금 끝내 왕생할 수 있도록 오문수법五門修法을 보여주셔서, 예배禮拜 · 찬탄讚嘆 · 작원作願 · 관찰觀察 · 회향回向의 법을 구현하셨습니다. 관찰문에서는 정토장엄 · 여래의 법력 · 보살의 공덕을 상세히 보여주셨습니다. 무릇 왕생론을 보고 듣는 사람은 모두 왕생을 발원할 것입니다.

담란曇鸞법사께서는 『왕생론주』를 지어 상세히 해석하시면서 곧바로 아미타 부처님의 서원과 천친보살의 진심을 철저히 원만히 나타내고,

---

19) 천친보살(天親菩薩 ; 세친보살, 바수반두Vasubandhu) ; 서기 320-400년경 소승불교의 논사로 부파불교를 종합한 「아비달마구사론阿毘達磨俱舍論」 등 500부의 논서를 저술하였으나, 형인 무착보살의 권유에 따라 대승으로 전향하여 『무량수경 우바제사 원생게』 등 500부의 대승논서를 저술하는 등 대승불교 유식학파의 논사로 활동하고 정토불교를 선양함.

남김없이 다 털어놓으셨습니다. 만약 깊이 불심을 얻을 수 없고, 걸림 없는 변재를 갖추지 못한다면 어찌 이곳에 능히 이르겠습니까? 정토일법은 일체법이 귀의하는 곳입니다. 이 때문에 화엄에서는 제불과 똑같이 증득한 등각보살도 여전히 십대원왕으로써 회향하여 왕생합니다. 즉 문수보살, 보현보살, 마명보살, 용수보살과 지자智者대사(천태종), 자은慈恩대사(법상종), 청량淸凉대사(화엄종), 영명永明연수대사(법안종, 정종) 등 자행화타自行化他 하시다 정토로 돌아가신 분들께서는 그 유래가 있습니다.

이를 알고도 오직 자력에 집착하여 불력에 의지하지 않는 사람은 「현생에 이 사바세계를 벗어나 저 극락에 태어나서 관세음·대세지보살 등 모든 상선인上善人과 한 곳에 다 같이 모여서 늘 아미타 부처님을 가까이 모시고, 무생법인을 증득하고 보리를 원만히 성취하여 마친다」는 법문에 흠칫 놀랄 따름입니다. 저의 말을 믿을 수 없다면 보현보살께 물어보면 스스로 의심이 없을 것입니다.

1922년 5월 음력 보름날

상괴참승常慙愧僧 석인광釋印光 삼가 편찬함

서방극락세계를 제대로 압시다![20]

정공 큰스님

불교는 종교가 아니라 석가모니부처님께서 일체중생에게 베푸신 지극히 선하고 원만한 교육입니다. 부처님께서는 우리에게 인간의 도리를 하며 어떻게 행복하고 아름다우며 원만한 인생을 살 수 있는지 가르쳐 주실 뿐만 아니라 우주와 인생의 진상을 일러주시어 우주만물은 어디서 오는지, 생명은 어디서 오는지, 나는 어디서 오는지 깨닫도록 도와주십니다. 부처님께서는 이러한 어려운 문제에 대해 구경 원만하게 법문하실 수 있습니다. 석가모니부처님께서는 49년간 강경 설법하시어 법문이 무량합니다. 그 무량한 법문 중에서 정토법문을 선택하는 목적은 어디에 있습니까? 바로 불교에 있는 고등교육, 일생에 원만히 성불할 수 있는 교육을 받아들이는 것이 정토를 수학하는 목적입니다.

서방극락세계는 어떻게 성취됩니까? 『무량수경』을 보시면 아미타부처님께서 성불하시기 전에 매우 인자한 국왕이었습니다. 당시 세간자재왕여래께서 강경 설법하시고 계셨습니다. 그는 이 법문을 듣고 환희심이 생겨 위없는 보리심을 발하고, 나아가 왕위를 버리고 부처님을 따라 출가하였습니다. 출가한 후 법명을 「법장法藏」이라 하였습니다. 경전에서 법장비구라 부르는 분이 바로 그입니다. 그는 세간자재왕여래를 가까이 모시며 부처님께 배움을 구하여 부처님과 같이 시방세계 일체 고난

---

20) 정공 큰스님의 『왕생론』 강설법문인 『서방극락세계의 수승함, 제대로 알기認識西方極樂世界的眞善美』에서 발췌함

받는 중생을 두루 제도하고 싶다는 대원을 발하였습니다.

이렇게 대원을 발하자, 세간자재왕불께서는 곧 그의 대원을 만족시키고자 하였습니다. 그래서 그를 위해 시방찰토 일체 제불세계의 의보·정보 장엄을 이해하기 쉽도록 말씀해주셨습니다. 부처님께서는 그에게 말씀을 들려주셨는데, 얼마나 오래 말씀하셨을까요? 1천억 년 동안 말씀하셨습니다. 뿐만 아니라 법장비구는 5겁의 시간동안 일체제불찰토를 자세하게 고찰하여 장점은 취하고 단점은 버렸습니다. 즉 법장은 일체 제불국토의 좋은 점은 전부 취하고, 일체제불찰토의 좋지 않은 점은 전혀 취하지 않았습니다. 바꾸어 말하면 서방극락세계는 근거없는 상상이 아니고 쓸데없는 생각이 아니라는 것입니다. 그래서 서방극락세계는 어떻게 건립되었는가? 하면 시방일체 제불찰토를 청사진으로 삼고 최후에 전체 매듭(總結)을 지었습니다. 이 전체 매듭이 바로 48원입니다. 48원은 바로 이렇게 유래된 것입니다.

이 때문에 48원은 한번 발한 것이 아니라 스승님의 지도를 받아 시방제불찰토를 참방하여 느끼고서 발하고 끊임없이 누적하여 원만하게 성취한 대원입니다. 그래서 서방극락세계는 일체제불찰토에서 가장 아름다운 세계로 변한 것입니다. 그것은 시방제불찰토를 원만하게 회집하여 크게 성취한 것으로 가장 구경원만한 수학환경입니다.

극락세계를 성취한 후 아미타부처님께서는 날마다 가르치고 배우신지 지금까지 10겁이 지났고 여태껏 이를 중단한 적이 없습니다.

그래서 극락세계는 순수하게 불법을 배우는 장소입니다. 이곳에는 단지 선생과 학생 두 종류의 사람만 있습니다. 선생님은 아미타부처님이시고, 학생은 바로 시방세계에서 극락세계에서 왕생한 중생입니다. 아미타부처님께서는 이러한 학생을 극진히 아끼고 보호하며 가르치고, 배우는 시설은 대단히 원만하여 여섯 감각대상(六塵: 빛·소리·냄새·맛·감촉·생각)도 모두 설법하고, 어느 곳에서든지 모두 부처님의 강경설법을 들을 수 있습니다. 이는 왜 타방세계에서 수행은 무량겁이 있어야 성취할 수 있는지 극락세계에 가면 매우 빨리 성취할 수 있는지 설명합니다. 그 원인은 바로 그곳에서는 밀집하여 가르치고 밀집하여 몸에 배도록 닦는다는 데 있습니다. 그래서 옛사람들이 "일문에 깊이 들어가 장시간 오래 몸에 배도록 닦아야 한다."는 말씀처럼 오랫동안 몸에 배이도록 닦으면 저절로 깨달음이 열리고 불성을 볼 수 있습니다.

천친보살께서 지으신 『왕생론往生論』은 보살께서 만년에 『무량수경』에 의지해 지으신 『왕생게願生偈』로 『무량수경우바제사원생게無量壽經優婆提捨願生偈』라고도 하고 『무량수경론』이라고도 합니다. 이는 보살께서 후인에게 정토를 수학하도록 남겨 주신 심득보고心得報告입니다.

『왕생론』의 내용은 크게 두 부분으로 이루어져 있는데, 앞부분은 24수의 게송이고 뒷부분은 장행長行, 바로 논論으로 게송의 뜻을 명백하게 설명하고 있습니다. 게송문은 전부 다섯 개 단락으로 이루어져 있는데, 예경禮敬·칭찬稱讚·작원作願·관찰觀察·회향迴向의 「오념문五念門」입니다. 이는 천친보살께서 정토를 닦으신 방법입니다.

첫째 수는 예배·찬탄·발원의 삼문을 포괄합니다. 둘째 수는 경전에 의거하여 논을 지음에 근거가 있음을 설명합니다. 셋째 수에서 23째 수까지 전부 21수는 오문에서 「관찰문」입니다. 관찰문은 국토·부처님·보살 세 부분으로 나뉘고 이 세 가지 진실한 공덕장엄을 관합니다. 국토·부처님·보살의 공덕 장엄을 관함은 실제로는 바로 「기세간청정器世間淸淨」과 「중생세간청정衆生世間淸淨」을 관하는 것입니다. 이는 바로 국토장엄과 중생장엄입니다.

「기세간 청정」은 요즘말로 극락세계의 생활환경·학습환경을 뜻하는데, 천친보살께서는 17가지 일로 우리를 위해 소개하십니다. 「중생세간 청정」은 요즘말로 바로 극락세계의 인사환경이 청정함을 가리키는데, 이 또한 두 부분으로 나뉩니다. 첫째 부분은 천친보살께서 8가지 일로 선생님이신 아미타부처님을 소개하시고, 둘째 부분은 4개의 일로 극락세계의 학생을 소개하십니다. 기세간의 청정·국토의 청정·중생세간의 청정·부처님의 청정·보살의 청정은 청정한 세계입니다.

이처럼 천친보살께서는 29가지 일로써 극락세계의 무량무변한 장엄을 아름답게 간명하게 요점을 집어 설명하셨는데, 이는 대단히 얻기 어렵습니다. 우리가 『왕생론』으로부터 극락세계의 수승함을 제대로 인식하기만 하면 이번 생에 염불하여 성불할 수 있습니다.

노향찬 爐香讚

향로에 향을 사루니
법계에 향기가 가득
부처님 회상에 두루 퍼져서
가는 곳마다 상서구름 맺히나이다
저희 정성 간절하오니
부처님 강림하옵소서

나무향운개 보살마하살
(세번)

나무본사석가모니불
(세번)

개경게 開經偈

위없이 깊고 깊은 미묘한 법문
백천만 겁에도 만나기 어려워라
제가 지금 듣고 보아 수지하오니
여래의 진실한 뜻 알아지이다

무량수경 우바제사 원생게

천친보살天親菩薩 저

원위元魏 보리류지菩提流支 역

[게송偈頌]

제1 예배문 · 제2 찬탄문 · 제3 작원문

세존이시여, 저는 일심으로
시방국토에 무량한 광명을 두루 비추는
무애광여래(아미타불)께 귀의하옵고
안락국토에 왕생하길 발원하옵니다.

저는 수다라(무량수경)의
진실 공덕상에 의지하여
원생게를 말하고 총지總持하여서
부처님의 가르침과 상응하고자 하나이다.

제4 관찰문

1) 국토의 장엄 관찰

저 극락세계의 모습을 관찰하오니
(청정하여) 삼계 · 육도를 뛰어넘습니다.

(무량하여) 구경에 허공과 같아
광대하고 변제가 없습니다.

평등한 대도인 대자비(성공덕)에서
세간 출세간의 선근이 생겨나네.

청정(복덕) 광명(지혜)이 원만하여
거울 같고, 해와 달 같고, 수레바퀴 같습니다.

모두 자성의 진보에서 생겨나
미묘한 장엄을 구족합니다.

무구광명의 불꽃이 활활 타올라
광명청정이 세간을 밝게 비춥니다.

자성보배의 공덕 풀이
부드럽고 좌우로 빙빙 돌아
만지는 사람에게 수승한 즐거움이 생기니,
가전린타보다 뛰어납니다.

칠보연못엔 연꽃이 천만 가지로 피어나
연못과 개울을 가득 덮고,
미풍이 불어와 꽃잎들이 흔들리고
광명이 서로 뒤섞여 어지러이 구릅니다.

(대지에는) 궁전과 모든 누각,
시방찰토를 나타내어 걸림 없이 볼 수 있고
여러 보배로 된 다른 광명 빛깔의 보배 나무,
보배 난순이 두루 둘러싸고 있습니다.

무량한 보배 방울이 교차하며 매달린
보배 그물이 허공에 두루 하여
갖가지 방울에서 나는 소리
미묘 법문을 연설합니다.

보배 꽃과 보배 옷, 비 오듯 내려 장엄하고
무량한 향기 두루 훈습합니다.

부처님의 지혜 광명청정은 태양 같아서
우치(견사번뇌 · 진사번뇌)와 암흑(무명번뇌)을 제거합니다.

청정한 소리, 심원한 진리 깨닫게 하니
미묘하고 시방세계에 두루 들립니다.

아미타부처님, 무상정등정각을 증득하시어
법왕으로 일체법에 자재하여 잘 주지하십니다.

아미타여래의 청정한 연꽃 속 대중은
모두 (아미타불의 성덕이 변화한) 정각의 보배연꽃에서 화생합니다.

(극락세계 보살은) 불법의 맛을 좋아하고 즐기니,
선정 삼매를 밥으로 삼습니다.

영원히 몸과 마음의 고뇌 여의고
언제나 끊임없이 안락을 누립니다.

극락세계는 대승의 선근경계로
평등하여 싫어하는 이름이 없나니,
여인과 장애인으로 왕생하지 않고
이승의 종성으로 왕생하지 않습니다.

(극락세계에서는) 중생이 원하고 좋아하는 것,
일체를 만족시킬 수 있습니다.

이런 까닭에 저 아미타부처님 국토에
태어나길 원하옵니다.

2) 부처님의 장엄관찰

무량한 대보배왕의 미묘 청정한 연화대를
법좌로 삼습니다.

(아미타부처님의) 상호 신광은 일심의 거리만큼 비추고,
색신 형상은 일체 중생을 뛰어넘습니다.

아미타여래의 미묘한 음성(만덕홍명), 청정한 소리는
(일체중생을 두루 깨닫게 하고) 시방 일체국토에 두루 들립니다.

(아미타여래의 마음은) 지수화풍 같아 모두 공하고,
허공 같아 분별이 없습니다.

극락세계 대중인 천인은 모두 (대승근을 성취해) 여여부동하고,
(아미타여래의) 청정한 공덕이 가지하여 (여래과지상의) 지혜바다에서
납니다.

(아미타부처님은) 수미산왕과 같아
그 수승하고 미묘함, 뛰어넘을 자 없습니다.

극락세계 대중과 대보살이
공경예배하고 가까이 모시며 우러러 받듭니다.

아미타부처님의 본원(48대원)에 의지해 위신력의 가지를 관하여
(이번 생에) 부처님을 만나 헛되이 보내지 않는 사람에게
자성 공덕의 무량무변한 대보배 바다를 빨리 원만히 성취시켜줄
수 있습니다.

3) 보살의 장엄관찰

안락국토는 청정하고
(아미타부처님) 항상 무구법륜을 굴리시니,
태양처럼 (무량무변한) 불보살의 화신이 시방세계 두루 나타나고
수미산처럼 청정부동하여 주지합니다.

무구장엄의 심광을 발하여
일념 및 한때에
일체 제불여래의 법회를 두루 비추어
모든 중생을 이롭게 합니다.

하늘 음악 · 하늘 꽃 · 하늘 옷, 미묘한 향기 등을
비 오듯 내려 공양하면서
제불의 공덕을 찬탄하니
분별하는 마음이 없습니다.
시방세계 어디라도
불법의 공덕 보배 없는 곳에,
원하옵건대 제가 모두 가서

부처님처럼 불법을 펼쳐 보이겠나이다.

제5 회향문

제가 논을 짓고 게송을 지어 말하오니,
원하옵건대 아미타부처님을 친견하고
두루 모든 중생과 함께
안락국토에 왕생하게 하옵소서.

이로써 수다라(무량수경) 장구에 근거하여
제가 게송을 지어
모두 말해 마치옵니다.

[장행문長行文]

제1중 원생게의 대의를 밝히다

논하여 말하겠다. 이 원생게에서 어떤 뜻을 밝히고 있는가?
저 안락세계를 관찰하여 아미타여래를 친견하고 저 국토에
태어나기를 원함을 보인 것이다.

제2중 관찰하고 신심을 내다

어떻게 관찰하고, 어떻게 신심을 낼 것인가? 만약 선남자 선여인이 오념문五念門을 닦아 행을 성취하면 마침내 안락국토에 태어나 저 아미타부처님을 친견할 것이다.

무엇이 오념문인가? 첫째 예배문禮拜門이요, 둘째 찬탄문贊歎門이요, 셋째 작원문作願門이요, 넷째 관찰문觀察門이요, 다섯째 회향문回向門이다.

제1 예배문

어떻게 예배하는가? 신업으로 아미타여래·응공·정변지께 예배하는 것은 저 국토에 태어나려는 뜻을 내는 까닭이다.

제2 찬탄문

어떻게 찬탄하는가? 구업으로 저 여래의 명호를 부르는 것은 저 여래의 광명·지혜·덕상처럼, 저 명호의 뜻처럼 여실하게 수행하여 상응하고자 하는 까닭이다.

제3 작원문

어떻게 작원하는가? 일심으로 전념하여 마침내 안락국토에 왕생하길, 마음으로 항상 작원하여 여실하게 사마타를 수행하고자 하는 까닭이다.

제4 관찰문

어떻게 관찰하는가? 저 국토를 지혜로 관찰하고 정념正念으로 관하여 여실하게 위파사나를 수행하고자 하는 까닭이다. 저 국토를 관찰하는 것에는 세 가지가 있다. 무엇이 세 가지인가? 첫째 저 불국토의 장엄공덕을 관찰하는 것이요, 둘째 아미타부처님의 장엄공덕을 관찰하는 것이요, 셋째 저 모든 보살들의 장엄공덕을 관찰하는 것이다.

제5 회향문

어떻게 회향하는가? 일체 고뇌하는 중생을 버리지 않기 위해서 항상 작원·회향을 우선으로 삼아 대비심을 성취하는 까닭이다.

제3중 관하는 대상의 모습

1. 기器의 체성

1) 국토의 체상 관찰

어떻게 저 불국토의 장엄공덕을 관찰하는가?

저 불국토의 장엄공덕은 불가사의한 힘으로 이루어져 있어 저 마니여의보의 본성처럼 서로 비슷하고 서로 대법對法하는 까닭이다.

저 부처님의 국토장엄 공덕성취를 관찰하는 것에는 17가지가 있으니, 마땅히 알아야 한다.

무엇이 17가지인가?

첫째 장엄 「청정」 공덕성취요, 둘째 장엄 「양量」 공덕성취요, 셋째 장엄 「성性」 공덕성취요, 넷째 장엄 「형상」 공덕성취요, 다섯째 장엄 「종종사種種事」 공덕성취요, 여섯째 장엄 「묘색妙色」 공덕성취요, 일곱째 장엄 「촉觸」 공덕성취요, 여덟째 장엄 「삼종三種」 공덕성취요, 아홉째 장엄 「우雨」 공덕성취요, 열째 장엄 「광명」 공덕성취요, 열한째 장엄 「묘성妙聲」 공덕성취요, 열둘째 장엄 「주主」 공덕성취요, 열셋째 장엄 「권속」 공덕성취요, 열넷째 장엄 「수용受用」 공덕성취요, 열다섯째 장엄 「무제난無諸難」 공덕성취요, 열여섯째 장엄 「대의문大義門」 공덕성취요, 열일곱째 장엄 「일체소구만족一切所求滿足」 공덕성취이다.

장엄 「청정」 공덕성취를 관찰하니, 원생게에서 "저 세계의 모습을 관찰하오니, (청정하여) 삼계 · 육도를 뛰어넘습니다." 라고 말한 까닭이다.

장엄 「양」 공덕성취를 관찰하니, 원생게에서 "(무량하여) 구경에는 허공과 같아 광대하고 변제가 없습니다." 라고 말한 까닭이다.

장엄 「성」 공덕성취를 관찰하니, 원생게에서 "평등대도인 대자비(성공덕)에서 세간 출세간의 선근이 생겨납니다." 라고 말한 까닭이다.

장엄 「형상」 공덕성취를 관찰하니, 원생게에서 "청정(복덕) 광명(지혜)이 원만하여 거울 같고, 해와 달 같고, 수레바퀴 같습니다." 라고 말한 까닭이다.

장엄 「종종사」 공덕성취를 관찰하니, 원생게에서 "모두 자성의 진보에서 생겨나 미묘한 장엄을 구족합니다." 라고 말한 까닭이다.

장엄 「묘색」 공덕성취를 관찰하니, 원생게에서 "무구광명의 불꽃이 활활 타올라 광명청정이 세간을 밝게 비춥니다." 라고 말한 까닭이다.

장엄 「촉」 공덕성취를 관찰하니, 원생게에서 "자성보배의 공덕 풀이 부드럽고 좌우로 빙빙 돌아 만지는 사람에게 수승한 즐거움이 생기니, 가전린타보다 뛰어납니다." 라고 말한 까닭이다.

장엄 「삼종」 공덕성취에는 세 가지 일이 있음을 마땅히 알아야 한다. 무엇이 세 가지인가? 첫째는 물이요, 둘째는 땅이요, 셋째는 허공이다.

장엄 「수」 공덕성취를 관찰하니, 원생게에서 "칠보연못엔 연꽃이 천만 가지로 피어나 연못과 개울을 가득 덮고, 미풍이 불어와 꽃잎들이 흔들리고 광명이 서로 뒤섞여 어지러이 구릅니다." 라고 말한 까닭이다.

장엄 「지」 공덕성취를 관찰하니, 원생게에서 "(대지에는) 궁전과 모든 누각, 시방찰토를 나타내어 걸림 없이 볼 수 있고 여러 보배로 된 다른 광명 빛깔의 보배 나무, 보배 난순이 두루 둘러싸고 있습니다." 라고 말한 까닭이다.

장엄 「허공」 공덕성취를 관찰하니, 원생게에서 "무량한 보배 방울이 교차하며 매달린 보배 그물이 허공에 두루 하여 갖가지 방울에서 나는 소리, 미묘 법문을 연설합니다." 라고 말한 까닭이다.

장엄 「우」 공덕성취를 관찰하니, 원생게에서 "보배 꽃과 보배 옷, 비 오듯 내려 장엄하고 무량한 향기 두루 훈습합니다." 라고 말한 까닭이다.

장엄 「광명」 공덕성취를 관찰하니, 원생게에서 "부처님의 지혜 광명청정은 태양 같아서 우치(견사번뇌·진사번뇌)와 암흑(무명번뇌)을 제거합니다." 라고 말한 까닭이다.

장엄 「묘성」 공덕성취를 관찰하니, 원생게에서 "청정한 소리, 심원한 진리 깨닫게 하니, 미묘하고 시방세계에 두루 들립니다." 라고 말한 까닭이다.

장엄 「주」 공덕성취를 관찰하니, 원생게에서 "아미타부처님, 무상정등정각을 증득하시어 법왕으로 일체법에 자재하여 잘 주지하십니다." 라고 말한 까닭이다.

장엄 「권속」 공덕성취를 관찰하니, 원생게에서 "아미타여래의 청정한 연꽃 속 대중은 모두 (아미타불의 성덕이 변화한) 정각의 보배연꽃에서 화생합니다.” 라고 말한 까닭이다.

장엄 「수용」 공덕성취를 관찰하니, 원생게에서 “(극락세계 보살은) 불법의 맛을 좋아하고 즐기니, 선정 삼매를 밥으로 삼습니다.” 라고 말한 까닭이다.

장엄 「무제난」 공덕성취를 관찰하니, 원생게에서 “영원히 몸과 마음의 고뇌 여의고, 언제나 끊임없이 안락을 누립니다.” 라고 말한 까닭이다.

장엄 「대의문」 공덕성취를 관찰하니, 원생게에서 “극락세계 는 대승의 선근경계로 평등하여 싫어하는 이름이 없나니, 여인과 장애인으로 왕생하지 않고 이승의 종성으로 왕생하 지 않습니다.” 라고 말한 까닭이다. 정토의 과보는 두 가지 헐뜯고 싫어하는 허물을 여의었나니, 마땅히 알아야 한다. 첫째는 몸이고, 둘째는 이름이다. 몸에는 세 가지가 있으니, 첫째는 성문·연각 이승의 사람이고, 둘째는 여인이며, 셋째 는 갖가지 제근의 장애인이다. 이 세 가지 허물이 없는 까닭에 몸에 헐뜯고 싫어하는 것을 여의었다고 한다. 이름도 세 가지가 있다. 몸에 세 가지가 있을 뿐만 아니라 이승· 여인·갖가지 제근의 장애, 이 세 가지 이름이 없는 까닭에 헐뜯고 싫어하는 몸을 여의었다 말한다. “평등하여”란 평등 하여 한 모습인 까닭이다.

장엄 「일체소구만족」 공덕성취를 관찰하니, 원생게에서 “(극락세계에서는) 중생이 원하고 좋아하는 것, 일체를 만족시킬 수 있습니다." 라고 말한 까닭이다.

2) 자리이타를 보이다

간략히 저 아미타 부처님 국토의 17가지 장엄공덕 성취를 설함은 여래 자신을 이롭게 하는 대공덕력을 성취하고, 다른 사람을 이롭게 하는 공덕을 성취한 것을 보이신 까닭이다.

3) 제일의제에 들어가다

저 무량수불의 국토장엄은 제일의제第一義諦의 미묘한 경계 상으로 16구 및 1구의 순서로 설하였음을 마땅히 알아야 한다!

2. 중생의 체상

1) 부처님을 관찰하다

어떻게 부처님의 장엄공덕 성취를 관하는가? 부처님의 장엄공덕 성취를 관함에는 8가지 상이 있음을 마땅히 알아야 한다. 무엇이 8가지인가? 첫째는 장엄 「좌座」 공덕 성취요, 둘째는 장엄 「신업身業」 공덕 성취요, 셋째는 장엄 「구업口業」 공덕 성취요, 넷째는 장엄 「심업心業」 공덕 성취요, 다섯째는 장엄 「대중」 공덕 성취요, 여섯째 장엄 「상수上首」 공덕 성취요, 일곱째는 장엄 「주主」 공덕 성취요, 여덟째는 장엄 「불허작주지不虛作住持」 공덕 성취이다.

무엇이 장엄 「좌」 공덕 성취인가? 원생게에서 "무량한 대보 배왕의 미묘 청정한 연화대를 법좌로 삼습니다." 라고 말한 까닭이다.

무엇이 장엄 「신업」 공덕 성취인가? 원생게에서 "상호의 광명이 일심의 거리만큼 비추고, 색상이 모든 중생보다 뛰어넘네." 라고 말한 까닭이다.

무엇이 장엄 「구업」 공덕 성취인가? 원생게에서 "아미타여래의 미묘한 음성(만덕홍명), 청정한 소리는 (일체중생을 두루 깨닫게 하고) 시방 일체국토에 두루 들립니다." 라고 말한 까닭이다.

무엇이 장엄 「심업」 공덕 성취인가? 원생게에서 "(아미타여래의 마음은) 지수화풍 같아 모두 공하고, 허공 같아 분별이 없습니다." 라고 말한 까닭이다. "분별이 없음"이란 분별심이 없는 까닭이다.

무엇이 장엄 「대중」 공덕 성취인가? 원생게에서 "극락세계 대중인 천인은 모두 (대승근을 성취해) 여여부동하고, (아미타여래의) 청정한 공덕이 가지하여 (여래과지상의) 지혜바다에서 납니다." 라고 말한 까닭이다.

무엇이 장엄 「상수」 공덕 성취인가? 원생게에서 "(아미타부처님은) 수미산왕과 같아 그 수승하고 미묘함, 뛰어넘을 자 없습니다." 라고 말한 까닭이다.

무엇이 장엄「주」 공덕성취인가? 원생게에서 "극락세계 대중과 대보살이 공경예배하고 가까이 모시며 우러러 받듭니다." 라고 말한 까닭이다.

무엇이 장엄「불허작주지」 공덕 성취인가? 원생게에서 "아미타부처님의 본원(48대원)에 의지해 위신력의 가지를 관하여 (이번 생에) 부처님을 만나 헛되이 보내지 않는 사람에게 자성 공덕의 무량무변한 대보배 바다를 빨리 원만히 성취시켜줄 수 있습니다." 라고 말한 까닭이다.

즉 저 부처님을 친견하면 아직 정심淨心을 증득하지 못한 보살이 마침내 평등법신을 증득하여 정심 보살과 상지上地의 모든 보살들과 마침내 같이 적멸평등을 얻는 까닭이다.

이상으로 8구를 간략히 설하여 여래의 자리이타 공덕을 차례로 성취함을 보였음을 마땅히 알아야 한다!

2) 보살을 관찰하다

어떻게 보살이 공덕장엄을 성취하는가? 보살의 공덕장엄을 성취함이란 저 보살의 공덕 성취를 관하는데 4가지 바른 수행이 있음을 마땅히 알아야 한다! 무엇이 4가지인가?

첫째, 한 부처님 국토에서 몸을 움직이지 않고 시방에 두루 갖가지 응화신으로 나타나 여실하게 수행하며 항상 불사를 짓는 것이다. 게송에서 "안락국토는 청정하고 (아미타부처님께서) 항상 무구법륜을 굴리시니, 태양처럼 (무량무변한) 불보살의 화신이 시방세계에 두루 나타나고 수미산처럼 청정부동하여 주지합니다." 라고 말한 까닭이다. 모든 중생들은 연꽃에서 피는 까닭이다.

둘째, 저 응화신은 일체 시에 전도 후도 아니고, 일심 일념의 순간에 큰 방광을 놓아 모두 능히 시방세계에 두루 이르러 중생을 교화하고 갖가지 방편으로 수행하여 지은 공덕으로 일체 중생의 괴로움을 제거하는 까닭이다. 게송에서 "무구 장엄의 심광을 발하여 일념 및 한때에 일체 제불여래의 법회를 두루 비추어 모든 중생을 이롭게 합니다." 라고 말한 까닭이다.

셋째, 그것은 일체세계에 대해 제불회상의 대중들에게 남김 없이 비추고 광대 무량하게 공양하고, 제불여래의 공덕을 공경·찬탄하는 것이다. 게송에서 "하늘 음악·하늘 꽃·하늘 옷, 미묘한 향기 등을 비 오듯 내려 공양하면서 제불의 공덕을 찬탄하니 분별하는 마음이 없습니다." 라고 말한 까닭이다.

넷째, 저 시방 일체세계 어디라도 삼보가 없는 곳에 불법승 삼보의 공덕 대해를 주지住持하며 장엄하고, 두루 여실히 수행하여 깨닫게 하겠다는 것이다. 게송에서 "시방세계 어디라도 불법의 공덕 보배가 없는 곳에, 원하옵건대 제가 모두 가서 부처님처럼 불법을 펼쳐 보이겠나이다." 라고 말한 까닭이다.

제4품 깨끗한 원심으로 장엄하다

또 앞에서 말한 것처럼 「불국토」의 공덕장엄 성취 · 「부처님」의 공덕장엄 성취 · 「보살」의 공덕장엄 성취, 이 세 가지 성취는 (48대원의) 원심願心으로 장엄된 것임을 마땅히 알아야 한다!

간략히 설하면 일법구一法句에 들어가는 까닭이다.

일법구란 청정구를 말한다. 청정구란 진실한 지혜이며 무위 법신인 까닭이다.

이 청정에는 두 가지가 있음을 마땅히 알아야 한다. 무엇이 두 가지인가? 첫째는 「기세간 청정」이고, 둘째는 「중생세간 청정」이다. 기세간 청정은 앞에서 말한 것처럼 17가지 불국토의 공덕장엄 성취를 「기세간 청정」이라 한다. 중생세간 청정은 앞에서 말한 것처럼 8가지 부처님의 공덕장엄 성취와 4가지 보살의 공덕장엄 성취를 「중생세간 청정」이라 한다. 이와 같이 일법구가 두 가지 청정한 뜻을 섭취함을 마땅히 알아야 한다.

제5중 선교방편을 회향하다

이와 같은 보살은 사마타와 위파사나의 자세하고 간략한 수행으로 유연심을 성취하였고, 여실하게 자세하고 간략한 제법을 알아 이와 같이 선교방편으로 회향하는 행을 성취하였다. 보살의 선교방편 회향이란 무엇인가? 보살의 선교방편 회향이란 설한 바와 같이 예배 등 다섯 가지 수행으로 쌓은 일체 공덕 선근으로 자신이 누릴 즐거움을 구하지 않고, 일체 중생들의 괴로움을 뽑아버리고자 하는 까닭이다. 일체 중생을 거두어들여서 다 같이 저 안락국토에 태어나길 작원하는 것을 「보살의 선교방편 회향을 성취함」이라 한다.

제6중 보리심의 장애를 여의다

보살이 이와 같은 회향을 잘 알아 성취하면 세 가지 보리문에 서로 어긋나는 법을 멀리 여읠 수 있다. 무엇이 세 가지인가?

첫째, 지혜문에 의지하여야 한다. 자신의 즐거움을 구하지 않고, 나의 마음이 자신에게 탐착하는 것을 멀리 여의는 까닭이다.

둘째, 자비문에 의지하여야 한다. 일체 중생의 괴로움을 뽑아버리고, 중생을 편안하게 하려고 하지 않는 마음을 멀리 여의는 까닭이다.

셋째, 방편문에 의지하여야 한다. 일체 중생을 연민하는 마음으로 자신에게 공양하고 공경하는 마음을 멀리 여의는 까닭이다.

이것을 세 가지 보리문에 서로 어긋나는 법을 멀리 여의는 것이라 한다.

제7중 보리문에 수순하다

보살은 이와 같은 세 가지 보리문에 서로 어긋나는 문을 멀리 여읠 수 있는 것은 세 가지 보리문에 수순하는 법을 얻어 만족하는 까닭이다. 무엇이 세 가지인가?

첫째, 물들지 않은 청정심이다. 이로써 자신을 위해 모든 즐거움을 구하지 않는 까닭이다.

둘째, 안온하고 청정한 마음이다. 이로써 일체중생의 괴로움을 뽑아버리는 까닭이다.

셋째, 안락하고 청정한 마음이다. 이로써 일체중생으로 하여금 대보리를 얻게 하는 까닭이다. 이로써 중생을 거두어들여서 저 국토에 태어나게 하는 까닭이다.

이것이 세 가지 보리문에 수순하는 법에 만족함임을 마땅히 알아야 한다.

제8중 명칭에 의미를 섭취하고 대응시키다

앞에서 말한 지혜·자비·방편의 세 가지 문은 반야를 섭취하고, 반야는 방편을 섭취함을 마땅히 알아야 한다.

앞에서 말한 나의 마음이 자신에게 탐착하지 않음·중생을 편안하게 하려고 하지 않는 마음을 멀리 여읨·자신에게 공양하고 공경하는 마음을 멀리 여읨, 이 세 가지 법이 보리심의 장애를 멀리 여읨을 마땅히 알아야 한다.

앞에서 말한 물들지 않은 청정심·안온하고 청정한 마음·안락하고 청정한 마음, 이 세 가지 마음을 간략히 한 곳에 섭취하면 묘락승진심妙樂勝眞心을 성취함을 마땅히 알아야 한다!

제9중 원하는 대로 일을 성취하다

이와 같이 보살의 지혜심·방편심·걸림 없는 마음·수승하고 참된 마음이 청정한 불국토에 태어나게 함을 마땅히 알아야 한다! 이것을 보살마하살이 다섯 가지 법문에 수순하여 일체 하는 일을 뜻하는 대로 자재하게 성취함이라 한다. 앞에서 말한 바와 같이 신업·구업·의업·지업智業·방편지업方便智業이 다섯 가지 법문에 수순하는 까닭이다.

제10중 이롭게 하는 행을 성취하다

또한 다섯 가지 문이 있어 점차로 다섯 가지 공덕을 성취하는 줄 마땅히 알아야 한다! 무엇이 다섯 가지 문인가? 첫째는 근문近門이요, 둘째는 대회중문大會衆門이요, 셋째는 택문宅門이요, 넷째는 실문屋門이요, 다섯째는 원림유희지문園林遊戲地門이다.

이 다섯 가지 문중에서 처음 네 가지 문은 정토로 들어가 자신을 이롭게 하는 공덕을 성취하고, 다섯째문은 정토에서 나와 타인을 이롭게 하는 공덕을 성취한다.

들어감의 첫째 문은 아미타부처님께 예배함으로써 저 국토에 태어나려고 하는 까닭에 안락세계에 왕생할 수 있다. 이것을 들어감의 첫째 문이라 한다.

들어감의 두 번째 문은 아미타부처님께 찬탄함으로써 명호의 미묘한 뜻에 수순하여 여래의 명호를 칭념하고, 여래 지혜의 광명색신에 의지하여 수행하는 까닭에 여래 대회중 수大會衆數에 들어갈 수 있다. 이것을 들어감의 두 번째 문이라 한다.

들어감의 세 번째 문이란 일심으로 전념하여 저 국토에 태어나길 작원하고, 사마타 적정삼매를 닦는 까닭에 연화장 세계에 들어갈 수 있다. 이것을 들어감의 세 번째 문이라 한다.

들어감의 네 번째 문이란 저 국토의 미묘장엄을 일심으로 전념하며 관찰하여 위파사나를 닦는 까닭에 저곳에 이르러 갖가지 법미의 즐거움을 수용할 수 있다. 이것을 들어감의 네 번째 문이라 한다.

나옴의 다섯 번째 문이란 대자비로써 일체 고뇌하는 중생들을 관찰하여 화현의 몸을 나타내어 생사의 정원, 번뇌의 숲 가운데 들어가 신통으로 노닐며 그를 교화하는 곳에 이르러 본원력으로 회향하는 까닭이다. 이것을 나옴의 다섯 번째 문이라 한다!

보살은 들어감의 네 가지 문으로 자신을 이롭게 하는 행을 성취함을 마땅히 알아야 한다!

보살은 나옴의 다섯 번째 문으로 회향하여 다른 사람을 이롭게 함을 성취함을 마땅히 알아야 한다!

보살은 이와 같은 오념문의 행을 닦아, 자신을 이롭게 하고 남을 이롭게 하여, 속히 아뇩다라삼먁삼보리를 성취할 수 있는 까닭이다.

무량수경 우바제사 원생게 종終

회향게 廻向偈

원하옵건대 이 공덕으로
불국정토 장엄하여서
위로 사중의 은혜 갚고
아래로 삼악도의 괴로움 건너게 하옵소서.

만약 견문이 있는 이는
모두 보리심을 발하여
이번 보신이 다할 때
함께 극락국토에 태어나지이다

부록

정수첩요
淨修捷要

정수첩요 淨修捷要

오념법문의 간단한 수행법

하련거夏蓮居 거사 집록編錄

정종 일법(정토법문)은 행하기는 쉽고 믿기는 어려우니, 교법의 바다를 탐구하지 않은 채 강가의 나루터에서 기다리지 말아야 한다. 비록 『화엄華嚴』에서 십대원왕十大願王을 귀의처로 삼았고, 천친天親보살께서 오념五念을 수행문으로 삼았을지라도 말법시대 배움이 얕은 사람들은 쉽게 빠르게 들어가지 못하므로 반드시 『무량수경』을 숙독하여야 비로소 강요綱要를 간략히 밝힐 수 있다.

그러나 지금의 정업수행자는 대략 단지 『아미타경』만 수지하고 있고, 『아미타경』도 『진역본(秦譯)』만 수지하고 있다. 더구나 『당역본(唐譯)』을 수지할 뿐만 아니라 『무량수경』을 독송할 수 있는 사람은 매우 보기 드물다. 이것은 명호를 칭념하며 정업淨業을 닦는 사람은 많지만, 깊은 믿음과 간절한 원을 갖춘 사람은 드물기 때문이다. 이들은 믿음과 발원이 아직 깊지 않아 진실한 수용을 얻고자 하여도 또한 어렵다!

1940년 2월 나는 병고 중에 발원하여 공경히 경문을 수집하고 정종 조사의 뜻을 결합시켜 간단한 수행법(簡課)을 만들어 처음 수행하는 근기의 사람들에게 전수하였다. 몸으로 예배하고, 입으로 염송하며, 뜻으로 경문을 염하면서 삼업三業을 짓는 사이에 한 번 예배할 때마다 자기(自)와 부처님(他)이 감응할 수 있도록 찬탄·관찰·발원·회향을 포괄하여, 망상이 쉽게 틈을 타지 못하게 하고 정념正念이 현전하도록 하였다. 이 수행법은 수행에 필요한 시간은 작지만, 수행을 통해 거두는 효과는 매우 크다. 이 예배문을 인쇄한지 벌써 4판이 되었다. 이를 수지하여 이익을 얻고서 계속 뒤이어 수행하면 시간이 절약되고 훨씬 더 수월해져서 행자들은 매우 편하다고 말한다.

이 예배문을 따라 마음을 운전할 수 있고 오랫동안 순숙하게 익히면 곧 성덕(性)과 수덕(修)이 둘이 아니고, 경계와 지혜가 일여一如한 이치에 대해 깊이 연구하지 않아도 저절로 신해가 생긴다. 이때 다시 『무량수경』을 독송하면 정토법문에 대해 물결 따라 가는 배에 바람 따라 돛을 다니, 곧장 (생사윤회의) 강을 건너가는 것과 같다. 다만 각 예배문마다 가지런히 경문과 법어를 계념하되, 절대로 말만 번지르르하게 하지 말고, 뜻을 경솔하게 하지 말며, 몸을 오만하게 가볍게 움직이지 말라. 마땅히 정성·공경·경건한 마음을 다하여 자애로운 아미타부처님의 광명을 뵙는 듯 수행하면 바야흐로 천친보살의 사수四修[21]·오념五念의 종지에 계합하여 잠재의식으로 옮아가 묵묵히 운전하는 가운데 저절로 은밀한 이익을 얻을 것이다.

만약 간략한 것이 싫다면 『대경오념의大經五念儀』가 있어 탈고하려고 하니, 제방의 가르침을 바란다. 마침 연합보편기도법회(1945년에 열린 식재息災법회) 삼원만三圓滿[22]의 기간에 이르러 힘써 동수同修 선남선녀의 청에 따라 간략히 앞머리에 몇 마디 그 연기를 기록하여 말하였다.

정종학인 운성鄆城 하련거夏蓮居

북경, 잠시 머무는 거처에서

환희가 무량하여 염불제念佛齋에서 적다

---

21) 첫째 「공경히 닦아라(恭敬修)」, 둘째 「뒤섞지 말고 닦아라無餘修」, 셋째 「중단 없이 닦아서無間修」, 넷째 「오랫동안 닦아라長時修」를 가리키다.

22) 세 가지가 원만함을 가리킴. 불법승 삼보를 두루 갖추는 것에서부터 인과와 경제적인 이익 등을 갖추는 것, 혹은 자타 그리고 자타가 모두 성취된 것을 말한다.

향찬 香贊

계율·선정의 진향으로 삼가 경건하게 정성 다해 수행하여 공양하옵나니, 널리 저희들로 하여금 듣고 훈습시켜 선근이 모두 자라나게 하옵소서. 향기와 심광이 시방세계에 두루 가득하고 저희들 정성 간절하오니, 부처님께서 자비로 감응하시어 저희들을 가호하시고 늘 길상케 하옵소서.

나무향운개보살마하살

나무향운개보살마하살

나무향운개보살마하살

제1배 사바세계 스승님

한마음으로 관하며 예배하옵니다. 사바세계의 교주이시며 구법계의 도사이신 여래 세존께서는 오탁악세에서 팔상으로 성도하시고, 대비심을 일으켜서 유정들을 불쌍히 여기시며, 자비한 변재로 연설하여 법안을 뜨게 하시고, 삼악도의 길을 막고 삼선도의 문을 열어주시며, 행하기는 쉬우나 믿기는 어려운 법을 선설하시나니, 오는 세상에 일체 함령들이 모두 이 법에 의지하여 해탈을 얻게 될 것입니다. 은혜가 크시고 공덕이 크신 우리들의 스승이신 석가모니부처님이시여!

나무본사석가모니불(한 번 절하고 세 번 부른다)

제2배 극락세계 스승님

한마음으로 관하며 예배하옵니다. 극락세계의 교주께서는 인지에서 설법을 듣고 곧 무상정각의 마음을 내시고, 진실의 지혜에 머무시며, 수고로이 고통 짓는 생사의 근본 뿌리를 뽑아버리길 맹서하시어, 국왕의 자리를 버리고 출가하여 사문이 되셨으니, 명호가 법장이었고 보살도를 닦으셨습니다. 무량겁에 덕행을 쌓고 심었으며, 발한 수승한 대원을 모두 다 원만히 성취하여 아미타불 명호에 만덕을 갖추셨나니, 시방세계 제불께서 다 같이 칭양 · 찬탄하여 시방세계 중생들로 하여금 모두 다 그 명호를 듣게 하십니다. 극락세계로 접인하여 이끄시는 우리들의 스승이신 아미타부처님이시여!

나무아미타불

(한 번 절하고 세 번 부른다)

제3배 극락세계

한마음으로 관하며 예배하옵니다. 여기서 서방으로 이 사바세계를 떠나 십만 억 불국토를 지나가면 부처님 세계가 있나니, 「극락」이라 이름합니다. 법장비구가 성불하셨나니, 명호를 「아미타」라 합니다. 아미타부처님께서는 무량수불 · 무량광불이라 이름하며 여래 · 응공 · 정등각 십호가 원만하시고, 지금 극락세계에서 안온히 주지하시면서 일체 장엄을 완전히 구족하시고, 위덕이 광대하십니다. 청정불토에 계신 아미타부처님이시여!

나무아미타불

(한 번 절하고 세 번 부른다)

제4배 법신 의정장엄

한마음으로 관하며 예배하옵니다. 아미타부처님의 청정한 법신께서는 일체 처에 두루 계시고, 생함도 멸함도 없고 가고 옴도 없나니, 이는 언어로 분별하여 알 수 있는 바가 아닙니다. 현재 서방극락세계 상적광토에서 법계의 중생을 접인하시어 사바세계의 괴로움을 여의고 구경의 즐거움을 얻도록 하십니다. 대자대비하신 아미타부처님이시여!

나무아미타불

(한 번 절하고 세 번 부른다)

제5배 보불신토

한마음으로 관하며 예배하옵니다. 원만보신께서 거하시는 곳은 온갖 괴로움과 모든 고난, 악취와 마장·번뇌의 이름도 영원히 없고, 또한 사계절, 추위와 더위, 흐리고 비 오는 등의 기후변화가 없으며, 땅은 넓고 반듯하여 한계가 없고, 미묘·기특하여 아름다우며, 청정 장엄이 시방 일체 세계를 뛰어넘습니다. 실보장엄 정토에 계신 아미타부처님이시여!

나무아미타불

(한 번 절하고 세 번 부른다)

제6배 수명과 광명이 무량하다

한마음으로 관하며 예배하옵니다. 아미타부처님께서는 수명이 무량하고 광명이 무량하며, 보살제자·성문·천인의 수명도 모두 무량합니다. 국토와 이름은 모두 시방세계보다 수승하고, 건립된 국토는 영원히 변치 않아 일체만물이 쇠하지도 않고 변하지도 않으며, 수승하고 희유합니다. 수명과 광명이 무량하신 아미타부처님이시여!

나무아미타불

(한 번 절하고 세 번 부른다)

제7배 광명 중에 지극히 존귀하다

한마음으로 관하며 예배하옵니다. 무량수불께서는 또한 명호가 무량광불이고, 또한 명호가 무변광불·무애광불·무등광불이고, 또한 명호가 지혜광·상조광·청정광·환희광·해탈광·안온광·초일월광·부사의광이십니다. 광명 중에 지극히 존귀하며, 부처님 중의 왕이신 아미타부처님이시여!

나무아미타불

(한 번 절하고 세 번 부른다)

제8배 위신광명으로 두루 제도하다

한마음으로 관하며 예배하옵니다. 무량광 무량수 여래세존께서 광명을 널리 시방세계에 비추시니, 인연이 있어 그 광명을 보는 중생들은 마음의 때가 멸하고, 선한 마음이 생겨나며, 몸과 뜻이 부드러워지고, 모든 질병의 괴로움이 멈추지 않은 이가 없으며, 일체의 근심과 번뇌 또한 벗어나지 않는 이가 없습니다. 이와 같은 위신 광명이 가장 존귀하고 제일로 뛰어나서, 시방제불은 미칠 수 없습니다. 위신광명으로 중생들을 두루 제도하시는 아미타부처님이시여!

나무아미타불(한 번 절하고 세 번 부른다)

제9배 부처님께 예배드리니 광명을 나타내시다

한마음으로 관하며 예배하옵니다. 극락세계의 교주이신 본존 아미타부처님께서는 저 높은 연화대에 앉아계시며 드높은 위덕을 드러내시고 상호에서 광명을 놓아 일체 경계에 두루 비추지 않는 곳이 없습니다. 마치 황금 산처럼 바다 수면 위로 솟아올라 그 가운데 만물이 모두 가려 덮이고, 오직 부처님의 광명만이 밝고 환하게 비추며, 무수한 성문과 보살들이 공경히 둘러싸고 있습니다. 극락세계 교주이신 본존 아미타부처님이시여!

나무아미타불

(한 번 절하고 세 번 부른다)

제10배 극락세계에 나타나 계시며 설법하시다

한마음으로 관하며 예배하옵니다. 극락세계의 교주이신 본존 아미타부처님께서는 지금 극락세계에 나타나 계시며, 모든 유정들을 위하여 위없이 높고 깊은 미묘한 법문을 선설하시어 중생으로 하여금 수승한 이익과 안락을 얻게 하시나니, 시방세계 보살들께서 우러러 보고 예배하며, 법을 듣고 수기 받으며, 칭양·찬탄하고 공양합니다. 극락세계 교주이신 본존 아미타부처님이시여!

나무아미타불

(한 번 절하고 세 번 부른다)

제11배 참선과 정토가 둘이 아니다

한마음으로 관하며 예배하옵니다. 부처님께서는 마음으로 말미암아 생하고 마음은 부처님을 따라 나타나며, 마음 바깥에 경계가 없어 전체 그대로 부처님이 마음이 되고, 경계 바깥에 마음이 없어 전체 그대로 부처님이 곧 자기의 본원심성입니다. 나무아미타불 홍명이 자성을 바르게 드러내고, 극락세계 정토는 바야흐로 유심을 현현합니다. 중생의 기감에 아미타부처님께서 응현하시어 도가 교류하고 동시에 호응하나니, 십만억 노정을 떠나감에 이곳은 멀지 않습니다. 이 마음이 그대로 부처님을 이루고, 이 마음이 그대로 부처님이십니다. 극락세계 교주이신 본존 아미타부처님이시여!

나무아미타불

(한 번 절하고 세 번 부른다)

제12배 밀교와 정토가 둘이 아니다

한마음으로 관하며 예배하옵니다. 현교와 밀교가 일체이고, 몸과 국토가 둘이 아니며, 칭명은 주문을 수지하는 것과 다름이 없습니다. 교주가 곧 본존 아미타부처님이시니, 대일여래·비로자나불께서 함께 무량광불·무량수불로 돌아가고, 화장세계와 밀엄세계가 극락세계를 여의지 않나니, 수직으로 과거·현재·미래 삼제를 다하고, 횡으로 시방허공에 두루 가득합니다. 극락세계 교주이신 본존 아미타부처님이시여!

나무아미타불

(한 번 절하고 세 번 부른다)

제13배 명호는 만법을 통섭한다

한마음으로 관하며 예배하옵니다. 나무아미타불 육자명호는 만법을 통섭하고, 일문에 깊이 들어감이 곧 보문이며, 전부 그대로 사상이 곧 이체이고, 전부 그대로 망상이 진여로 돌아가며, 전부 그대로 성덕이 수덕을 일으키고, 전부 그대로 수덕이 성덕에 존재합니다. 널리 배워 두루 찬탄함은 원래 일문에 깊이 들어가기 위함이고, 전일하게 수행함이 바로 총지이오니, 소리소리에 자기를 불러 깨우고, 생각생각에 본존을 여의지 않겠습니다. 극락세계 교주이신 본존 아미타부처님이시여!

나무아미타불

(한 번 절하고 세 번 부른다)

제14배 시각, 본각에 합하다

한마음으로 관하며 예배하옵니다. 무량광불 · 무량수불께서는 저희들의 본각이오니, 마음을 일으켜 염불해야 비로소 시각이라 이름하고, 저 국토의 의보 · 정보를 의지하여야 저희들의 자심이 현현하며, 시각이 본각을 여의지 않아야 구경각에 이르는 깨달음의 길로 곧장 달려갑니다. 잠시 여의어 서로 어긋나면 문득 무명에 떨어지나니, 정변지의 바다가 비록 모든 중생들의 심상에 들어갈지라도 적광은 진실로 청정하여 일체 정계情計에 관련되지 않음을 알겠습니다. 이러한 일은 미묘하여 생각하기 어렵고 절대 원융합니다. 극락세계 교주이신 본존 아미타부처님이시여!

나무아미타불

(한 번 절하고 세 번 부른다)

제15배 접인 받아 왕생하다

한마음으로 관하며 예배하옵니다. 나무아미타불 여섯 자 만덕홍명은 능히 온갖 죄를 소멸시키나니, 만약 일향으로 전념하면 저절로 마음 속 때와 장애가 사라지고, 도심이 순숙해질 뿐만 아니라 복덕 · 지혜가 증장하며, 임종 시에 아미타 부처님께서 수많은 대보살들과 수많은 성중들과 저희들과 인연 있는 사람들과 함께 현전하여 부처님의 자비력으로 저희들을 가지하고 보우하시어 마음이 산란하지 않고 접인 받아 극락세계에 왕생하고, 칠보 연못 가운데 연꽃이 피어 아미타부처님을 친견할 것입니다. 극락세계 교주이신 본존 아미타부처님이시여!

나무아미타불

(한 번 절하고 세 번 부른다)

제16배 의보가 수승하다

한마음으로 관하며 예배하옵니다. 서방정토 극락세계에는 공덕의 바람과 꽃비, 미묘한 향기와 하늘음악, 칠보연못과 칠보나무, 보배그물과 영묘한 새, 빛깔과 광명, 소리와 향이 불토에 두루 가득하고, 이와 같은 공덕장엄을 성취하여 유정들로 하여금 수승한 선근을 얻어 증장시키십니다. 대원 대력의 아미타부처님이시여!

나무아미타불

(한 번 절하고 세 번 부른다)

제17배 정정취에 머물다

한마음으로 관하며 예배하옵니다. 극락세계 황금의 땅 위에, 줄지어선 보배 나무 사이에, 보배 연못 안에, 보배 누각

가운데 보리심을 발하고 염불하여 왕생한 사람들이 있나니, 그곳에서 정정취에 머물러 영원히 물러나지 않고, 얼굴색은 미묘하여 세간 사람들을 뛰어넘어 희유하며, 다 같은 부류이고, 생김새에 차이가 없으며, 모두 청허의 몸과 무극의 몸이나니, 이러한 상선인들은 모두 일향으로 아미타부처님을 전념하였기에 그렇습니다. 대원대력의 아미타부처님이시여!

나무아미타불

(한 번 절하고 세 번 부른다)

제18배 일생보처의 대보살

한마음으로 관하며 예배하옵니다. 극락세계에 있는 보리수 아래에서, 칠보 난순 주변에서, 미묘한 법음을 듣고, 무생법인을 획득하여, 갖가지 대승법락과 복덕·지혜를 누리고, 위덕과 신통이 자재하며, 뜻하는 대로 구하는 것이 생각에 응하여 현전하나니, 이러한 일생보처의 모든 대보살들은 모두 일향으로 아미타부처님을 전념하였기에 그렇습니다. 대원대력의 아미타부처님이시여!

나무아미타불

(한 번 절하고 세 번 부른다)

제19배 왕생보살 성중

한마음으로 관하며 예배하옵니다. 극락세계 도량의 누각·강당·정사에서 모든 왕생하는 자는 방편유여토와 범성동거토의 성중으로 혹 즐겨 법문을 설하거나 혹 즐겨 법문을 들으며, 혹 신족통을 나타내고, 혹 허공에 있거나 혹 평지에 있어, 뜻하는 대로 수습하여 원만하지 아니함이 없나니, 이러한 보살 성중은 모두 일향으로 아미타부처님을 전념하였기에 그렇습니다. 대원대력의 아미타부처님이시여!

나무아미타불

(한 번 절하고 세 번 부른다)

제20배 일체 제불께 예배 찬탄하다

한마음으로 관하며 예배하옵니다. 일체 제불께서는 시방세계에 광장설상을 시현하여 참되고 성실한 말씀으로 무량수불의 불가사의한 공덕을 칭양·찬탄하시나니, 중생으로 하여금 저 부처님의 명호를 듣고 청정한 마음을 발하게 하여 억념 수지하고 귀의 공양하게 하며, 모든 선근을 매우 지극한 마음으로 회향하게 하여 발원한 대로 모두 왕생하게 하며, 불퇴전을 얻어 무상정등보리에 이르게 하십니다. 항하의 모래알 수만큼이나 많은 일체 제불이시여!

나무아미타불

(한 번 절하고 세 번 부른다)

제21배 일체 제불께 두루 예배하다

한마음으로 관하며 예배하옵니다. 일체 제불께서는 사유·상하에서 본사 석가모니부처님을 칭양·찬탄하시고, 일체 세간에 이 행하기는 쉬우나 믿기는 어려운 법을 설하여 모든 유정들에게 지극한 마음으로 신수하라고 권하시며, 시방세계의 염불중생을 호념하시여 극락세계에 왕생하게 하십니다. 항하의 모래알만큼이나 많은 세계의 일체 제불이시여!

나무아미타불

(한 번 절하고 세 번 부른다)

제22배 무량수경을 예배 찬탄하다

한마음으로 관하며 예배하옵니다. 경전에서 이르길, "오는 세상에는 경전이 사라질 것이니라. 부처님께서 대자비심으로 중생들을 불쌍히 여겨 홀로 이 경전을 남기어 백 년 동안 머물게 할 것이니, 이 경전을 만나는 사람은 뜻하고 발원한 대로 모두 제도 받을 수 있을 것이라" 하셨습니다.

이러한 까닭에 저는 지금 지극한 마음으로 정례하옵나니, 광대 원만하고, 쉽고 간편하여 곧장 질러가며, 방편구경이자 제일 희유하여 만나기 어려운 법보인 《대승무량수장엄청정평등각경》이여!

나무아미타불

(한 번 절하고 세 번 부른다)

제23배 정토법문을 예배 찬탄하다

한마음으로 관하며 예배하옵니다. 정토법문은 일승의 요의이고 만선의 동귀이며, 범부와 성인을 같이 거두어들이고, 이근과 둔근을 모두 가피하며, 단박에 팔교를 갖추고, 원만하게 오종을 거두며, 횡으로 삼계를 초월하고, 곧장 질러가 사토에 오르며, 일생에 성취해 마치고, 구품연화대에 오를 수 있게 합니다. 시방세계 제불께서 함께 찬탄하고, 천경만론이 다 함께 가리키는 보왕삼매이자 불가사의하고 미묘한 법문이여!

나무아미타불

(한 번 절하고 세 번 부른다)

제24배 관세음보살께 예배 찬탄하다

한마음으로 관하며 예배하옵니다. 관세음보살께서는 아미타부처님의 화신으로, 들음의 성품으로 사유하고 수행하여 삼마지에 들어가서, 돌이켜 자성을 듣고 위없는 도를 성취하게 하시며, 보살행을 닦고 서방정토에 왕생하게 하십니다. 원력이 크고 깊어 32응신으로 보문시현하시고, 소리를 좇아 고난으로부터 구제하시며, 중생의 근기에 따라 감응하시니, 만약 긴급한 위난·공포를 만났을 때라도, 단지 스스로 관세음보살에 귀명하기만 한다면 해탈을 얻지 못할 자가 없습니다. 만억 자마진금 빛깔의 몸을 구족하신 관세음보살님이시여!

나무아미타불

(한 번 절하고 세 번 부른다)

제25배 대세지보살께 예배 찬탄하다

한마음으로 관하며 예배하옵니다. 대세지보살께서는 정종의 초조이시고, 염불하는 마음으로 무생법인에 들어가고, 육근을 모두 거두어 들여 정념을 이어가서, 방편을 빌리지 않아도 자성본연에서 마음이 열리는 것을 제일로 삼으십니다. 관세음보살과 더불어 현재 극락세계에 거하시며 큰 이락을 지어서 염불중생을 섭수하여 취하고 버리지 않으시니, 중생으로 하여금 삼악도에서 떼어놓고 위없는 힘을 얻게 하십니다. 가없는 광명과 지혜의 몸을 구족하신 대세지보살님이시여!

나무아미타불

(한 번 절하고 세 번 부른다)

제26배 보현보살께 예배 찬탄하다

한마음으로 관하며 예배하옵니다. 보현보살께서는 무량수여래회상에서 자리를 배열함에 상수가 되시고, 덕이 무리 가운데 존자가 되시며, 화엄경의 주인으로 만행을 장엄하십니다. 금강살타로 화신하여 영원히 밀교의 초조가 되시며, 인지의 수행을 버리지 않고 두루 현묘함을 거두십니다. 십대원왕으로 극락세계로 이끌어 돌아가시는 대원대행 보현보살님이시여!

나무아미타불

(한 번 절하고 세 번 부른다)

제27배 문수사리보살께 예배 찬탄하다

한마음으로 관하며 예배하옵니다. 법왕의 장자이자 칠불의 스승이신 승묘길상·무구대성께서는 모든 중생들과 함께 극락세계에 왕생하길 발원하시고, 마음을 한 부처님에게 계념하고 전일하게 명호를 불러서, 생각 가운데 아미타부처님을 친견하게 하십니다. 일행삼매의 지혜가 크고 매우 깊으신 문수사리보살님이시여!

나무아미타불

(한 번 절하고 세 번 부른다)

제28배 미륵보살께 예배 찬탄하다

한마음으로 관하며 예배하옵니다. 미륵보살께서는 영산회상에서 부처님의 가르침을 친히 계승하셨고, 석가모니부처님께서 대승 무량수경을 수여하여 정토법문을 홍양할 것을 부촉하셨습니다. 현재 도솔천 내원궁에 계시며, 오는 세상에 용화세계 보리수 아래에서 등정각을 성취하시고 삼회의 설법을 하십니다. 복덕이 가없으신 미륵보살님이시여!

나무아미타불

(한 번 절하고 세 번 부른다)

제29배 법회성중께 예배찬탄하다

한마음으로 관하며 예배하옵니다. 무량수여래회상에 모이신 사리불 등 모든 대존자와 현호보살 등 16정사들께서는

다 함께 보현 대보살의 덕을 좇아서 수학하고, 무량한 행원을 구족하여서 일체 공덕 법 가운데 안온히 머물러 계십니다. 무량수여래회상에 모이신 일체 대보살님이시여!

나무아미타불

(한 번 절하고 세 번 부른다)

제30배 연종 조사와 모든 대사님께 예배 찬탄하다

한마음으로 관하며 예배하옵니다. 위로부터 내려오시면서 연종의 조사들로 선종을 홍양하셨고, 교법을 강설하셨지만, 마침내 정토로 귀의하여 회향하신 모든 대선지식과 저희들에게 귀의 · 수계 · 전법 · 관정을 전하신 모든 대사들이시여!

나무아미타불(한 번 절하고 세 번 부른다)

제31배 삼보를 두루 예배하다

한마음으로 관하며 예배하옵니다. 진허공 · 변법계에 상주하시는 삼보님과 시방세계 호법보살, 금강 · 범천과 천룡팔부, 이러한 성현 등의 성중이시여!

나무아미타불(한 번 절하고 세 번 부른다)

제32배 두루 대신 참회 회향하다

한마음으로 세세생생 이어온 삶 가운데 만난 부모님, 스승님과 어른, 육친권속과 원친채주 등의 대중들을 대신하여 삼보에 정례하고 참회를 구하오니, 불쌍히 여겨 주시옵소서. 널리 법계중생을 대신하여 서방 극락세계에 회향하오니, 다 함께 정토에 왕생하고 다 함께 일체종지를 원만히 이루게 하옵소서.

나무아미타불

(한 번 절하고 세 번 부른다)

무량수불 찬탄

무량수불 감로왕의 위덕과 원력은 헤아려 측량하기 어렵습니다. 홍명을 공경히 정성 다해 칭하면 재난·장애가 소멸하고, 삼계의 불타는 집은 극락의 청량한 연못으로 변화되며, 보리심 가운데 부처님께서 광명으로 접인하십니다.

복혜의 선근이 저절로 증장하나니, 방황하지 않고 일향으로 아미타 부처님을 전념하겠습니다. 부지런히 계율·선정의 진향으로 훈습하여 신·원·행 세 가지를 서방에 왕생하는 자량으로 삼아 자비의 배를 타고 고통의 바다를 건너가겠습니다.

나무서방극락세계
대자대비 대력 접인도사 아미타불
나무아미타불
(천번 혹은 만번 부른다)

오직 원하옵건대

천하가 화순하고, 해와 달이 청명하며, 비바람이 때에 맞추어 불고, 재난이 일어나지 않으며, 나라는 풍요롭고 국민은 편안하여 병사와 무기를 쓸 일이 없게 하옵소서. 또한 사람들은 도덕을 숭상하고, 인자한 사랑을 베풀며, 힘써 예절과 겸양을 닦아, 나라에 도적이 없으며, 원망하고 억울한 사람이 없으며, 강한 자가 약한 자를 능멸하지 않고, 각자 자신의 자리를 잡게 하옵소서.

그리고 원하옵건대 저희들이 수행한 공덕으로 법계의 일체 중생과 모든 육도·사생 및 숙세의 원친채주와 현세의 업으로 지은 온갖 빚을 법력에 의지하여 모두 다 벗어나게 하시고, 현재 살아가는 자로 하여금 복을 증진하고 수명이 늘어나게 하시며, 이미 고인이 된 자로 하여금 정토에 왕생하여 다 같이 생사고통의 수레바퀴로부터 벗어나서 다 함께 깨달음의 언덕에 오르게 하옵소서.

출판 자금을 내거나
독송 · 수지하는 사람과
여러 사람 여러 장소에
유통시키는 사람들을 위해
두루 회향하는 게송

경을 인쇄한 공덕과 수승한 행과
가없는 수승한 복을 모두 회향하옵나니,
원하옵건대 전생 현생의 업이 다 소멸되고,
업과 미혹이 사라지고 선근이 증장되며,
현생의 권속이 안락하고, 선망 조상들이 극락왕생하며,

시방찰토 미진수 법계, 공존공영하고 화해원만하며,
비바람이 항상 순조롭게 불고 세계가 모두 화평하며,
일체 재난이 없어지고 사람들이 건강 평안하며,
일체 법계 중생들이 함께 정토에 왕생하게 하소서.

老實念佛
求生淨土

言行忠信
表裏相應

안과 밖이 서로 상응한다

말과 행동에 믿음이 있어

이 세상에서 '무량수경'을 한 권 더 유통하면
한 사람이 더 제도할 기회가 생깁니다.
특히 경전 한 권은 확실히 중생을 도울 수 있으니,
그로 하여금 일생에 생사의 대사를 해결하고,
왕생하여 성불할 수 있게 합니다.
육도의 생사윤회를 영원히 여의고,
견사見思번뇌 진사塵沙번뇌 무명無明번뇌를 모두
다 끊어 버려서 다시는 괴로움에 시달리지 않습니다.
다함없는 행복과 원만한 행복을 포함하여 생각대로
되지 않은 일이 하나도 없습니다. 우리들의 생활
공간은 진허공盡虛空 변법계遍法界로 확장됩니다.
우리들은 제불여래를 수시로 뵐 수 있고,
생각하는 대로 만날 수 있습니다.
이 같은 자재한 즐거움은 실제로 불가사의합니다.

- 정공 큰스님 '무량수경 청화菁華'

편역 : 무량수여래회 無量壽如來會

정토 5경1론과 정토 조사스님들의 어록에 근거한 부처님과 조사스님들의 정토법문에 따라 염불하는 불자들의 모임. 정토 경전과 논서 등을 통해 한국과 중국 등의 다양한 정토법문을 두루 공부하되 믿음·발원·염불행을 통해 왕생극락하여 일체중생을 제도하는 것을 목표로 한다.

살아서는 아미타부처님의 본원에 따라 안심安心을 얻고 종파를 떠나 정토 행자들의 화합과 친목을 도모하며, 정토법문을 널리 펼쳐 한 사람이라도 육도윤회에서 벗어나 극락정토에 왕생할 수 있도록 경전과 정토서적의 번역·발간·보급에 최선을 다하고 있다.

펴낸 책으로는 『정토오경일론』, 『정토삼부경과 감응록』, 『한글 사경본 불설무량수경』, 『한글·한문 독송용 무량수경』, 『아미타경 무량수경 약본』, 『방생살생현보록』, 『업을 지닌 채 윤회를 끊는 길』 등이 있다.

무량수여래회는 매달 3회 이상 정기적으로 철야염불법회를 봉행하고 있다. ☎031-667-8739

다음카페 무량수여래회 : cafe.daum.net/MRSB
네이버밴드 무량수여래회 : band.us/@mrsb
유튜브 아이디 : 무량수여래회

정토오경일론(개정증보판)

1판 1쇄 펴낸 날 2016년 12월 22일
개정판 1쇄 펴낸 날 2019년 9월 27일
개정판 3쇄 펴낸 날 2021년 12월 10일

편역자 무량수여래회
발행인 김재경 **편집** 허만항 **디자인** 김성우 **제작** 경희정보인쇄
펴낸곳 도서출판 비움과소통(blog.daum.net/kudoyukjung)
　　　경기 평택시 목천로 65-15 송탄역서희스타힐스 102동 601호
　　　전화 031-667-8739 팩스 0505-115-2068
홈페이지 blog.daum.net/kudoyukjung　**이메일** buddhapia5@daum.net
출판등록 2010년 6월 18일 제318-2010-000092호

© 무량수여래회, 2019